愛善主義と平和

出口王仁三郎

出口王仁三郎聖師　（昭和 20 年）

出口王仁三郎聖師（昭和９年８月天恩郷）

出口王仁三郎聖師

出口王仁三郎聖師

出口王仁三郎聖師

出口王仁三郎聖師と愛犬・しろ

まえがき

神典古事記では、宇宙の創造神天之御中主大神《あめのみなかぬしのおほかみ》・高皇産霊大神《たかみむすびのおほかみ》・神皇産霊大神《かむみむすびのおほかみ》の三神を「造化三神《ぞうかさんしん》」と奉称する。出口王仁三郎聖師はこの神様を「三神即《そく》一神」、「三ツの御魂《みたま》」、「瑞《みづ》の御魂《みたま》」、「神素盞嗚大神《かむすさのをのおほかみ》」、「弥勒大神《みろくのおほかみ》」、「霊・力・体の神」、「伊都能売大神《いづのめのおほかみ》」、「阿弥陀仏《あみだぶつ》」、「天主《てんしゅ》」、「天帝《てんてい》」………と沢山の御神名で奉称され皆同神異名の一柱の神様で、宇宙の過去現在未来無限絶対無始無終の御神格の神様です。

『霊界物語』には、「瑞の御魂」は、「神素盞嗚大神」と顕れ給いました。大海原の国を統御遊ばす神代からの御神誓《ごしんせい》でこれは神典に明白なる事実であります。「瑞の御魂」を「救世神」または「救いの神」と称え、「主の神」と単称する。この物語において「主の神」とあるのは「神素盞嗚大神」のことであります、と示される。

御聖言に「神は万物普遍《ばんぶつふへん》の霊にして、人は天地経綸《てんちけいりん》の主体なり」とある。神様は万物に普遍する霊であり、万物に普遍の霊を与え給う絶対の神です。人間は、霊妙な力により体ができる。そして生れるやいなや、神から目に見えない魂が宿り、人としての力、即ち生命が与えられ年齢という時間が生れる。そこには貴賤《きせん》や貧富《ひんぷ》、人種民族に関係なく、神と同じ形の肉体と神の分霊が与えられた神の子神の生宮《いきみや》です。それ故、主神の御意志、平和を愛し、地球を愛する御経綸に従い神の代行者として、神に代わって地上に無窮《むきゅう》の天国を造るのが人生最大の目的です。そしてこの地球も、大宇宙も同じ原理で生れた生命体です。

そして大海原とはこの地球のことで、この地球を統御《とうぎょ》される、即ち知食《しろし》めされるのが神素盞嗚大神様で、その御経綸、御意志を学ぶ教典が『霊界物語』です。

物語の第一巻「序」に「神素盞嗚尊が地球上に跋扈《ばっこ》跳梁《ちょうりょう》せる八岐大蛇を寸断し、ついに叢雲宝剣《むらくものほうけん》をえて天祖に奉り、至誠を天地に表しみろく神世《しんせい》の成就、松の世を建設し、……」とあり、神素盞嗚大神様が無窮の平和を建設するという、その御教を考察します。

物語には、平和の為に「主神による統一」、「万教は同根」、「無抵抗主義」、「敵を言向和す」、「愛善主義」、「軍備の撤廃」、「宗教と宗教、国と国、民族と民族、人種と人種、言語と言語等によるあらゆる障壁の撤廃」等が示されます。

○

古代日本では、人口が増えるに従い美風良俗が乱れ、崇神天皇の御宇に至って「和光同塵《わこうどうじん》的政策」により儒仏など外国の教を採り入れ、「男は弓弭《ゆはず》（弓筈）の貢物《みつぎもの》」、「女は手末《たなすえ》の貢物」を献上させ、「四道将軍」を四方に派遣して統治するなど、現代に至る外国からの文物流入の歴史的濫觴《らんしょう》とされます。

明治以降は特に西洋の富国強兵等を採り入れ、大日本帝国は大きく成長する。そして近代化した日本は、シベリアに出兵、日清、日露、第一次・第二次世界大戦へと突入する。

出口聖師は、日本は世界の縮図であり日本で起きた大波が西欧から、アメリカに伝わり、巨大化して日本にまた戻ってくる、と言われる。日本で開発された「原爆」は同盟国ドイツに行き、アメリカに渡り、そして広島・長崎に投下されたとか。

○

先に出版の『素盞嗚尊の平和思想』は、戦後の昭和21年設立の「新生・愛善苑」の機関誌『愛善苑』の創刊号から22年の25号（12月）までの記事をまとめ、軍備や宗教等の障壁の撤廃、日本国憲法の重要性を力説し、新憲法の戦争放棄並びに信教自由に関する主旨を国民に徹底せしめるため、各宗教団体に最善を尽くすべきことを提案する。

そして本書は23年発行の26号（1月）から36号（12月）に掲載の記事、それに出口聖師口述の『霊界物語』、「愛善苑」設立の沿革や信仰の栞《しおり》として出版の小冊子から、より平和についての記録を本書で紹介する。

この23年は聖雄・瑞霊真如《ずいれいしんにょ》出口王仁三郎《でぐちおにさぶろう》聖師《せいし》の昇天があり、教団は大きな緊急を迎え、出口すみ子夫人が二代苑主に就任し、愛善平和活動をより活発に拡大実践されてゆく。

現代は無神論者が多く、唯物主義の世の中であり、また科学により神の世界がより開かれ、個人の求める文物が社会に溢《あふ》れているため、殊更《ことさら》に宗教を求める必要がなくなりつつある。それ故、神仏を正しく信じる精神が社会から遊離して平和主義が後退し、軍備が平和をもたらすものと錯誤している者が多い。軍事力だけでは絶対に平和は守れない。なぜなら軍備は凶器であり、必要悪である。真の平和は、人間の心の中にあり、神の経綸、神の御力をかりて神と人とが合致して成就される。

昭和20年8月15日、日本の敗戦により「大日本帝国」は崩壊し、新しい「民主主義国家」として生まれ変わった。22年5月3日「日本国憲法」が施行された。この憲法は尊い犠牲のもとに神から与えられたもので、世界に先がけて平和を築く礎が込められている。「日本国憲法」の原点を見つめ、今一度歴史を反省し人々が主神・本尊の教に神習い、「愛善主義」の平和精神に立ち帰らなければ、日本も世界も混乱は増すばかりです。

平成29年7月7日　　みいづ舎編集

◇本書は原本が旧字体、旧かなの文語体となっており、口語体に直し、またルビを総ルビとし、旧を新にかえて読みやすくしております。

もくじ

第二編　愛善の世界へ　桜井重雄編集　（小冊子）

第八編 愛善苑の世界的使命

番外編

第一編　瑞月玉辞

一、愛善道の根本義

私《わたし》の称《とな》える「愛善《あいぜん》の道《みち》」は、既成宗教《きせいしゅうきょう》の重《おも》きを置《お》いた「霊《れい》」と、近代科学《きんだいかがく》の重《おも》きを置《お》く「体《たい》」との間《あいだ》に奇蹟的《きせきてき》な「力《ちから》」があって、神秘的《しんぴてき》な結合作用《けつごうさよう》をなすもので、この「力《ちから》」こそ実《じつ》に神《かみ》から流《なが》れ来《く》るもので、これを「神力《しんりき》」といい「法力《ほうりき》」と称《とな》えるのであって、この「霊《れい》・力《りょく》・体《たい》」の三元説《さんげんせつ》の大原則《だいげんそく》を樹立《じゅりつ》し、この原則《げんそく》に出発《しゅっぱつ》した「霊《れい》・体《たい》」の和合《わごう》が行《おこな》われねば「力《ちから》」ある真理《しんり》は成《な》り立《た》たないと信《しん》ずるものである。

この「霊《れい》・力《りょく》・体《たい》」の大原則《だいげんそく》は私《わたし》が神明《しんめい》のお導《みちび》きに依《よ》って霊山高熊山《れいざんたかくまやま》に修業《しゅぎょう》を命《めい》ぜられた時《とき》に、素盞嗚尊様《すさのをのみことさま》の命《めい》によって、小松林命様《こまつばやしのみことさま》から神示《しんじ》を得《え》、そこに断案《だんあん》を発見《はっけん》したのであるから、今日《こんにち》までの如何《いか》なる学者《がくしゃ》も唱《とな》えたことのない天啓《てんけい》の大原則《だいげんそく》であって、これによってはじめて一切《いっさい》の既成宗教《きせいしゅうきょう》の説《せつ》と現代科学《げんだいかがく》の説《せつ》とが両立《りょうりつ》し、しかもこの二《に》者共《しゃとも》に真生命《しんせいめい》を与《あた》えられることを覚《さと》ったのである。

これを更《さら》に解《わか》り易《やす》くいえば、男《おとこ》と女《おんな》とは自《おの》ずから「霊《れい》」と「体《たい》」とを具有《ぐゆう》しておるが、今一《いまひと》つ神秘《しんぴ》なる「力《ちから》」が加《くわ》わる時《とき》に子供《こども》が出来《でき》るのだ。

アインシュタインの「相対性原理説《そうたいせいげんりせつ》」では足《た》らないものが一《ひと》つある。その一《ひと》つは実《じつ》に宗教《しゅうきょう》と科学《かがく》とを結合《けつごう》し完成《かんせい》するところの「天啓《てんけい》の教理《きょうり》」である。この「霊《れい》・力《りょく》・体《たい》」の三元説《さんげんせつ》を見出《みいだ》さなければ、地上《ちじょう》に思想的争闘《しそうてきそうとう》の絶《た》えることなく、思想争闘《しそうそうとう》が絶《た》えねば、体的《たいてき》、即《すなわ》ち物質的争闘《ぶっしつてきそうとう》の絶《た》える筈《はず》はない。

今日所謂末世《こんにちいわゆるまっせ》の相《そう》が日一日《ひいちにち》と濃厚《のうこう》になりその悩《なや》みを深《ふか》め、精神的《せいしんてき》および物質的《ぶっしつてき》行《ゆ》き詰《づ》まりの極《きょく》に達《たっ》して来《き》たので、この機会《きかい》に「愛善道《あいぜんどう》の根本義《こんぽんぎ》」を説《と》いて、大方《おおかた》の考慮《こうりょ》を煩《わずら》わす次第《しだい》であります。

（『惟神の道』）

二、救世主義

愛善主義《あいぜんしゅぎ》は「真《しん》の救世主義《きゅうせいしゅぎ》」であります。悪人《あくにん》を悪人《あくにん》として罰《ばっ》し、善人《ぜんにん》を善人《ぜんにん》として賞《しょう》するのは、現実界即《げんじつかいすなわ》ち自然界《しぜんかい》の人為的法則《じんいてきほうそく》で、愛善《あいぜん》そのものとは非常《ひじょう》に遠《とお》いものであって、こうしたやり方《かた》では到底世《とうていよ》を救《すく》うことは出来《でき》ないのです。

現世相《げんせそう》は日一日《ひいちにち》と悪化《あっか》して、国《くに》と国《くに》、民族《みんぞく》と民族間《みんぞくかん》の軋轢《あつれき》や忌《いまわ》しい闘争《とうそう》が益々露骨《ますますろこつ》に演《えん》じられ、産業《さんぎょう》、経済《けいざい》、思想《しそう》、政治《せいじ》、一切《いっさい》の世相《せそう》に一大変動《いちだいへんどう》は免《まぬが》れぬ状態《じょうたい》にまでさし迫《せま》って来《き》たのです。この際《さい》、国民《こくみん》はしっかりと腹帯《はらおび》を締《し》めてこの難局《なんきょく》に善処《ぜんしょ》せなければならぬ。それには先《ま》ず「救世主義《きゅうせいしゅぎ》」であるところの「愛善主義《あいぜんしゅぎ》」即《すなわ》ち「伊都能売主義《いづのめしゅぎ》」によらねばなりません。

○

伊都能売神《いづのめのかみ》（＝主神・神素盞嗚大神。）の「救世主義《きゅうせいしゅぎ》」は、第一《だいいち》に「慈眼《じがん》（＝衆生を慈悲の心で見る菩薩の眼。）我《わ》が身《み》を反省《はんせい》して罪悪《ざいあく》の淵《ふち》に自身《じしん》を沈没《ちんぼつ》せしめぬこと」、次《つぎ》には「慈眼我《じがんわ》が一家《いっか》を顧《かえり》みて、以《もっ》て常《つね》に平和《へいわ》と幸福《こうふく》を増進《ぞうしん》せしむること」、次《つぎ》には「慈眼我《じがんわ》が一国《いっこく》を愛《あい》して国利民福《こくりみんぷく》の大《だい》精神《せいしん》を発揮《はっき》し実行《じっこう》せしむること」、次《つぎ》に「慈眼宇宙人類《じがんうちゅうじんるい》を愛善《あいぜん》して内外東西洋《ないがいとうせいよう》の別《べつ》なく福利《ふくり》せしめんとする大精神《だいせいしん》を発揮《はっき》すること」、次《つぎ》には「慈眼一切《じがんいっさい》の蒼生《そうせい》（＝あおひとくさ。人民。）万類《ばんるい》を見《み》て現世《げんせ》の汚濁《おだく》を脱却《だっきゃく》せしめ、永遠無窮《えいえんむきゅう》に大光明《だいこうみょう》に入《い》らしめること」、次《つぎ》に「天《てん》神《しん》の愛善《あいぜん》と信真《しんしん》とを理解《りかい》せしめて不老不死《ふろうふし》なる天国《てんごく》また霊国《れいごく》に安住《あんじゅう》し復活《ふっかつ》せんと焦慮《しょうりょ》すること」であって、是《こ》れ即《すなわ》ち「慈眼衆生《じがんしゅじょう》をみそなわす」所以《ゆえん》のものであり、この心《こころ》を体得《たいとく》し得念《とくねん》した上《うえ》は、人生《じんせい》は実《じつ》に福寿無量《ふくじゅむりょう》にして歓喜悦楽《かんきえつらく》の妙境《みょうきょう》に安住《あんじゅう》し得《う》るのであります。

○

「愛善主義《あいぜんしゅぎ》」なるものは、要《よう》するに、人生即《じんせいすなわ》ち現実《げんじつ》の世界《せかい》を中心《ちゅうしん》として教《おし》える所《ところ》の「神教《しんきょう》」であって、この現世《げんせ》に即《そく》して永遠無窮《えいえんむきゅう》の天国生活《てんごくせいかつ》の真諦《しんたい》を味《あじ》わしむるもので、幽現微妙不可言《ゆうげんびみょうふかげん》なる真理《しんり》に住《じゅう》する秘奥《ひおう》を現生命《げんせいめい》に即《そく》して永遠《えいえん》の真生命《しんせいめい》を実得《じっとく》せしむる聖《せい》教《きょう》です。

飽《あ》くまでも現世《げんせ》を妙楽《みょうらく》の光明世界《こうみょうせかい》と為《な》す「大楽天主義《だいらくてんしゅぎ》」であって、厭世的隠遁《えんせいてきいんとん》（＝世事をのがれて隠れること。）的趣味《てきしゅみ》は「愛善主義《あいぜんしゅぎ》」即《すなわ》ち「伊都能売主義《いづのめしゅぎ》」には断《だん》じてないのです。

『観音経《かんのうきょう》』の「光明普《こうみょうあまね》く世界《せかい》を照《て》らし慈眼衆生《じがんしゅじょう》をみそなわして化益《けやく》（＝導き利益を与えること。）一機《いっき》を漏《も》らすことなし」とあるは是即《これすなわ》ち「愛善主義《あいぜんしゅぎ》」にして、この信仰《しんこう》は非常《ひじょう》なる「楽天主義《らくてんしゅぎ》」で、地獄的思想《じごくてきしそう》は微塵《みじん》もない。またこの教義《きょうぎ》には恐《おそ》ろしいとか、厭《いと》うべきこととか、忌《い》まわしきものは寸毫《すんごう》も包含《ほうがん》していないのです。

既成宗教《きせいしゅうきょう》には、実《じつ》に厭《いと》うべき一種《いっしゅ》の脅喝《きょうかつ》があり、方便《ほうべん》があり、虚構《きょこう》があり、誘惑的《ゆうわくてき》言句《げんく》が現《あら》われており、総《すべ》て人間《にんげん》を恐怖《きょうふ》せしめ、至粋至純《しすいしじゅん》なる天成《てんせい》の「大和魂《やまとだましい》」を軟化《なんか》し、立派《りっぱ》なる男子《だんし》の睾丸《こうがん》を抜取《ばっしゅ》し、女子《じょし》を罪穢《ざいえ》の権化《ごんげ》の如《ごと》く軽蔑《けいべつ》し、人間《にんげん》の勇猛心《ゆうもうしん》を挫折《ざせつ》せしめ、弱国弱兵《じゃっこくじゃくへい》の原動力《げんどうりょく》となったものばかり。

然《しか》るに伊都能売信仰《いづのめしんこう》においては、現幽《げんゆう》（＝現界と霊界。）共《とも》に大光明境《だいこうみょうきょう》に住《じゅう》し、化益一機《けやくいっき》を漏《も》らすことなく、触《ふ》れる所《ところ》、往《ゆ》くところ、見《み》るところ、聞《き》くところ、一切《いっさい》悉《ことごと》く皆愛善《みなあいぜん》の法悦《ほうえつ》と救《すく》いの網《あみ》の中《なか》に取《と》り収《おさ》めしめたもうという真《まこと》の信仰《しんこう》であるが故《ゆえ》に、楽天《らくてん》であり、大安心《だいあんしん》であり、憂苦《ゆうく》する所《ところ》なく、恐怖《きょうふ》する所《ところ》なく、愛善《あいぜん》の徳《とく》と信真《しんしん》の光《ひかり》によって固《かた》められた難攻不落《なんこうふらく》の堅城鉄壁《けんじょうてっぺき》であり、人生一切《じんせいいっさい》の後楯《うしろだて》であり、現界《げんかい》に坐《い》ながらにして一大《いちだい》光明世界《こうみょうせかい》に化住《かじゅう》する「真《しん》の救世教《きゅうせいきょう》」であります。

（『惟神の道』昭和十年十二月五日発行）

三、人間の生命と信仰

富貴《ふうき》、栄達《えいたつ》、金銭《きんせん》、性欲《せいよく》、虚栄《きょえい》その間《あいだ》に介在《かいざい》する一切《いっさい》の闘争《とうそう》も論理《ろんり》も屁理屈《へりくつ》も、所詮《しょせん》無事平穏時代《ぶじへいおんじだい》の一つの躍《おど》り（＝とびはねる。みだれる。）に過《す》ぎない。純理《じゅんり》だ、合理《ごうり》だ、正義《せいぎ》だ、公論《こうろん》だと殊勝《しゅしょう》らしく蝶々《ちょうちょう》している所謂先覚者《いわゆるせんかくしゃ》も、私利私欲亡者達《しりしよくもうじゃたち》も、名誉《めいよ》の奴隷輩《どれいやから》も、驚《きょう》天動地《てんどうち》の大震災《だいしんさい》の阿鼻叫喚地獄《あびきょうかんじごく》に投《とう》ぜられたその瞬間《しゅんかん》には、何物《なにもの》がその脳裡《のうり》に存在《そんざい》するであろうか。

その最初《さいしょ》の間《あいだ》は、一物《いちもつ》でも一物《いちもつ》でもと物質《ぶっしつ》に対《たい》する欲求《よっきゅう》に駆《か》られているが、次第《しだい》に震《しん》害《がい》と火力《かりょく》が強烈《きょうれつ》になったら、それら一つ一つ放棄《ほうき》せねばならなくなる。執念《しゅうねん》深《ぶか》く物質《ぶっしつ》にのみかぢり付《つ》いて居《お》るようものなら、貴重《きちょう》な生命《いのち》までも放棄《ほうき》せねばならなくなるだろう。理化学《りかがく》の大家《たいか》と称《しょう》せられる人々《ひとびと》にも、天変地妖《てんぺんちよう》の惨状《さんじょう》を予知《よち》する事《こと》は到底出来《とうていでき》ないだろう。

如何《いか》なる哲学者《てつがくしゃ》も宗教家《しゅうきょうか》も応用化学《おうようかがく》の大家《たいか》も、端然《たんぜん》として大震大火《たいしんたいか》の真最中《まっさいちゅう》に立《た》っている事《こと》は出来《でき》ない。いずれも生命《いのち》の惜《お》しさに、ブザマな醜状《しゅうじょう》を曝露《ばくろ》して逃《に》げ出《だ》すより道《みち》は無《な》いのである。千万長者《せんまんちょうじゃ》も無一物《むいちもつ》の労働者《ろうどうしゃ》も、愚者《ぐしゃ》も、智者《ちしゃ》も、吾先《われさき》にと争《あらそ》って逃《に》げ迷《まよ》わざるを得《え》ないだろう。

斯《か》かる際《さい》、物質慾《ぶっしつよく》を捨《す》て一切《いっさい》を神《かみ》に委《まか》し、身一《みひと》つで逃《に》げ出《だ》したものは生命《いのち》を保《たも》たれ、慾《よく》の深《ふか》い連中《れんちゅう》は殺《ころ》されてしまうであろう。大自然《だいしぜん》と云《い》う強力者《きょうりょくしゃ》の前《まえ》には、痴愚貧富《ちぐひんぷ》の区別《くべつ》は無《な》い。太陽《たいよう》は等《ひと》しく曖昧《あいまい》を平等的《びょうどうてき》に与《あた》える。日光《にっこう》も涼風《りょうふう》も等《ひと》しく風流《ふうりゅう》を与《あた》える。そこに大自然《だいしぜん》即《すなわち》神様《かみさま》の尊《とうと》い仁恵《じんけい》があるのだ。暴風《ぼうふう》も洪水《こうずい》も地震《じしん》も、人《ひと》に依《よ》っての区別《くべつ》は無《な》い。所謂《いわゆる》天災地妖《てんさいちよう》は平等的《びょうどうてき》である。

こうした大自然《だいしぜん》の中《なか》から、人間《にんげん》は人間《にんげん》の哲学《てつがく》を見出《みいだ》さねばならない。現代《げんだい》の一切《いっさい》について大《だい》なる矛盾《むじゅん》と撞着《どうちゃく》の余《あま》りに雑多《ざった》なるを痛嘆《つうたん》せられる。自分《じぶん》はここに於《お》いて一切《いっさい》の人類《るい》に対《たい》し唯愛善《ただあいぜん》の心性《しんしょう》に還《かえ》れと大声叱呼《たいせいしっこ》したくなる。

○

文化《ぶんか》の進展《しんてん》した今《いま》の世界《せかい》においては、人間《にんげん》の生命《いのち》はあまりに安《やす》い。竹《たけ》の柱《はしら》に茅《かや》の屋根《やね》の時代《じだい》には、あまり生存難《せいぞうなん》だとか、失業《しつぎょう》だとか云《い》うような、いまわしい不自然《ふしぜん》な問題《もんだい》は起《お》こらなかったのである。

高層建築《こうそうけんちく》をほこる物質文明《ぶっしつぶんめい》の世《よ》の中《なか》に、生存難《せいぞうなん》や人間苦《にんげんく》が存在《そんざい》している。一つの大建《だいけん》造物《ぞうぶつ》に幾万《いくまん》の生霊《せいれい》を容《い》れて、一瞬《いっしゅん》の間《ま》にその生命《いのち》が奪《うば》われた東京《とうきょう》の、かつての大震災《だいしんさい》を思《おも》い出《だ》さずにはいられない。只々《ただただ》天地《てんち》惟神《かむながら》の法《ほう》に従《したが》い、竹柱茅《たけばしらかや》の神代的生活《かみよてきせいかつ》であったならば、この様《よう》な無残《むざん》なことは出来《でき》なかったであろう。自分《じぶん》は原始時代《げんしじだい》を盲目的《もうもくてき》に讃美《さんび》するのではないが、その所《ところ》に味《あじ》わうべき点《てん》の多々《たた》あることを力説《りきせつ》したいのである。

かつての東京横浜《とうきょうよこはま》の震災《しんさい》の時《とき》、玄米《げんまい》の粥《かゆ》と一個《いっこ》の梅干《うめぼし》で一日《いちにち》の生命《いのち》をつないだ経験《けいけん》のある人々《ひとびと》は、如何《いか》に人間《にんげん》が生命欲《せいめいよく》に強烈《きょうれつ》であるかということに気《き》がついたであろう。それには、心強《こころつよ》い信仰《しんこう》の上《うえ》に立脚《りっきゃく》して、不滅《ふめつ》の生命《いのち》を持《も》つべきである。

このようにして、人間《にんげん》を現在的生活《げんざいてきせいかつ》の上《うえ》より見《み》れば、実《じつ》にさびしいはかないものである。前《まえ》に述《の》べた大震災《だいしんさい》と云《い》うような、天変地異《てんぺんちい》の犠牲《ぎせい》にならなくても、五十年《ねん》、七十年《ねん》、永《なが》きも八十年《ねん》くらいを限《かぎ》りとして大自然《だいしぜん》と云《い》う無限《むげん》の裁判《さいばん》から死刑《しけい》の宣言《せんげん》を受《う》けているのだ。それでも吾人《ごじん》は千年《せんねん》も万年《まんねん》も生《い》きられるものゝ如《ごと》く、安閑《あんかん》として種々《しゅじゅ》の欲求《よっきゅう》にかられ、活動《かつどう》を続《つづ》けているのだ。

○

名《な》は益々美《ますますび》ならんことを思《おも》い、位《くらい》は益々高《ますますたか》からんことを念《ねん》じ、生命《せいめい》は万歳《ばんざい》の齢《よわい》を空想《くうそう》し、富《とみ》は益々大《ますますだい》ならんことを欲《ほっ》して、走馬燈《そうまとう》の如《ごと》く現実界《げんじつかい》に目《め》まぐるしきほどの活動《かつどう》を続《つづ》けている。そして一日一日死刑台上《いちにちいちにちしけいだいじょう》に近《ちか》づいていることを、余《あま》り深《ふか》く感《かん》じないのである。試《こころ》みにおもえ、重罪犯人《じゅうざいはんにん》が裁判官《さいばんかん》より死刑《しけい》の宣告《せんこく》を受《う》けて刑《けい》の執行《しっこう》の日《ひ》をいつかいつかと待《ま》っている間《ま》の心持《こころも》ちはどうであろう。淋《さび》しいと言《い》おうか苦《くる》しいと言《い》おうか、顔色青《かおいろあお》ざめ身体骨立《しんたいこくりつ》し、飲食《いんしょく》はその美《び》を感《かん》ぜず、殆《ほとん》ど病人《びょうにん》の如《ごと》く青息《あおいき》、吐息《といき》、溜息《ためいき》にのみ刻々《こくこく》を過《す》ごすであろう。吾人《ごじん》は重罪犯人《じゅうざいはんにん》でなくとも、裁判官《さいばんかん》に死刑《しけい》の宣告《せんこく》を受《う》けずとも、大自然《だいしぜん》はすでに吾人《ごじん》に厳《げん》として動《うご》かすべからざる死刑《しけい》の宣告《せんこく》を与《あた》えているではないか。

あゝ人生《じんせい》はかくの如《ごと》く淋《さび》しいものであろうか、悲惨《ひさん》なものであろうか。否々然《いないなしか》らず、吾人《ごじん》は神《かみ》と共《とも》に永遠無窮《えいえんむきゅう》、不老不死《ふろうふし》の生命《いのち》そのものである。肉体離脱《にくたいりだつ》の関門《かんもん》はあっても吾人《ごじん》の本体《ほんたい》そのものは決《けっ》して滅亡《めつぼう》しない。現実界《げんじつかい》のすべての歴史《れきし》を、過去《かこ》の背景《はいけい》として永遠無窮《えいえんむきゅう》に霊界《れいかい》に復活《ふっかつ》するのである。そして現実界《げんじつかい》に於《お》ける善悪《ぜんあく》の応報《おうほう》は自身《じしん》の霊体《れいたい》に反響《はんきょう》し、しみついて永遠《えいえん》に離《はな》れないものだ。是《これ》をおもえば神《かみ》の子神《こかみ》の宮《みや》たる人間《にんげん》は、現実界《げんじつかい》に於《お》いて善《ぜん》をいゝ善《ぜん》を思《おも》い、そして善《ぜん》を行《おこな》い主神《すしん》を愛《あい》して主一無敵《しゅいつむてき》の信仰《しんこう》に生《い》き、永遠無窮《えいえんむきゅう》の安楽国《あんらくこく》を自《みずか》ら開拓《かいたく》をせなくてはならぬ。これ人生《じんせい》と信仰《しんこう》の最《もっと》も必要《ひつよう》な所以《ゆえん》である。

(『愛善苑』第二十七号・昭和二十三年二月号)

四、聖言　神に方便なし

「天帝一物《てんていいちぶつ》を創造《そうぞう》す。悉《ことごと》く力徳《りきとく》による。故《ゆえ》に善悪相混《ぜんあくあいこん》じ美醜互《びしゅうたが》いに相交《あいまじ》わる」

これ『道《みち》の大原《たいげん》』の初発《しょはつ》に示《しめ》された聖句《せいく》である。つら〳〵考《かんが》うるに、蒼空《そうくう》を仰望《ぎょうぼう》しても海原《うなばら》を見《み》ても、悉《ことごと》く善悪美醜《ぜんあくびしゅう》の区別《くべつ》が様々《さまざま》あって「この世界《せかい》は至善至美《しぜんしび》の神様《かみさま》がお造《つく》りになった以上《いじょう》は、悪《あく》という事《こと》は微塵《みじん》もなく、至善至美《しぜんしび》の物《もの》ばかりであらねばならぬ」という人《ひと》がある、決《けっ》してそうは行《ゆ》かない。或《あ》る人《ひと》が瑞月《ずいげつ》(=出口王仁三郎。)に向《むか》って詰問《きつもん》し、

「天帝《てんてい》果《はた》して全智全能《ぜんちぜんのう》にして、万物《ばんぶつ》を造《つく》り且《か》つ真善美《しんぜんび》を好《この》むものならば全智全能《ぜんちぜんのう》の神《しん》徳《とく》によって、美《び》なるものゝみを拵《こしら》えて醜悪《しゅうあく》なるものを拵《こしら》えぬ筈《はず》である。神《かみ》の意志《いし》果《はた》して真善美《しんぜんび》を愛《あい》するならば元《もと》より善《ぜん》ばかりを拵《こしら》えて置《お》けば別《べつ》に悪《あく》を造《つく》っておいて悪《あく》を改《あらた》めしめんとて宣伝《せんでん》に努力《どりょく》する必要《ひつよう》は無《な》いではないか、要《よう》するに天帝《てんてい》は自分《じぶん》から醜悪《しゅうあく》なるものを造《つく》り、その醜悪《しゅうあく》を嫌《きら》うというのは自家撞着《じかどうちゃく》も甚《はなは》だしい矛盾《むじゅん》である。我等《われら》はこゝに至《いた》って全智全能《ぜんちぜんのう》の神《かみ》を疑《うたが》わざるを得《え》ず」

と云《い》った人《ひと》が沢山《たくさん》にあった。しかしながら何人《なんぴと》といえども今日迄《こんにちまで》の諸々《もろもろ》の宗教《しゅうきょう》、倫《りん》理《り》、道徳説《どうとくせつ》が貧弱《ひんじゃく》なる頭脳《ずのう》に浸《し》み込《こ》んでいる人《ひと》の考《かんが》えから見《み》れば、実《じつ》に心《こころ》を砕《くだ》いて来《き》たものである。時《とき》の古今《ここん》を問《と》わず、洋《よう》の東西《とうざい》を論《ろん》ぜず、すべての哲学者《てつがくしゃ》、宗教家《しゅうきょうか》もこの問題《もんだい》については頻《しき》りに研究《けんきゅう》をしていたようである。

「世界皆善論《せかいかいぜんろん》」を唱《とな》えるものもあれば、「世界皆悪論《せかいかいあくろん》」と称《とな》えるものも現《あら》われている。

また「この世《よ》は夢《ゆめ》の浮世《うきよ》じゃ」といって「厭離穢土《えんりえど》」と称《しょう》し、「未来《みらい》の天国浄土《てんごくじょうど》を楽《たの》しむのが人生《じんせい》の大目的《だいもくてき》だ」などゝまちくの説《せつ》を立《た》て、諸説紛々《しょせつふんぷん》として落着《おちつ》くを知《し》らず、宙《ちゅう》に迷《まよ》うておる姿《すがた》である。古今《ここん》の学者《がくしゃ》が一人《ひとり》として今日《こんにち》に至《いた》るまで、大宇宙《だいうちゅう》の本体《ほんたい》を捉《とら》え、人生《じんせい》の真目的《しんもくてき》を諒解《りょうかい》した者《もの》は無《な》いようである。

仏教《ぶっきょう》にしても儒教《じゅきょう》にしても、現代我国《げんだいわがくに》の十三派《ぱ》の神道宗 教《しんどうしゅうきょう》にしても、その他種々雑《たしゅじゅざっ》多《た》の宗 教《しゅうきょう》にしても、決《けっ》して宇宙《うちゅう》の真相《しんそう》を解決《かいけつ》し得《え》たものはない。しかしながら我国《わがくに》は言霊《ことたま》の明鏡《めいきょう》が歴然《れきぜん》として輝《かがや》き宇宙《うちゅう》の真理《しんり》を解決《かいけつ》すべき宝典《ほうてん》に乏《とぼ》しくなけれども、闇黒《あんこく》なる今日《こんにち》の思想界《しそうかい》に於《お》いてはこの真理《しんり》を諒解《りょうかい》するだけの偉人《いじん》も賢哲《けんてつ》も学者《がくしゃ》も現《あら》われていないという事《こと》は、国家社会《こっかしゃかい》のために実《じつ》に慨嘆《がいたん》の至《いた》りである。

○

瑞月《ずいげつ》は、明治《めいじ》三十一（１８９８）年以後今日《ねんいごこんにち》に至《いた》るまで、殆《ほとん》ど二十五年間《ねんかん》、艱難辛苦《かんなんしんく》を積《つ》み神界《しんかい》の真相《しんそう》の一端《いったん》を極《きわ》めた結果《けっか》、宇宙真理《うちゅうしんり》の一部《いちぶ》を『霊界物語《れいかいものがたり》』として発表《はっぴょう》する事《こと》となったのである。『道《みち》の大原《たいげん》』の聖句《せいく》にも、天地間《てんちかん》の万物《ばんぶつ》に善悪美醜《ぜんあくびしゅう》の混交《こんこう》せるは、全《まった》く力徳《りきとく》の按配《あんばい》によるものと断定《だんてい》を下《くだ》してあるのは、実《じつ》に万古不易《ばんこふえき》の真理《しんり》である。

さて力徳《りきとく》という事《こと》は、一朝一夕《いっちょういっせき》に説《と》き明《あ》かす訳《わけ》には行《ゆ》かぬ。約言《やくげん》すれば「動《どう》・静《せい》・解《かい》・凝《ぎょ》・引《いん》・弛《ち》・合《ごう》・分《ぶん》」の八力《はちりき》の活動《かつどう》の如何《いかん》によって、善悪美醜大小強弱《ぜんあくびしゅうだいしょうきょうじゃく》が分《わか》れるのである。

「人《ひと》は天地《てんち》の花《はな》、万物《ばんぶつ》の霊長《れいちょう》」と称《とな》えられているが、瑞月《ずいげつ》は一歩《いっぽ》進《すす》んで「神《かみ》は万物普遍《ばんぶつふへん》の霊《れい》にして人《ひと》は天地経綸《てんちけいりん》の司宰者《しさいしゃ》なり」と断定《だんてい》を下《くだ》しているのである。これも出口《でぐち》教祖《きょうそ》の二十七年間《ねんかん》の『筆先《ふでさき》』の大精神《だいせいしん》を通観《つうかん》して得《え》た所《ところ》の断案《だんあん》である。かくのごとく尊《とうと》き「天地経綸《てんちけいりん》の司宰者《しさいしゃ》」たる人間《にんげん》にも、また善悪美醜大小強弱《ぜんあくびしゅうだいしょうきょうじゃく》の区別《くべつ》があって中《なか》には「天地経綸《てんちけいりん》の司宰者《しさいしゃ》」どころか、かえって天地経綸《てんちけいりん》の妨害《ぼうがい》をなす人間《にんげん》が沢山《たくさん》出来《でき》ている。かくの如《ごと》き人間《にんげん》が現《あら》われて来《く》るのは、要《よう》するに一つは教育《きょういく》の如何《いかん》にもよるのは無論《むろん》だが、真《しん》の原因《げんいん》は決《けっ》してそうではない。

肝腎《かんじん》の大原因《だいげんいん》は天賦《てんぷ》の力徳《りきとく》の過不及《かふきゅう》によるところの結果《けっか》で『お筆先《ふでさき》』の所謂《いわゆる》身魂《みたま》の因《いん》

縁性来《ねんしょうらい》によるものである。概《がい》して人間《にんげん》の肉体《にくたい》の善悪強弱《ぜんあくきょうじゃく》はすべて力徳《りきとく》の過不及《かふきゅう》により生《しょう》ずる所《ところ》の結果《けっか》である。人《ひと》の心《こころ》の善悪知遇《ぜんあくちぐ》は、元《もと》より教育《きょういく》によってその一部分《いちぶぶん》は左右《さゆう》せらるゝものである。

しかし人《ひと》は神様《かみさま》に次《つ》いで尊《とうと》きもので、世界《せかい》を善《ぜん》に進《すす》め美《び》に開《ひら》くべき天職《てんしょく》を天賦的《てんぷてき》に持《も》っているものである。人間《にんげん》は小《しょう》なる神《かみ》として又神《またかみ》の生宮《いきみや》としてこの世《よ》に生《うま》れ出《い》でたる以上《いじょう》は、終生神《しゅうせいかみ》の御旨《みむね》を奉戴《ほうたい》し天地《てんち》の御用《ごよう》を助《たす》け奉《まつ》らねば人《ひと》と生《うま》れ出《い》でたる本分《ほんぶん》が尽《つく》せないのである。

人間《にんげん》は裸体《はだか》で生《うま》れて来《き》たのであるからまた裸体《はだか》で死《し》ねば宜《よ》いという様《よう》な捨鉢根性《すてばちこんじょう》では、人生天賦《じんせいてんぷ》の職責《しょくせき》が遂《と》げられぬのみならず、折角神界《せっかくしんかい》より選《えら》まれて神《かみ》の生宮《いきみや》として世《よ》に生《うま》れさして頂《いただ》いた、大神《おほかみ》の御聖旨《ごせいし》に背《そむ》く罪人《つみびと》となるのである。

「人生《じんせい》の本分《ほんぶん》」としては、第一《だいいち》に天地神明《てんちしんめい》の大業《たいぎょう》に奉仕《ほうし》し、政治《せいじ》をすゝめ産業《さんぎょう》を拓《ひら》き進《すす》めて行《ゆ》かねばならぬのである。他人《たにん》は如何《どう》でも構《かま》わぬ、自分《じぶん》のみ清《きよ》く正《ただ》しければ宜《よ》いのだといって、聖人気《せいじんき》どりで済《す》ましている様《よう》な事《こと》では、人間《にんげん》としての天賦《てんぷ》を全《まっと》うしたものという事《こと》は出来《でき》ないのである。

○

自分《じぶん》は常《つね》に「政《せい》・教《きょう》・慣《かん》・造《ぞう》」の進歩発達《しんぽはったつ》を祈願《きがん》し、且《か》つ完成《かんせい》せしむるを以《もっ》て人《ひと》たるもの丶天職《てんしょく》だと考《かんが》えている。吾人《ごじん》は人生《じんせい》の重大《じゅうだい》なる責任《せきにん》を感《かん》じ、如何《どう》しても肉体《にくたい》の安楽《あんらく》のみを貪《むさぼ》る事《こと》は出来《でき》ない。人生《じんせい》の本分《ほんぶん》を幾分《いくぶん》なりとも遂行《すいこう》し得《え》ざる内《うち》は、如何《いか》なる栄華《えいが》も歓楽《かんらく》も自分《じぶん》の心《こころ》を満《み》たす事《こと》は出来《でき》ない。美衣《びい》、美食《びしょく》、財宝《ざいほう》なども到底天授《とうていてんじゅ》の心《しん》魂《こん》を喜《よろこ》ばすに足《た》らぬ。只天下公共《ただてんかこうきょう》のために自分《じぶん》としての天職《てんしょく》を尽《つく》し得《う》る事《こと》が肝腎《かんじん》である。一寸先《いっすんさき》の見《み》えない様《よう》な不完全《ふかんぜん》なる、罪《つみ》に穢《けが》れたる吾人《ごじん》の身《み》をもって、到底重大《とうていじゅうだい》なる天職《てんしょく》を完《まっと》うすることは出来《でき》ずとも、その幾分《いくぶん》にても奉仕《ほうし》し得《え》たならばこれに過《す》ぎたる人生《じんせい》の幸《さちわ》いはないのである。

今日《こんにち》の瑞月《ずいげつ》としては、浅薄《せんぱく》なる肉体上《にくたいじょう》の観察《かんさつ》から見《み》るならば、実《じつ》に安楽《あんらく》なもの丶様《よう》であるが、自分《じぶん》としては実《じつ》に一日《いちにち》も安《やす》んじてはいないのであるが、自分《じぶん》のためにはかえってそれが苦痛《くつう》の種《たね》となるのである。何故《なにゆえ》なれば役員信者《やくいんしんじゃ》の親切《しんせつ》や好意《こうい》は大《おお》いに迷惑《めいわく》を感《かん》ずる事《こと》があるからである。自分《じぶん》の真《しん》の使命《しめい》を諒解《りょうかい》するのでもなくたゞ単《たん》に出口教祖《でぐちきょうそ》の『お筆先《ふでさき》』によって色々《いろいろ》と私《わたし》に対《たい》する空想《くうそう》を描《えが》いている人《ひと》が多《おお》いからである。また如何《いか》なる立派《りっぱ》な事《こと》を話《はな》しても説《と》いても、それは教祖《きょうそ》の『筆先《ふでさき》』に出《で》ていないから用《もち》いられないとか云《い》って、如何《いか》なる真理《しんり》も無雑作《むぞうさ》に葬《ほうむ》ってしまうので、何程《なにほど》『筆先《ふでさき》』の精神《せいしん》を縦《じゅう》横無尽《おうむじん》に説《と》いても、充分《じゅうぶん》に感得《かんとく》せしむる事《こと》が出来《でき》ぬのが実《じつ》に遺憾《いかん》である。また自分《じぶん》の肉《にく》体《たい》に対《たい》し、役員信者《やくいんしんじゃ》が非常《ひじょう》に気《き》をつけて好意《こうい》を表《ひょう》してくれるが、肝腎要《かんじんかなめ》の真実《しんじつ》の精神《せいしん》を汲《く》みとってくれるものが少《すく》ないのは最大《さいだい》の苦痛《くつう》である。

今《いま》までの役員信者《やくいんしんじゃ》は自分《じぶん》を妙《みょう》な事《こと》に過信《かしん》して、堅実《けんじつ》な教理等《きょうりなど》は頭《あたま》から耳《みみ》に入《い》れぬのみか、今《いま》にも世界《せかい》の救《すく》い主《ぬし》にでもなる様《よう》に、身魂《みたま》を研《みが》かずに騒《さわ》ぎ廻《まわ》っているのは実《じつ》に残念《ざんねん》である。自分《じぶん》に少《すこ》しでも権謀術数的《けんぼうじゅつすうてき》の精神《せいしん》があるならば十年以前《ねんいぜん》の大本《おほもと》は役員信者等《やくいんしんじゃなど》とも折合《おりあ》いがうまくついておればきわめて平和《へいわ》であったでしょう。役員《やくいん》や信者《しんじゃ》の迷信《めいしん》を利《り》用《よう》して猫《ねこ》をかぶっていようものなら物質的方面《ぶっしつてきほうめん》のことなどは如何《どん》なことでも出来《でき》たであろう。しかしながら自分《じぶん》の天授《てんじゅ》の良心《りょうしん》が如何《どう》しても、そんなことを許《ゆる》さない。

○

今《いま》の世《よ》の中《なか》の様《よう》に神《かみ》の道《みち》は方便《ほうべん》や手段《しゅだん》では行《ゆ》かぬ。方便《ほうべん》や手段《しゅだん》を以《もっ》てした事《こと》は何時《いつ》しか化《ばけ》の皮《かわ》が剥《は》げるものである。いわんや至誠至直《しせいしちょく》の神《かみ》に仕《つか》うる身分《みぶん》としては、夢《ゆめ》にだも良心《りょうしん》の許《ゆる》さぬ事《こと》は出来《でき》ない。

自分《じぶん》は天地《てんち》とゝもに亡《ほろ》びざる大真理《だいしんり》即《すなわ》ち神《かみ》の大道《だいどう》より外《ほか》の道《みち》を歩《あゆ》む事《こと》は出来《でき》ぬ。真《しん》理《り》のためには一身《いっしん》を献《ささ》げて悔《く》いないのである。今日《こんにち》の場合《ばあい》は如何《いか》にして社会一般《しゃかいいっぱん》の誤解《ごかい》を正《ただ》し、正解《せいかい》させることが必要《ひつよう》であると感《かん》じたから、こゝに天下修斎《てんかしゅうさい》のため真理《しんり》の旗《き》幟《し》を翻《ひるがえ》し神様《かみさま》に一身《いっしん》を献《ささ》げて口《くち》を籍《か》し、こゝに愈々《いよいよ》この『霊界物語《れいかいものがたり》』を発表《はっぴょう》する事《こと》となったのである。

混濁《こんだく》せる社会《しゃかい》のため一身《いっしん》を捧《ささ》げて五六七《みろく》（＝弥勒如来が天から下生して民衆を救済するという。これを数字で表すと、天では六六六と書いてミロク、天から地上に下生するを五六七と書いてミロクと読ませる。）の御世《みよ》に奉仕《ほうし》せんという誠《まこと》の人《ひと》は一日《いちにち》も早《はや》くこの物語《ものがたり》の精神《せいしん》に目《め》を醒《さ》まし天下万民《てんかばんみん》のために誠《まこと》を尽《つく》して頂《いただ》きたいものである。

（『愛善苑』第二十九号・昭和二十三年四月一日号、
『霊界物語』第三十八巻・第一章「道すがら」）

五、和合の真意義

最上天界《さいじょうてんかい》すなわち高天原《たかあまはら》には、宇宙《うちゅう》の造物主《ぞうぶつしゅ》なる大国常立大神《おほくにとこたちのおほかみ》が、天地万有一切《てんちばんゆういっさい》の総《そう》統権《とくけん》を具足《ぐそく》して神臨《しんりん》したもうのである。そして、大国常立大神《おほくにとこたちのおほかみ》のまたの御名《みな》を、天之御《あめのみ》中主大神《なかぬしのおほかみ》と称《とな》え奉《まつ》り、無限絶対《むげんぜったい》の神格《しんかく》を持《じ》し、霊力体《れいりょくたい》の大原霊《だいげんれい》と現《あら》われたもうのであります。この大神《おほかみ》の御神徳《ごしんとく》の、完全《かんぜん》に発揮《はっき》されたのを天照皇大御神《あまてらすすめおほみかみ》と称《とな》え奉《まつ》るのであります。

○

そして霊《れい》の元祖《がんそ》たる高皇産霊大神《たかみむすびのおほかみ》は、一名《いちめい》神伊邪那岐大神《かむいざなぎのおほかみ》、またの名《な》は、日《ひ》の大神《おほかみ》と称《とな》え奉《まつ》り、体《たい》の元祖《がんそ》神皇産霊大神《かむみむすびのおほかみ》は、一名《いちめい》神伊邪那美大神《かむいざなみのおほかみ》、またの名《な》は、月《つき》の大神《おほかみ》と称《とな》え奉《まつ》るのは、この物語《ものがたり》にてしば〳〵述《の》べられてある通《とお》りであります。また高皇産霊大神《たかみむすびのおほかみ》は霊系《れいけい》にして、厳《いづ》の御霊《みたま》・国常立大神《くにとこたちのおほかみ》と現《あら》われたまい体系《たいけい》の祖神《そしん》なる神皇産霊大神《かむみむすびのおほかみ》は、瑞《みづ》の御霊《みたま》・豊雲野大神《とよくもぬのおほかみ》、またの名《な》は、豊国主大神《とよくにぬしのおほかみ》と現《あら》われたもうたのであります。

この厳《いづ》の御霊《みたま》は、ふたたび天照大神《あまてらすおほかみ》と顕現《けんげん》したまいて、天界《てんかい》の主宰神《しゅさいしん》とならせたまいました。ちなみに、天照皇大御神様《あまてらすすめおほみかみさま》と天照大神様《あまてらすおほかみさま》とは、その位置《いち》において、神格《しんかく》において、所主《しょしゅ》の御神業《ごしんぎょう》において、大変《たいへん》な差等《さとう》のあることを考《かんが》えねばなりませぬ。

また瑞《みづ》の御霊《みたま》は、神素盞鳴大神《かむすさのをのおほかみ》と顕《あら》われたまい、大海原《おおうなばら》の国《くに》（＝地球のこと。）を統御《とうぎょ》遊《あそ》ばす、神代《かみよ》からの御神誓《ごしんせい》であることは、『神典古事記《しんてんこじき》』、『日本書紀《にほんしょき》』等《とう》によって明白《めいはく》なる事実《じじつ》であります。

○

しかるに神界《しんかい》にては、一切《いっさい》を挙《あ》げて一神《いっしん》の御管掌《ごかんしょう》に帰《き》したまい、宇宙《うちゅう》の祖神《そしん》大六合常《おほくにとこ》立大神《たちのおほかみ》に絶対的神権《ぜったいてきしんけん》を御集《おあつ》めになったのであります。ゆえに、大六合常立大神《おほくにとこたちのおほかみ》は独一《どくいつ》真神《しんしん》にして宇宙一切《うちゅういっさい》を主管《しゅかん》したまい厳《いづ》の御霊《みたま》の大神《おほかみ》と顕現《けんげん》したまいました。さて、厳《いづ》の御霊《みたま》に属《ぞく》する一切《いっさい》の物《もの》は、悉皆《しっかい》、瑞《みづ》の御霊《みたま》に属《ぞく》せしめ給《たも》うたのでありますから、瑞《みづ》の御《み》霊《たま》は、すなわち厳《いづ》の御霊同体神《みたまどうたいしん》ということになるのであります。ゆえに、厳《いづ》の御霊《みたま》を太《おほ》元神《もとがみ》と称《とな》え奉《まつ》り、瑞《みづ》の御霊《みたま》を救世神《きゅうせいしん》または救《すく》いの神《かみ》と称《とな》え、また主《す》の神《かみ》と単称《たんしょう》する。

ゆえにこの物語《ものがたり》において、主《す》の神《かみ》とあるのは、神素盞嗚大神様《かむすさのをのおほかみさま》のことであります。

主《す》の神《かみ》は、宇宙一切《うちゅういっさい》の事物《じぶつ》を済度《さいど》すべく、天地間《てんちかん》を昇降遊《しょうこうあそ》ばして、その御魂《みたま》を分《わ》け、あるいは釈迦《しゃか》と現《あら》われ、あるいはキリストとなり、マホメットと化《な》り、そのた種々雑多《しゅじゅざった》に神身《しんしん》を変《へん》じたまいて、天地神人《てんちしんじん》の救済《きゅうさい》に尽《つく》させたもう仁慈無限《じんじむげん》の大神《おほかみ》であります。

しかして前《まえ》に述《の》べた通《とお》り、宇宙一切《うちゅういっさい》の大権《たいけん》は、厳《いづ》の御霊《みたま》の大神《おほかみ》すなわち太元神《おほもとがみ》に属《ぞく》し、この太元神《おほもとがみ》に属《ぞく》せる一切《いっさい》は、瑞《みづ》の御霊《みたま》に悉皆属《しっかいぞく》されたる以上《いじょう》は、神《かみ》を三分《さんぶん》して考《かんが》えることは出来《でき》ませぬ。つまり、心《こころ》に三《さん》を念《ねん》じて、口《くち》に一《いつ》をいうことはならないのであります。ゆえに、神素盞嗚大神《かむすさのをのおほかみ》は、救世神《きゅうせいしん》ともいい、仁愛大神《みろくのおおかみ》とも申《もう》し上《あ》げ、撞《つ》きの大神《おほかみ》とも申《もう》し上《あ》げるのであります。

○

この『霊界物語《れいかいものがたり》』には、産土山《うぶすなやま》の高原伊祖《こうげんいそ》の神館《かむやかた》において、「神素盞嗚尊《かむすさのをのみこと》」が三五《あなない》教《きょう》（＝霊主体従の教。）を開《ひら》きたまい、あまたの宣伝使《せんでんし》を四方《よも》に派遣《はけん》したもう御神業《ごしんぎょう》は、決《けっ》して現界《げんかい》ばかりの物語《ものがたり》ではありませぬ。霊界《れいかい》すなわち天国《てんごく》や精霊界《せいれいかい》（中有界《ちゅううかい》）や根底《ねそこ》の国《くに》まで救《すく》いの道《みち》を布衍《ふえん》したもうた事実《じじつ》であります。

ウラル教《きょう》（＝極端な体主霊従主義。理性を主とし、左手に経文、右手に剣を持ち、武と教を相兼ねる。自愛、世間愛に堕し、知らず識らずに神に背き、虚偽を真理と信じ、悪を善と誤解すべき行動をとる。）やバラモン教《きょう》（＝力主体従主義。理性を主とし、左手にコーラン、右手に剣をもち、軽生重死、暗迷非道の邪教。死という恐怖心をもたせて生の自由を束縛する。専制主義。）、あるいはウラナイ教《きょう》（＝裏がない。瑞霊スサノオの教がぬけている。『神論』など経の教を主とする。絶対服従の信仰。）などの物語《ものがたり》は、たいてい顕界《けんかい》に関《かん》した事実《じじつ》が述《の》べてあるのです。ゆえに、三五教《あなないきょう》は、内分的《ないぶんてき》の教《おしえ》を主《しゅ》とし、その他《た》の教《おしえ》は、外分的《がいぶんてき》の教《おしえ》をもって地上《ちじょう》を開《ひら》いたのであります。ゆえに、顕幽神三界《けんゆうしんさんかい》を超越《ちょうえつ》した物語《ものがたり》というのは、右《みぎ》の理由《りゆう》から出《で》た言葉《ことば》であります。

○

主《す》の神《かみ》たる「神素盞鳴大神《かむすさのをのおほかみ》」は、愛善《あいぜん》の徳《とく》をもって天界地上《てんかいちじょう》を統一《とういつ》したまい、また天界地上《てんかいちじょう》を一個人《いちこじん》として、すなわち単元《たんげん》としてこれを統御《とうぎょ》したもうのであります。

例《たと》えば、人体《じんたい》その全分《ぜんぶん》にあっても、その個体《こたい》にあっても、千態万様《せんたいばんよう》の事物《じぶつ》より成《な》れるごとく、天地《てんち》もまた同様《どうよう》であります。人間《にんげん》の身体《しんたい》を、全分《ぜんぶん》の方面《ほうめん》より見《み》れば、肢節《しせつ》あり機関《きかん》あり臓腑《ぞうふ》あり、個体《こたい》より見《み》れば、繊維《せんい》あり神経《しんけい》あり血管《けっかん》あり、かくて、肢体《したい》の中《なか》に肢体《したい》あり、部分《ぶぶん》の中《なか》に部分《ぶぶん》あれども、個人《こじん》の活動《かつどう》する時《とき》は、単元《たんげん》として活動《かつどう》するごとく、主神《すしん》は、天地《てんち》を一個人《いちこじん》のごとくにして統御《とうぎょ》したもうのであります。

ゆえに、あまたの宣伝使《せんでんし》もまた、主神一個《すしんいっこ》、神格《しんかく》の個体《こたい》すなわち一部分《いちぶぶん》として神経《しんけい》なり繊維《せんい》なり血管《けっかん》なりの活動《かつどう》をなしつゝあるのです。天人《てんにん》や宣伝使《せんでんし》のかく部分的活動《ぶぶんてきかつどう》も、みな主神《すしん》の一体《いったい》となり神業《しんぎょう》に奉仕《ほうし》するのは、あたかも一個《いっこ》の人体中《じんたいちゅう》に、かくのごとく数多《あまた》の異様《いよう》あれども、一物《いちぶつ》としてその用《よう》を遂《と》げるにあたり、全般《ぜんぱん》の福祉《ふくし》を計《はか》らんとするために由《よ》るものであります。すなわち、全局《ぜんきょく》は部分《ぶぶん》のために、部分《ぶぶん》は全局《ぜんきょく》のために、何事《なにごと》か用《よう》を遂《と》げずということはありませぬ。けだし、全局《ぜんきょく》は部分《ぶぶん》より成《な》り、部分《ぶぶん》は全局《ぜんきょく》を作《つく》るがゆえに、相互《そうご》に給養《きゅうよう》し、相互《そうご》に揖譲《ゆうじょう》するを忘《わす》れない。

○

しかして、その相和合《あいわごう》するや、部分《ぶぶん》と全局《ぜんきょく》とに論《ろん》なく、いずれの方面《ほうめん》から見《み》ても、統《とう》一的全体《いってきぜんたい》の形式《けいしき》を保持《ほじ》し、かつその福祉《ふくし》を進《すす》めんとしないものはない。これをもって一《いっ》体《たい》となって活動《かつどう》し得《う》るのである。主神《すしん》の、天地両界《てんちりょうかい》における統合《とうごう》もまた、これに類似《るいじ》したものである。

凡《すべ》て物《もの》の和合《わごう》するは、各《かく》その為《な》すところの用《よう》が、相似《そうじ》の形式《けいしき》を踏襲《とうしゅう》する時《とき》であるから、全社会《ぜんしゃかい》のために用《よう》を為《な》さないものは、天界神界《てんかいしんかい》の外《そと》に放逐《ほうちく》されるのは当然《とうぜん》である。そは、他《た》と相容《あいい》れないからであります。用《よう》を遂《と》げるということは、総局《そうきょく》の福祉《ふくし》を全《まっと》うせんために、他《た》の順利《じゅんり》を願《ねが》う義《ぎ》であり、そして、用《よう》を遂《と》げずということは、総局《そうきょく》の福祉《ふくし》いかんを顧《かえり》みず、ただ自家《じか》のためゆえに、他《た》の順利《じゅんり》を願《ねが》うの義《ぎ》である。これは、すべてを捨《す》てて、ただ自己《じこ》のみを愛《あい》し、彼《かれ》は、すべてを捨《す》てて、ただ主神《すしん》のみを愛《あい》すというべきである。天界《てんかい》にあるもの悉《ことごと》く一体《いったい》となりて活動《かつどう》するは、これが為《ため》である。

しかして、かくのごとくなるは主神《すしん》よりするのであります。諸天人《しょてんにん》や諸宣伝使《しょせんでんし》自《みずか》らの故《ゆえ》ではない。何《なん》となれば、彼《かれ》ら天人《てんにん》や宣伝使《せんでんし》は、主神《すしん》をもって唯一《ゆいいつ》となし、万物《ばんぶつ》の由《よ》りて来《く》る大根源《だいこんげん》となし、主神《すしん》の国土《こくど》を保全《ほぜん》するをもって総局《そうきょく》の福祉《ふくし》と為《な》すからである。

福祉《ふくし》というは「正義《せいぎ》の意味《いみ》」である。現世《げんせ》にあって、国家社会《こっかしゃかい》の福祉《ふくし》（正義《せいぎ》）を喜《よろこ》ぶこと、私利《しり》を喜《よろこ》ぶより甚《はなは》だしく、隣人《りんじん》の福祉《ふくし》をもって、自己《じこ》の福祉《ふくし》のごとくに喜《よろこ》ぶものは、他生《たしょう》においては、主神《すしん》の国土《こくど》を愛《あい》してこれを求《もと》めるものである。そは、天界《てんかい》における主神《すしん》の国土《こくど》なるものは、この世《よ》における国家《こっか》と相対比《あいたいひ》すべきものだからである。

自己《じこ》のためでなく、ただ徳《とく》のゆえに徳《とく》を他人《たにん》に施《ほどこ》すものは、隣人《りんじん》を愛《あい》することになるのである。天界《てんかい》にては、隣人《りんじん》と称《しょう》するは徳《とく》である。すべて、かくのごときものは偉人《いじん》であって、すなわち高天原《たかあまはら》の中《なか》に住《じゅう》するものである。

○

三五教《あななひきょう》の宣伝使《せんでんし》は皆《みな》、善《ぜん》の徳《とく》を身《み》に備《そな》え、かつ愛《あい》の善《ぜん》と信《しん》の真《しん》とを体現《たいげん》して、智慧《ちえ》と証覚《しょうかく》とを本具現成《ほんぐげんじょう》している神人《しんじん》ばかりである。いずれも、主《す》の神《かみ》の全体《ぜんたい》または個体《こたい》として、舎身的大活動《しゃしんてきだいかつどう》を不断《ふだん》に励《はげ》みつゝある神使《しんし》のみで、実《じつ》に、神明《しんめい》の徳《とく》の広大無辺《こうだいむへん》なるに驚《おどろ》かざるを得《え》ない次第《しだい》である。

願《ねが》わくは、宣伝使《せんでんし》たる人《ひと》は、神代《かみよ》における三五教《あなないきょう》の宣伝使《せんでんし》の神業《しんぎょう》に神習《かむなら》い、一人《ひとり》たりとも、主《す》の神《かみ》の御意志《ごいし》を諒解《りょうかい》し、国家社会《こっかしゃかい》のために大々的活動《だいだいてきかつどう》を励《はげ》み、天国《てんごく》へ永住《えいじゅう》すべき各自《かくじ》の運命《うんめい》を開拓《かいたく》し、かつ一切《いっさい》の人類《じんるい》をして、天国《てんごく》の楽園《らくえん》に上《のぼ》らしむべく、善徳《ぜんとく》を積《つ》まれんことを希望《きぼう》する次第《しだい》であります。

太元神《おほもとがみ》を主神《すしん》といったり、救世神《きゅうせいしん》、瑞《みづ》の御魂《みたま》の大神《おほかみ》を主神《すしん》といったりしてあるのは、前《まえ》に述《の》べた通《とお》り、太元神《おほもとがみ》の一切《いっさい》の所属《しょぞく》と神格《しんかく》そのものは一体《いったい》なるがゆえであります。読《どく》者幸《しゃさいわ》いに諒《りょう》せられんことを。

附　言

主《す》の神《かみ》なる神素盞鳴大神《かむすさのをのおほかみ》は神典古事記《しんてんこじき》に載《の》せられたる如《ごと》く、大海原《おおうなばら》を知食《しろしめ》すべき御天職《ごてんしょく》が在《あ》らせらるるは明白《めいはく》なる事実《じじつ》であります。主《す》の神《かみ》は、天界《てんかい》をも地《ち》の世界《せかい》をも治《おさ》め統《す》べ守《まも》りたもうといえば、大変《たいへん》に驚《おどろ》かれる国学者《こくがくしゃ》も出現《しゅつげん》するでしょう。しかしながら、天界《てんかい》といっても、天国《てんごく》といっても、やはり山川草木《さんせんそうもく》その他一《たいっ》切《さい》の地上《ちじょう》と同一《どういつ》の万類《ばんるい》があり、土地《とち》も厳然《げんぜん》として存在《そんざい》しているのであるから、天《てん》界地球両方面《かいちきゅうりょうほうめん》の守宰神《しゅさいしん》といっても、あまり錯誤《さくご》ではありますまい。天界《てんかい》または天国《てんごく》といえば、蒼空《そうくう》にある理想国《りそうこく》、いわゆる主観的霊《しゅかんてきれい》の国《くに》だと思《おも》っている人《ひと》には容易《ようい》に承認《しょうにん》されないでしょう。

天国《てんごく》とは決《けっ》して冲虚《ちゅうきょ》の世界《せかい》ではありませぬ。天人《てんにん》といえども、また、決《けっ》して羽衣《はごろも》を着《き》て空中《くうちゅう》を自由自在《じゆうじざい》に飛翔《ひしょう》するものとのみ思《おも》っているのは、大《だい》なる誤解《ごかい》でありまます。天国《てんごく》にも大海原《おおうなばら》すなわち国土《こくど》があるのです。ただ善《ぜん》と真《しん》との智慧《ちえ》と証覚《しょうかく》を得《え》たる、個体的天人《こたいてきてんにん》の住居《じゅうきょ》する楽土《らくど》なのであることを思考《しこう》する時《とき》は、主《す》の神《かみ》の天地《てんち》を統御按配《とうぎょあんばい》したもうというも、決《けっ》して不可思議《ふかしぎ》な議論《ぎろん》ではありませぬ。ゆえに、大海原《おおうなばら》の主宰《しゅさい》たる主《す》の神《かみ》は、天界《てんかい》の国土《こくど》たると、地上《ちじょう》の国土《こくど》たるとを問《と》わず、守護《しゅご》したもうは寧《むし》ろ当然《とうぜん》であります。（『霊界物語』第四十七巻「総説」）

六、幸福の本体

生《うま》れたばかりの、世間《せけん》と一切没交渉《いっさいぼつこうしょう》な愛児《あいじ》の為《ため》に尽《つく》すということは相手《あいて》は何《なに》も知《し》らず平気《へいき》の平三《へいざ》でも、尽《つく》す方《ほう》は心持《こころも》ちがよい。人《ひと》の知《し》らぬ間《ま》に人《ひと》の為《ため》にした事《こと》、世間一般《せけんいっぱん》の人類《じんるい》が何《なに》も知《し》らぬ間《ま》に、世間人類《せけんじんるい》の為《ため》に尽《つく》した事《こと》はとても気持《きも》ちがよい。親《おや》を無上《むじょう》と思《おも》い、恩師《おんし》を最上《さいじょう》と考《かんが》え、恋女を至上《しじょう》と想《おも》い、女《おんな》は恋男を無上《むじょう》と考《かんが》えて、それに終始《しゅうし》する事《こと》の出来《でき》るものは、好《よ》かれ悪《あ》しかれ議論《ぎろん》は抜《ぬ》きとして、人間《にんげん》として幸福《こうふく》である。

一歩《いっぽ》進《すす》んで神《かみ》を至上無二《しじょうむに》の本体《ほんたい》として信仰《しんこう》し得《う》るならば、天下《てんか》に是非至上至高《ぜひしじょうしこう》の幸福《こうふく》はないのである。世間《せけん》から見《み》て馬鹿《ばか》で愚鈍《ぐどん》で而《しか》も大々馬鹿者《ばかもの》で、信《しん》ずるだけしか能《のう》のない人間位幸福《にんげんくらいこうふく》な者《もの》はない。

僅《わず》かの差違《さしちが》いを探《さぐ》り出《だ》して如何《いか》にも天下《てんか》の真理《しんり》でも発見《はっけん》した如《ごと》く、理性《りせい》に勝《まさ》る人《ひと》ほど天下《てんか》に不幸《ふこう》なものはない。そう云《い》う人《ひと》の心《こころ》の底《そこ》には必《かなら》ず淋《さび》しい淋《さび》しい或《あ》るものが潜《ひそ》んでいる。愚者《ぐしゃ》がこの世《よ》に幸福《こうふく》なのか、賢者《けんじゃ》が幸福《こうふく》か、賢愚《けんぐ》の別《べつ》は何《なに》にあるのか、自分《じぶん》の心《こころ》にたずねてみて、それに満足《まんぞく》の出来《でき》るものが世界第一《せかいだいいち》の幸福者《こうふくもの》であると思《おも》う。

○家《いへ》の内心《うちこころ》揃《そろ》ひて和合《わがふ》せば　如何《いか》なるまがも消《き》え失《う》せるなり

○霊返《たまかへ》しノアの返《かへ》しはナオときく　ノアの箱船今《はこぶねいま》ぞ垂《た》れかし

○信仰《しんかう》の土台《どだい》は心《こころ》とのたまへり　女《をうな》よければ家《いへ》は栄《さか》ゆる

○我胸《わがむね》のもつれの糸《いと》もことぐくに　解《と》けて嬉《うれ》しき今日《けふ》もあしたも

（『愛善苑』第三十一号・昭和二十三年五月一日号）

◆ノア　旧約聖書創世記六章以下の洪水伝説中の主人公。人類の堕落を怒って神が起した大洪水に、方舟《はこぶね》に乗って妻子のほか各動物種一つがいずつを乗せて難を免れ、アルメニア地方のアララト山頂に漂着。そのため人類と動物たちは絶滅しなかったという。

（『広辞苑』）

ここになぜ箱舟の詠歌を挿入されたのか、不思議に思われます。現代はグローバル化が進みながら人類の苦悩や戸惑いの大洪水が即に始まっている。そのため

救いの「種」、教を後世に残したいものだとの意が考察されます。

七、神は与え給う

神《かみ》はその愛《あい》によって、人間《にんげん》に必要《ひつよう》なるものを常《つね》に与《あた》え給《たも》う。人間《にんげん》はその与《あた》えられたものによって生命《せいめい》を保《たも》ち、且《か》つ人格《じんかく》を向上《こうじょう》しつゝあるのである。神《かみ》は無形《むけい》だとか、気体《きたい》だとか、それ故《ゆえ》に決《けっ》して現界人《げんかいじん》の如《ごと》く物質《ぶっしつ》を要求《ようきゅう》し給《たま》わず、金銭物品《きんせんぶっぴん》を神《かみ》にたてまつり神《かみ》の歓心《かんしん》を得《え》んとするは迷妄《めいもう》の極《きわ》みである。

神《かみ》はたゞ信仰《しんこう》さえすればそれでいゝ、その信仰《しんこう》も科学的知識《かがくてきちしき》によって認《みと》め得《え》ない限《かぎ》りは、泡沫《ほうまつ》にひとしきものだ。故《ゆえ》に神《かみ》を信《しん》ずるに先立《さきだ》ち、科学的原則《かがくてきげんそく》の上《うえ》に立脚《りっきゃく》して、而《しか》してのち信《しん》ずべきものだなどと唱《とな》える者《もの》は、すべてやちまた人間《にんげん》であって、その大部分《だいぶぶん》は神《かみ》を背《せ》にし、光明《こうみょう》を恐《おそ》れ、地獄《じごく》に向《む》かって内底《ないてい》のひらけた妖怪《ようかい》である。かゝる人間《にんげん》は、神《かみ》を信《しん》じないばかりか、自己《じこ》を外《ほか》にして徳《とく》を行《おこな》うの念《ね》なく、人《ひと》の見《み》ざるところにて善《ぜん》を行《おこな》うを忌《い》み、悪《あく》を人《ひと》の前《まえ》に秘《ひ》し、善《ぜん》はいかに小《ちい》さなことであっても必《かなら》ず、人《ひと》の前《まえ》に現《あら》わさんことを願《ねが》う。故《ゆえ》に彼等《かれら》がもし万一善《まんいちぜん》なる行《おこな》いをなしたりとせばそれは皆自己《みなじこ》のためになすところであるによる、神《かみ》のひとしく与《あた》え給《たも》うのとは大変《たいへん》なちがいである。

（『愛善苑』第三十一号・昭和二十三年六月一日号）

八、火の洗礼と水の洗礼

火《ひ》をもって、パブテスマを行《おこな》うと云《い》う事《こと》は、人間《にんげん》を霊的《れいてき》に救済《きゅうさい》すると云《い》う事《こと》である。これ大乗《だいじょう》の教《おしえ》であって、今《いま》までの誤《あやま》れる総《すべ》てのものを焼《や》き尽《つく》し、真《まこと》の教《おしえ》を布《し》かれる事《こと》である。水《みず》をもってパブテスマを行《おこな》うと云《い》う事《こと》は、人間《にんげん》を体的《たいてき》に救済《きゅうさい》する事《こと》である。

火《ひ》は霊《れい》であり、水《みず》は体《たい》である。

瑞霊《みづのみたま》の教《おしえ》は永遠《えいえん》の生命《いのち》のため欠《か》くべからざるの教《おしえ》であって、厳霊《いづのみたま》の教《おしえ》は人生《じんせい》に欠《か》くべからざる教《おしえ》である。

厳霊《いづのみたま》の教《おしえ》は、道義的《どうぎてき》であり、体的《たいてき》であり、現在的《げんざいてき》である。

瑞霊《みづのみたま》の教《おしえ》は道義《どうぎ》を超越《ちょうえつ》して、愛《あい》のために愛《あい》し、真《しん》のために真《しん》をなす絶対的境《ぜったいきょう》である。

所謂三宝《いわゆるさんぽう》（＝仏法僧の三宝。法・応・報の三身、この三つが相互に一つになって連結し解け合うこと。三身一体。所謂主神・教・宣伝使（菩薩）が一体となること。）に帰依《きえ》し奉《まつ》る心《こころ》である。「火《ひ》の洗礼《せんれい》」と「水《みず》の洗礼《せんれい》」とは、それ程《ほど》の差異《さい》があるのでる。某地《ぼうち》の大火《だいか》災《さい》を目《もく》して、「火《ひ》の洗礼《せんれい》」だと人《ひと》は云《い》うけれど、それは違《ちが》う、「水《みず》の洗礼《せんれい》」である。如何《いかん》となれば、それは体的《たいてき》のものであるから。

（『水鏡』）

九、世の終末と立替

キリストの本当《ほんとう》の教《おしえ》が伝《つた》わらぬようになった時《とき》、仏法《ぶっぽう》に於《お》いては釈迦《しゃか》の誠《まこと》の教《おしえ》が伝《つた》わらないようになった時《とき》、それが「世《よ》の終《おわ》り」である。即《すなわ》ちキリスト精神《せいしん》の滅亡《めつぼう》、仏法精《ぶっぽうせい》神《しん》の滅亡《めつぼう》を意味《いみ》する。この時《とき》に当《あた》って、本当《ほんとう》の耶蘇教《ヤソきょう》、誠《まこと》の仏法《ぶっぽう》を起《おこ》すのが「世《よ》の立《たて》替《かえ》」である。

（『水鏡』）

十、神業奉仕の秋

天地剖判《てんちぼうはん》のはじめより五十六億《おく》七千万年《せんまんねん》の星霜《せいそう》を経《へ》て、いよ〳〵弥勒出現《みろくしゅつげん》の時《とき》となり、ミロクの神下生《かみげしょう》して三界《さんかい》の大革正《だいかくせい》を成就《じょうじゅ》し、松《まつ》の世《よ》を顕現《けんげん》するため、ここに神柱《かむばしら》をたて「苦集滅道《くしゅうめつどう》」を説《と》き、「道法礼節《どうほうれいせつ》」を開示《かいじ》し、善《ぜん》をすすめ、悪《あく》をこらし、至仁至愛《しじんしあい》の教《おしえ》を布《し》き、至治泰平《しちたいへい》の天則《てんそく》を啓示《けいじ》し、天意《てんい》のまゝの善政《ぜんせい》を天地《てんち》に拡充《かくじゅう》したもう時期《じき》に近《ちか》づいてきたのである。

吾人《ごじん》はかゝる千万億歳《せんまんおくさい》にわたりて、ためしもなき聖世《せいせい》の過渡時代《かとじだい》に生《うま》れ出《い》で、神業《しんぎょう》に奉仕《ほうし》することを得《え》ば、何《なん》の幸《さいわい》かこれに如《し》かんやである。神示《しんじ》にいう。

「神《かみ》は万物普遍《ばんぶつふへん》の霊《れい》にして人《ひと》は天地経綸《てんちけいりん》の主体《しゅたい》なり」

と。あゝ吾人《ごじん》はこの時《とき》をおいていずれの代《よ》にか、天地《てんち》の神業《しんぎょう》に奉仕《ほうし》することを得《え》ん。

（『愛善苑』第三十三号・昭和二十三年九月一日）

十一、苦集滅道

◇苦《く》は苦《くる》しみである。人生《じんせい》に「苦《く》」というものがあればこそ「楽《らく》」の味《あじ》わいが判《わか》るのである。人間《にんげん》が餓《う》えんとする時《とき》、凍《こごえ》んとする時《とき》、或《あるい》は重《おも》き病《やまい》にかゝる時《とき》、可愛《かわい》い妻子《さいし》に別《わか》るゝ時《とき》、汗《あせ》を搾《しぼ》って働《はたら》く時《とき》、峻坂《しゅんぱん》を登《のぼ》る時《とき》などは、必《かなら》ずこの「苦《く》」と云《い》うものを味《あじ》わうものである。この「苦《く》」があってこそ、楽《たの》しいとか、嬉《うれ》しいとか、面白《おもしろ》いとか云《い》う結果《けっか》を生《う》み出《だ》して来《く》るのである。

人生《じんせい》に「苦《く》」と云《い》うものが無《な》いとすれば、無生機物《むせいきぶつ》も同様《どうよう》で、天地経綸《てんちけいりん》の神業《しんぎょう》に奉仕《ほうし》する事《こと》は絶対《ぜったい》に不可能《ふかのう》である。人生《じんせい》は苦《くる》しい中《なか》に楽《たの》しみがあり、楽《たの》しい中《なか》に苦《くる》しみがあって永遠《えいえん》に進歩発達《しんぽはったつ》するもので、寒暑《かんしょ》と戦《たたか》い、困難《こんなん》と戦《たたか》い、そうしてこれ等《ら》の苦《くる》しみに打《う》ち勝《か》った時《とき》の爽快《そうかい》は、実《じつ》に人生《じんせい》の花《はな》となり、実《み》となるものである。

高《たか》い山《やま》に登《のぼ》るのは苦《くる》しいが、その頂上《ちょうじょう》に登《のぼ》りつめて四方《しほう》を見晴《みは》らす時《とき》の愉快《ゆかい》な気分《きぶん》は、山登《やまのぼ》りの苦《くる》しみを贖《あがな》いて尚余《なおあま》りある楽《たの》しみである。

○

◇集《しゅう》、宇宙一切《うちゅういっさい》は統《すべ》て細胞《さいぼう》の集合体《しゅうごうたい》である。日月星辰《じつげつせいしん》あり、地《ち》には山川草木《さんせんそうもく》あり、禽《きん》獣虫魚《じゅうちゅうぎょ》あり、森羅万象《しんらばんしょう》悉《ことごと》く細胞《さいぼう》の集合体《しゅうごうたい》ならざるは無《な》いのである。家庭《かてい》を作《つく》るも、国家《こっか》を樹《た》つるのも、同志《どうし》が集《あつ》まって団体《だんたい》を作《つく》るのも、これ皆《みな》「集《しゅう》」である。

家《いえ》を一つ建《た》てるにも柱《はしら》や桁《けた》や、礎《いしずえ》や壁《かべ》や、屋根《やね》その外種々《ほかしゅじゅ》の物《もの》を集《あつ》めなくては家《いえ》が出来《でき》ない。人間《にんげん》の体《からだ》一つを見《み》ても四肢五体《ししごたい》、五臓六腑《ごぞうろっぷ》、神経《しんけい》、動静脈《どうじょうみゃく》、筋肉《きんにく》、血管《けっかん》、毛髪《もうはつ》、爪《つめ》なぞ、種々雑多《しゅじゅざった》の分子《ぶんし》が集《あつ》まらなければ人体《じんたい》は構成《こうせい》されない。天国《てんごく》の団体《だんたい》を作《つく》るにも、智慧証覚《ちえしょうかく》の相似《そうじ》せるものが相寄《あいよ》り相集《あいあつ》まって、形造《かたちつく》るものである。これみな「集《しゅう》」である。要《よう》するに、前《まえ》に述《の》べた「苦《く》」は人生《じんせい》の本義《ほんぎ》を示《しめ》し、「集《しゅう》」は宇宙一切《うちゅういっさい》の組織《そしき》を示《しめ》したものである。

○

◇滅《めつ》は、形《かたち》あるものは必《かなら》ず滅《めつ》するものである。又如何《またいか》なる心《こころ》の罪《つみ》と雖《いえ》ども天地惟神《てんちかむながら》の大道《だいどう》によって朝日《あさひ》に氷《こおり》のとけるが如《ごと》く滅《めつ》するものである。

例《たと》えば百姓《ひゃくしょう》が種々《いろいろ》の虫《むし》に作物《さくもつ》を荒《あ》らされて困《こま》る時《とき》、種々《いろいろ》の工夫《くふう》をこらして、その害《がい》虫《ちゅう》を全滅《ぜんめつ》せんとして居《い》るが、到底《とうてい》これは人力《じんりき》では滅《ほろぼ》す事《こと》は出来《でき》ない。唯《ただ》その一部分《いちぶぶん》を滅《めっ》し得《え》るだけである。害虫《がいちゅう》は植物《しょくぶつ》の根《ね》や幹《みき》や、梢《こずえ》または草《くさ》の根《ね》に産卵《さんらん》して種属《しゅぞく》の繁殖《はんしょく》をはかって居《お》るが、併《しか》しながら冬《ふゆ》の厳寒《げんかん》あるためにその大部分《だいぶぶん》は「滅《ほろぼ》」されてしまう。これは天地惟神《てんちかむながら》の摂理《せつり》であって「滅《めつ》」の作用《さよう》である。

仏教《ぶっきょう》に「寂滅為楽《じゃくめついらく》」と云《い》う語《ご》があるが、人間《にんげん》がこの天地《てんち》から死滅《しめつ》して仕舞《しま》えば、何《なん》の苦痛《くつう》も感《かん》じない極楽《ごくらく》の境地《きょうち》に入《い》ると説《と》くものがあるが、これは実《じつ》に浅薄極《せんぱくきわ》まる議論《ぎろん》である。

「寂滅為楽《じゃくめついらく》」と云《い》う意義《いぎ》は、「総《すべ》ての罪悪《ざいあく》が消滅《しょうめつ》し、害毒《がいどく》が滅尽《めつじん》したならば、極楽浄土《ごくらくじょうど》に現代《げんだい》が化《か》する」と云《い》う意味《いみ》である。総《すべ》て人間《にんげん》そのものは無始無終《むしむしゅう》の神《かみ》の分身《ぶんしん》である以上《いじょう》、どこ迄《まで》も死滅《しめつ》するものでない。

五尺《ごしゃく》の躯格《くかく》は滅《ほろぼ》すにしても、人間《にんげん》の本体《ほんたい》そのものは永遠無窮《えいえんむきゅう》に滅尽《めつじん》しないのである。併《しか》しながら、悪逆《あくぎゃく》とか、無道《ぶどう》とか、曲神《まがかみ》とかいうものはきっと神《かみ》の力《ちから》と信仰力《しんこうりょく》によって滅《ほろぼ》し得《う》るものである。これ等《ら》をさして「滅《めつ》」と云《い》うのである。

○

◇道《どう》は道《みち》と云《い》い、言葉《ことば》と云《い》い、神《かみ》とも云《い》う。宇宙《うちゅう》に遍満充実《へんまんじゅうじつ》する神《かみ》の力《ちから》をさして、みちみつと云《い》うのである。要《よう》するに「苦《く》・集《しゅう》・滅《めつ》」の意義《いぎ》を総括《そうかつ》したものが「道《どう》」となるのである。

道《みち》は霊的《れいてき》にも体的《たいてき》にも踏《ふ》まねば、到底天国《とうていてんごく》に達《たっ》し彼岸《ひがん》に渡《わた》る事《こと》が出来《でき》ない。故《ゆえ》に空《くう》中《ちゅう》にも道《みち》があり、地上《ちじょう》にも道《みち》があり、海《うみ》の面《めん》にも道《みち》がある。道《みち》は充《み》ち満《み》つる意味《いみ》であり、「霊《れい》・力《りょく》・体《たい》」の三大元質《さんだいげんしつ》を統一《とういつ》したる意味《いみ》であって、これが所謂《いわゆる》「瑞霊《ずいれい》の働《はたら》き」である。

十二、ミロク三会

仏典《ぶってん》にはミロク下生《げしょう》して「苦集滅道《くしゅうめつどう》」を説《と》き「道法礼節《どうほうれいせつ》」を開示《かいじ》すと出《で》て居《い》るが、「苦集滅道《くしゅうめつどう》」と云《い》うも、「道法礼節《どうほうれいせつ》」を開示《かいじ》すると云《い》うも、意味《いみ》は同《おな》じことである。

要《よう》するに「苦集滅道《くしゅうめつどう》」は「体《たい》」でり、「道法礼節《どうほうれいせつ》」は「用《よう》」とも云《い》うべきものである。

（『水鏡』『人類愛善新聞』・昭和六年九月三日）

天《てん》のミロク、地《ち》のミロク、人《ひと》のミロクと揃《そろ》った時《とき》が「ミロク三会《さんえ》」（＝仏教では弥勒菩薩が釈迦入滅後五十六億七千万に兜率天から人間界に下って大衆のために三度、法を説くという説法の会座。）である。天《てん》からは大元霊《だいげんれい》たる主神《すしん》が地《ち》に下《くだ》り、地《ち》からは国祖《こくそ》国常立尊《くにとこたちのみこと》が地《ち》のミロクとして現《あら》われ、人間《にんげん》は高《たか》い系統《けいとう》をもって地上《ちじょう》に肉体《にくたい》を現《あら》わし、至粋至純《しすいしじゅん》の霊魂《れいこん》を宿《やど》し、天《てん》のミロクと地《ち》のミロクの内流《ないりゅう》を受《う》けて暗黒世界《あんこくせかい》の光明《こうみょう》となり、「現《げん》、幽《ゆう》、神《しん》」の三界《さんかい》を根本的《こんぽんてき》に救済《きゅうさい》する暁《あかつき》、即《すなわ》ち日《ひ》の出《で》の御代《みよ》、岩戸《いわと》開《びら》きの聖代《せいだい》をさして「ミロク三会《さんえ》の暁《あかつき》」と云《い》うのである。要《よう》するに「**瑞霊《ずいれい》の活動《かつどう》を暗《あん》示《じ》したものに外《ほか》ならぬ**」のである。

天地人《てんちじん》、又《また》は法身《ほっしん》、報身《ほうしん》、応身《おうしん》のミロク一度《いちど》に現《あら》われると云《い》う意味《いみ》である。法身《ほっしん》は天《てん》に配《はい》し、報身《ほうしん》は地《ち》に配《はい》し、応身《おうしん》は人《ひと》に配《はい》するのである。

昔《むかし》から法身《ほっしん》の阿弥陀《あみだ》に報身《ほうしん》の釈迦《しゃか》、キリストその他《た》の聖者《せいじゃ》が現《あら》われたけれども、未《いま》だ自由豁達進退無碍《じゆうかったつしんたいむげ》の応身聖者《おうしんせいじゃ》が現《あら》われなかった。

故《ゆえ》に総《すべ》ての教理《きょうり》に欠陥《けっかん》があり、実行《じっこう》が伴《ともな》い得《え》なかったのである。「ミロク三会《さんえ》」の世《よ》は言心行一致《げんしんこういっち》の神《かみ》の表《あら》わる〻聖代《せいだい》を云《い》うのである。人間《にんげん》にとれば天《てん》は父《ちち》であり、地《ち》は母《はは》であり、子《こ》は人《ひと》である。

キリストは「三位一体《さんみいったい》」を説《と》いているが、その「三位一体《さんみいったい》」は父《ちち》と子《こ》と聖霊《せいれい》とを云《い》うている。聖霊《せいれい》なるものは決《けっ》して独立《どくりつ》したものでなく、天《てん》にも地《ち》にも人《ひと》にも聖霊《せいれい》が主要部《しゅようぶ》を占《し》めている。否聖霊《いなせいれい》そのものが天《てん》であり、地《ち》であり、父《ちち》であり、母《はは》であり、子《こ》であり、人《ひと》である。

故《ゆえ》に「三位一体《さんみいったい》」と云《い》ってもその実《じつ》は「二位一体《にいいったい》」である。キリスト教《きょう》には父《ちち》と子《こ》はあっても母《はは》もなく、「唯人間《ただにんげん》あるのみ」と説《と》いている。なぜならば「唯心《ゆいしん》の阿弥陀《あみだ》に己《こ》心《しん》の浄土《じょうど》」と云《い》っているでは無《な》いか。今日《こんにち》までの既成宗教《きせいしゅうきょう》は総《すべ》て父《ちち》であっても母《はは》が無《な》かったり、母《はは》があっても父《ちち》がなかったり、変性男子《へんじょうなんし》があっても変性女子《へんじょうにょし》が無《な》かったり、不完全極《ふかんぜんきわ》まる教理《きょうり》であった。天《てん》の時来《ときき》たって真《まこと》の「三位一体《さんみいったい》」即《すなわ》ち「ミロク」を説《と》く宇宙大本教《うちゅうおほもときょう》が出現《しゅつげん》したのである。あ〻惟神霊魂幸倍坐世《かむながらたまちはえませ》。

（『水鏡』）

十三、王ミロク様

天《てん》のミロクは瑞霊《ずいれい》であり、地《ち》のミロクは厳霊《げんれい》であり、人《ひと》のミロクは伊都能売《いづのめ》の霊《れい》であり、この三体《さんたい》のミロクを称《しょう》して「王《おう》ミロク」と云《い》うのである。そうして総《すべ》て神《かみ》は「人体《じんたい》を天地経綸《てんちけいりん》の司宰者《しさいしゃ》」として地《ち》に現《あら》わしたものであるから、天地《てんち》の御内流《ごないりゅう》を受《う》けて御用《ごよう》に奉仕《ほうし》する現実《げんじつ》の霊体《れいたい》が「王《おう》ミロク」の働《はたら》きをするのである。「おほミロク」は大《だい》の字《じ》を書《か》くのではなく、「王《おう》」の字《じ》をあてるのである。

言霊学上《ことたまがくじょう》からオホミロクのオは神《かみ》、又《また》は霊《れい》、又《また》は心《こころ》及《およ》び治《おさ》むるの意義《いぎ》であり、ホは高《たか》く現《あら》わるゝ意味《いみ》であり、ミは遍満具足《へんまんぐそく》して欠陥《けっかん》なき意味《いみ》であり、水《みず》の動《うご》きであり、ロは修理固成《しゅうりこせい》の意味《いみ》であり、クは組織経綸《そしきけいりん》の意味《いみ》である。「天地人三才《てんちじんさんさい》」を貫通《かんつう》したのが「王《おう》」の字《じ》となるのである。

（『水鏡』）

十四、阿弥陀の実現化、弥勒仏

朝夕《あさゆう》の教会詣《きょうかいもう》でも、寺参《てらまい》りも、祝詞《のりと》を奏上《そうじょう》するのも、鐘《かね》をたゝいて読経《どきょう》するのも、悪《わる》い事《こと》ではない。それは唯信仰《ただしんこう》の行程《こうてい》であって、百万億土《ひゃくまんおくど》に極楽浄土《ごくらくじょうど》があってそこへ行《い》ったら蓮華《れんげ》の台《うてな》にのせられて、百味《ひゃくみ》の飯食《おんじき》が得《え》られると無我《むが》に信《しん》ずる事《こと》が出来《でき》て木仏金仏《きぶつかなぶつ》石仏《いしぼとけ》、絵仏《えぶつ》を絶対《ぜったい》に仏《ほとけ》の姿《すがた》だと信《しん》ずることの出来《でき》る者《もの》は幸福者《こうふくもの》だが、現代《げんだい》の人間《にんげん》はそういう絶対他力《ぜったいたりき》の安心《あんしん》の出来難《できがた》いものが多《おお》い。

いよく\〵これで確実《かくじつ》だと自分《じぶん》の腹底《はらそこ》に決《き》め込《こ》んでいるものも、必《かなら》ず助《たす》けてもらえると絶対他力《ぜったいたりき》の帰依者《きえしゃ》も、いよく\〵死《し》という一段《いちだん》に想《おも》いを致《いた》した時《とき》はグラツイて来《く》るものが多《おお》い。あれ程信心深《ほどしんじんぶか》い同行《どうぎょう》でさえと云《い》うことがある。

極楽浄土《ごくらくじょうど》から便《たよ》りのあったものは今《いま》に一人《ひとり》も無《な》い。ただ信《しん》ぜよ弥陀《みだ》をキリストをと云《い》ってもそれはあまりに安《やす》すぎて受取《うけと》りにくい者《もの》が多《おお》い。こう思《おも》い考《かんが》えて見《み》ると真個《しんこ》に信心《しんじん》の出来《でき》たものが幾人《いくにん》あるだろうか。それを思《おも》って自分《じぶん》は阿弥陀《あみだ》を弥勒仏《みろくぶつ》として実現《じつげん》化《か》せんとするために努力《どりょく》して居《い》るのである。

（『水鏡』）

十五、人間活動の源泉

抑々《よくよく》宗教《しゅうきょう》なるものは、一切《いっさい》の人事《じんじ》を理想化《りそうか》し、清浄化《せいじょうか》し、天国化《てんごくか》し、一人一家《いちにんいっか》、一《いっ》国世界全体《こくせかいぜんたい》を向上《こうじょう》せしめ、安穏《あんのん》ならしめ、強盛《きょうせい》ならしむべきものでなくてはならぬ。もし宗教《しゅうきょう》にして、右《みぎ》の主旨《しゅし》に反《はん》するならば、何程《なにほど》その教理《きょうり》が深遠《しんえん》でも、高妙《こうみょう》でも、つまりは無宗教《むしゅうきょう》も同然《どうぜん》である。いわゆる無用《むよう》の長物《ちょうぶつ》、害世《がいせ》の醜教《しゅうきょう》となってしまうのである。

そこで昔《むかし》の高僧《こうそう》は、「娑婆《しゃば》一日《いちにち》の化益《けやく》は、未来永劫《みらいえいごう》の極楽《ごくらく》に勝《まさ》る」と云《い》ったが、実《じつ》に面白《おもしろ》い観察《かんさつ》であると思《おも》う。宗教《しゅうきょう》は飽《あ》くまでも人生活動《じんせいかつどう》の源泉《げんせん》となり、活力《かつりょく》となるものでなくてはならぬ。故《ゆえ》に宗教《しゅうきょう》の信者《しんじゃ》はこの信念《しんねん》と覚悟《かくご》とを以《もっ》て宗教《しゅうきょう》を味《あじ》わい、これを人生行動《じんせいこうどう》の生命《せいめい》となさなければならぬ。
彼《か》の釈迦《しゃか》が八万《まん》四千《せん》の法門《ほうもん》を開顕《かいけん》したのも、畢竟《ひっきょう》ずるに人生《じんせい》を向上《こうじょう》せしめ、清浄《せいじょう》ならしめ、安息活躍《あんそくかつやく》せしめて光明世界《こうみょうせかい》に導《みちび》き、健全活発《けんぜんかっぱつ》なる理想《りそう》の天国《てんごく》を建設《けんせつ》せんためであった。現代《げんだい》の宗教《しゅうきょう》の退嬰《たいえい》を救《すく》い、人生《じんせい》をして楽天《らくてん》、進展《しんてん》、清潔《せいけつ》、統一主義実行《とういつしゅぎじっこう》の大《だい》理想《りそう》を実現《じつげん》せんとするのが愛善《あいぜん》の教《おしえ》の根源《こんげん》であり、生命《せいめい》である。

（『愛善苑』第三十四号・昭和二十三年十月一日）

十六、宗教と理論の混同

人間《にんげん》として自分《じぶん》の言行《げんこう》に対《たい》しては、良《よ》いか悪《わる》いか位《くらい》はみな解《わか》っている筈《はず》だ。猫《ねこ》がかつを節《ぶし》を盗《と》った時《とき》には隠《かく》して食《く》う。鼠《ねずみ》を捕《と》った時《とき》は、主人《しゅじん》の前《まえ》に持《も》って来《き》て褒《ほ》めて貰《もら》って食《く》う。犬《いぬ》でも猟《かり》に出《で》て獲物《えもの》を捕《と》った時《とき》には藪《やぶ》のなかにすっ込《こ》んで食《く》う。

人間《にんげん》に盗《ぬす》むな、怒《おこ》るな、姦淫《かんいん》するなかれなどと戒律《かいりつ》を設《もう》けるのは、人間《にんげん》を動物以下《どうぶついか》に扱《あつか》っていることになる。それは学校《がっこう》の倫理科《りんりか》で教《おし》えている。それを世帯《しょたい》をもった一人前《いちにんまえ》の人間《にんげん》が、説教《せっきょう》をきいて、喜《よろこ》んでいるのはチトおかしい。そんな教理《きょうり》を研究《けんきゅう》するより、刑法《けいほう》を読《よ》んだ方《ほう》が何程《なにほど》、合理的《ごうりてき》かしれない。宗教《しゅうきょう》と倫理《りんり》を間違《まちが》えている。

宗教《しゅうきょう》の目的《もくてき》は、平和《へいわ》と幸福《こうふく》を万人《まんにん》に与《あた》えるためである。要《よう》はすべて、安心立命《あんしんりつめい》のためである。

（『愛善苑』第三十五号・昭和二十三年十一月一日）

十七、経済と会計

今《いま》の政治家《せいじか》のやっていることは皆間違《みなまちが》いだらけである。「緊縮政策《きんしゅくせいさく》」というのは当然《とうぜん》一石《いっこく》の籾《もみ》の種《たね》を蒔《ま》いて然《しか》るべき地所《じしょ》に五斗《ごと》の種《たね》しか蒔《ま》かないと云《い》う政策《せいさく》だ。

又《また》「積極政策《せっきょくせいさく》」というのは一石《いっこく》しか種《たね》を蒔《ま》き得《え》ない所《ところ》に前後周囲《ぜんごしゅうい》の考《かんが》えもなく河原《かわら》

や石《いし》の見《み》さかえもなく無茶苦茶《むちゃくちゃ》に一石五斗《いっこくごと》の種《たね》を蒔《ま》くと云《い》うやり方《かた》だ。これではどちらにしても助《たす》からない。

今《いま》の政治家《せいじか》や学者《がくしゃ》は経済学《けいざいがく》ということを知《し》らない。最《もっと》も正《ただ》しい方法《ほうほう》は一石《いっこく》の種《たね》を蒔《ま》く所《ところ》に一石蒔《いっこくま》いてその凡《すべ》てを稔《みの》らし効果《こうか》を得《う》ることとなのだ。これが本当《ほんとう》の経済《けいざい》である。それに皆気《みなき》がつかないで経済《けいざい》と会計《かいけい》とを混同《こんどう》して金銭《きんせん》の収支《しゅうし》ばかりに頭《あたま》を悩《なや》ませている。収支《しゅうし》が不足《ふそく》だとて公債《こうさい》や増税《ぞうぜい》によって収支《しゅうし》の数字《すうじ》を合《あ》わせようとする。単《たん》に収支《しゅうし》の決算《けっさん》位《くらい》なら別《べつ》に政治家《せいじか》や経済学者《けいざいがくしゃ》でなくても店《みせ》の番頭《ばんとう》で結構出来《けっこうでき》ることなのだ。

（『愛善苑』第三十六号　昭和二十三年十二月一日）

◆日本は古来豊葦原の瑞穂の国の中津国、磯輪垣《しわがき》の秀妻国、大八洲根別国等と呼ばれ浦安国であった。然し人が増えるに従い惟神の美風良俗が次第に乱れ、一つの教法（戒律）がなくては治まり難くなったが為に、崇神天皇（＝第10代、前97～前30。弥生時代。）の御宇に至って「和光同塵的政策」の必要に迫られ、次第に儒仏耶等の外国に興った教を採り入れ、そして近代に至っては西欧文明をも吸収し

て現在に及んでいる。

崇神天皇は「男は弓弭《ゆはず》（弓筈）の貢物」、「女は手末《たなすえ》の貢物」を献上させ、所謂租税、また国を治めるために「四道将軍」を派遣して、皇威の拡大を図るなど武装により統治することが神典に出ている。

人間は、天地経綸の主体として神様と同じ魂、同じ肉体が与えられている。それ故、人は神の子神の宮と称して、崇神天皇以前の「治めなくても治まる世の中」を理想とする。

しかし人心の乱れから近年特に法律が増えて来た。法律は最低限守らなくてはならない「道徳」とも云われ、神代は「法三章」といって「霊力体」の表現で充分だった。それが世の発展と共に、為政者は多くの戒律を作りその遵守を計ってきた。だが第二次世界大戦を経て日本は「平和憲法」と称する世界に誇る「日本国憲法」が制定され、国民が理想とする「民主主義国家」に生れ代った。しかし、この憲法に残して来た「真の画竜点睛」を入れぬまま、国際情勢の変化により、再び激動の時代を迎えようとしている。

第二編　愛善の世界へ

桜井重雄編集

（「人類愛善会」小冊子。昭和五年三月十四日　人類愛善新聞社発行）

人類愛善会趣意書

「本会《ほんかい》は人類愛善《じんるいあいぜん》の大義《たいぎ》を発揚《はつよう》し、全人類《ぜんじんるい》の親睦融和《しんぼくゆうわ》を来《きた》し、永遠《えいえん》に幸福《こうふく》と歓喜《かんき》に充《あ》てる光明世界《こうみょうせかい》を実現《じつげん》するため、最善《さいぜん》の力《ちから》を尽《つく》さん事《こと》を期《き》するものである。

抑《そもそ》も人類《じんるい》は本来兄弟同胞《ほんらいきょうだいどうほう》であり、一心同体《いっしんどうたい》である。此本義《このほんぎ》に立《た》ち帰《かえ》らんとすることは、万人霊性深奥《ばんにんれいせいしんおう》の要求《ようきゅう》であり、また人類最高《じんるいさいこう》の理想《りそう》である。然《しか》るに近年世態急転《きんねんせたいきゅうてん》して世道《せどう》（＝世の中で人の守るべき道。）日《ひ》に暗《くら》く、人心日《じんしんひ》に荒《すさ》びてその帰趨《きすう》（＝最終的に落ち着くところ。帰着するところ。）真《しん》に憂《うれ》うべく、恐《おそ》（懼《おそ》）るべきものがある。斯《か》くの如《ごと》くにして進《すす》まんには、世界《せかい》の前途《ぜんと》は思《おも》い知《し》らるゝのである。されば吾等《われら》は此際躍進《このさいやくしん》して、或《あるい》は人種《じんしゅ》、或《あるい》は国家《こっか》、或《あるい》は宗教等《しゅうきょうとう》総《あら》ゆる障壁《しょうへき》を超越《ちょうえつ》して人類愛善《じんるいあいぜん》の大義《たいぎ》にめざめ、此厄難《このやくなん》より脱《だっ》し、更《さら》に進《すす》んで地上永遠《ちじょうえいえん》の光明世界《こうみょうせかい》を建設《けんせつ》しなければならぬ。是実《これじつ》に本会《ほんかい》が茲《ここ》に設立《せつりつ》せられたる所以《ゆえん》である。」

（大正十四年六月）

一、希望と光明

世界《せかい》は行《ゆ》きづまった。

人類《じんるい》の生活《せいかつ》は精神的《せいしんてき》にも物質的《ぶっしつてき》にも、今重大《いまじゅうだい》な危機《きき》に立《た》っている。

日本《にほん》は——世界《せかい》はどうなるのか？

この行《ゆ》きづまれる現状《げんじょう》を打開《だかい》して、希望《きぼう》と光明《こうみょう》の新《あたら》しい道《みち》を切《き》り開《ひら》く者《もの》はないのか？

これは誰《だれ》の胸《むね》にも潜《ひそ》んでいる感情《かんじょう》である。生活《せいかつ》に疲《つか》れた人々《ひとびと》の心《こころ》の中《なか》にもどうかして平和《へいわ》と幸福《こうふく》の世界《せかい》を求《もと》めたいという希望《きぼう》があり、理想《りそう》があり、念願《ねんがん》がある。もう自暴自棄《じぼうじき》になってしまって溺《おぼ》れようとしている人間《にんげん》にさえ流《なが》れ来《く》る藁一本《わらいっぽん》にすがろうとする心《こころ》があり、生《い》きんとする望《のぞ》みはある。若《も》し行《ゆ》きづまった人類《じんるい》の前途《ぜんと》に希望《きぼう》と光明《こうみょう》の新《あたら》しい道《みち》が開《ひら》かれたなら、人類《じんるい》はどんなに復活《ふっかつ》の歓《よろこ》びと幸福《こうふく》を感《かん》ずることであろう。人類《じんるい》は本来《ほんらい》すべて「神《かみ》の子《こ》」であり、お互《たが》いは「兄弟姉妹《けいていしまい》」である。宗教《しゅうきょう》が違《ちが》ってもよい。

人種《じんしゅ》を異《こと》にしてもよい。「人類《じんるい》は神《かみ》の子《こ》」であり、お互《たが》いは「兄弟姉妹《けいていしまい》」であることに間違《まちが》いはない。

それだのに人間《にんげん》が小《ちい》さな感情《かんじょう》や利害《りがい》の打算《ださん》からお互《たが》いに憎《にく》み嫉《そね》み侮《あなど》り争《あらそ》うと云《い》うことは、甚《はなは》だしい矛盾《むじゅん》であり不真面目《ふまじめ》である。——そうだ。このことは誰《だれ》しも気《き》づいていない訳《わけ》ではないが、どうしても心《こころ》の中《なか》に障壁《しょうへき》が築《きず》かれていて、もともと人類《じんるい》は一つの大《おお》きな世界的家族《せかいてきかぞく》を形《かたち》づくっていたことを忘《わす》れてしまったのだ。

それは今《いま》の歴史《れきし》などでは全《まった》く判《わか》らないような遠《とお》い昔《むかし》に、一つの大家族《だいかぞく》を形造《かたちづく》っていた人類《じんるい》が、離《はな》れ離《ばな》れになって、お互《たが》いに兄弟姉妹《けいていしまい》として理解《りかい》し合《あ》い、愛《あい》し合《あ》うことを忘《わす》れて、あかの他人《たにん》のようになってしまい、ついには兄弟同志《きょうだいどうし》が醜《みにく》い争《あらそ》いをするようになったのである。

そして最《もっと》も悪《わる》いことは人類《じんるい》が世界大家族《せかいだいかぞく》の親《おや》を忘《わす》れ、親《おや》の心《こころ》を知《し》らず、親《おや》の心《こころ》にそむくようになってしまったことである。天下一家《てんかいっか》の、のどかな春《はる》が来《く》る——そんなことは人類《じんるい》はただ夢《ゆめ》の如《ごと》くに考《かんが》えたり語《かた》ったりするに過《す》ぎなくなってしまったのである。誰《だれ》しも人間《にんげん》の魂《たましい》の奥深《おくふか》くには、そうした長閑《のどか》な春《はる》を待《ま》つ希望《きぼう》は潜《ひそ》んでいるのではあるが、それはただ自分《じぶん》の甘《あま》い夢《ゆめ》に過《す》ぎないと思《おも》い、真面目《まじめ》に考《かんが》えたり信《しん》じたりしなくなってしまったのだ。

然《しか》らば長《なが》い間人類《あいだじんるい》の心《こころ》の奥深《おくふか》く潜《ひそ》んでいたその希望《きぼう》と光明《こうみょう》の世界《せかい》は、永久《えいきゅう》に実現《じつげん》し得《え》ざる夢《ゆめ》として終《お》わるのであろうか。いや決《けっ》してそんなことは無《な》いはずだ。夜《よる》ならば必《かなら》ず明《あ》ける時《とき》が来《く》る。冬《ふゆ》ならばやがて春《はる》が訪《おとず》れて来《く》る。この希望《きぼう》と光明《こうみょう》の世界《せかい》は如何《いか》にすれば実現《じつげん》されるのであろうか。

二、親を慕う心

幾千年来人類《いくせんねんらいじんるい》は真《まこと》に平和《へいわ》と幸福《こうふく》の世界《せかい》の実現《じつげん》されんことを希望《きぼう》していたが、それは今《こん》日《にち》まで実現《じつげん》されたことはなかった。もちろん過去《かこ》に於《お》いて幾多《いくた》の偉大《いだい》な人物《じんぶつ》、例《たと》えば孔《こう》子《し》、釈迦《しゃか》、キリスト、マホメットなどの人々《ひとびと》が現《あらわ》れて地上《ちじょう》に天国極楽《てんごくごくらく》を建設《けんせつ》せんとしたけれども、ことごとく失敗《しっぱい》に終《お》わった。否《いな》、失敗《しっぱい》に終《お》わったのではない。時節《じせつ》が到来《とうらい》しなかったのである。それは宇宙《うちゅう》がなお未完成時代《みかんせいじだい》であって、真《まこと》の指導者《しどうしゃ》がなかったためである。要《よう》するに人類《じんるい》がいまだそこまで進《すす》んでいなかったためである。

しかし、人類《じんるい》は絶《た》えず進化《しんか》する。今《いま》や旧《ふる》い時代《じだい》は去《さ》り、新《あたら》しい時代《じだい》は生《うま》れようとしている。人類《じんるい》が今《いま》待《ま》ち望《のぞ》んでいるのは、世界大家族《せかいだいかぞく》の親《おや》となり万人《ばんにん》の師表《しひょう》となって人類《じんるい》を教育《きょういく》し指導《しどう》するに足《た》る大人格者《だいじんかくしゃ》の出現《しゅつげん》である。

人類《じんるい》は如何《いか》に永《なが》い間《あいだ》、そうした大人格者《だいじんかくしゃ》の出現《しゅつげん》を待《ま》ち望《のぞ》んでいたであろう。それは丁度《ちょうど》生《う》みの親《おや》から永《なが》い間遠《あいだとお》く離《はな》れていた子供《こども》が、どうかして自分《じぶん》を生《う》んでくれた親《おや》に会《あ》いたいという心《こころ》と全《まった》く同《おな》じである。自分《じぶん》を愛《あい》してくれる親《おや》はどこに住《す》んでいるのか、一日《いちにち》も早《はや》く会《あ》いたい——こうした念願《ねんがん》を子供《こども》はどうしても思《おも》い切《き》ることが出来《でき》ない。人《じん》類《るい》の今《いま》の運命《うんめい》は、真《まこと》の親《おや》を探《さが》している子供《こども》の運命《うんめい》である。子供《こども》が生《う》みの親《おや》にめぐり会《あ》った時《とき》こそ、彼《かれ》は限《かぎ》り無《な》き親《おや》の愛《あい》の懐《ふところ》に抱《だ》かれるのである。

今《いま》や世界《せかい》の趨勢《すうせい》は歩一歩《ほいっぽ》と統一《とういつ》を求《もと》め、大真理《だいしんり》の発現《はつげん》を望《のぞ》み、大人格者《だいじんかくしゃ》の出現《しゅつげん》を待《ま》っている。

実際今日《じっさいこんにち》の人心《じんしん》は、実行《じっこう》の伴《ともな》わない学者《がくしゃ》の理論《りろん》や、自分等《じぶんら》の不平《ふへい》の代弁者《だいべんしゃ》のお喋舌《しゃべり》にはもう厭《あ》きはてゝいるのだ。人々《ひとびと》の心《こころ》から待《ま》ち望《のぞ》んでいるのは、神《かみ》の如《ごと》き威厳《いげん》を持《も》ってその進路《しんろ》を指《さ》し示《しめ》してくれる大人物《だいじんぶつ》の出現《しゅつげん》なのだ。

三、光は東方より

偉人《いじん》出《い》でよ！

大人格者《だいじんかくしゃ》出《い》でよ！

その大人格者《だいじんかくしゃ》があらわれて、はじめて平和《へいわ》と幸福《こうふく》の世界《せかい》の大基礎《だいきそ》は確立《かくりつ》するのである。

かのペルシャに起《おこ》ったバハイ運動《うんどう》の巨星《きょせい》、アブドウル・バハーは大聖主《だいせいしゅ》メシヤたるべき神格者《しんかくしゃ》に必要《ひつよう》なる九個《こ》の大資格《だいしかく》を挙《あ》げている。

（一）大聖主《だいせいしゅ》は世界人類《せかいじんるい》の教育者《きょういくしゃ》たること。

（二）その教義《きょうぎ》は世界的《せかいてき》にして人類《じんるい》に教化《きょうか》を齎《もたら》すものなること。

（三）その知識《ちしき》は後天的《こうてんてき》のものに非《あら》ずして自湧的《じゆうてき》にして自在《じざい》なるべきこと。

（四）彼《かれ》はあらゆる賢哲《けんてつ》の疑問《ぎもん》に名答《めいとう》を与《あた》え、世界《せかい》のあらゆる問題《もんだい》を決定《けってい》し、而《しか》して迫《はく》害《がい》と苦痛《くつう》を甘受《かんじゅ》すべきものなること。

（五）彼《かれ》は歓喜《かんき》の給与者《きゅうよしゃ》にして、幸福《こうふく》の王国《おうこく》の報道者《ほうどうしゃ》なるべきこと。

（六）彼《か》の知識《ちしき》は無窮《むきゅう》にして、理解《りかい》し得《う》べきものなるべきこと。

（七）その言説《げんせつ》は徹底《てってい》し、その威力《いりょく》は最悪《さいあく》なる敵《てき》をも折伏《しゃくぶく》するに足《た》る人格者《じんかくしゃ》なるべきこと。

（八）悲《かな》しみと厄難《やくなん》は、以《もっ》て彼《かれ》を悩《なや》ますに足《た》らず、その勇気《ゆうき》と裁断《さいだん》は神明《しんめい》の如《ごと》く、而《しか》して彼《かれ》は日々《ひび》に堅実《けんじつ》を加《くわ》え、熱烈《ねつれつ》の度《ど》を増《ま》すべきこと。
（九）彼《かれ》は世界共通《せかいきょうつう》の文明《ぶんめい》の完成者《かんせいしゃ》、あらゆる宗教《しゅうきょう》の統一者《とういつしゃ》にして世界平和《せかいへいわ》の確定《かくてい》と世界人類《せかいじんるい》の最《もっと》も崇高卓越《すうこうたくえつ》したる道徳《どうとく》の体現《たいげん》をなすべき人格《じんかく》を有《ゆう》すること。

そしてアブドウル・バハーは「汝等《なんじら》が此等《これら》の条件《じょうけん》を具備《ぐび》したる人格者《じんかくしゃ》を世《よ》に求《もと》むる時《とき》には、初《はじ》めて彼《かれ》によって嚮導《きょうどう》を受《う》け光照《こうしょう》を被《こうむ》るを得《え》ん」と云《い》った。

今日世界《こんにちせかい》には幾《いく》つかの新《あたら》しき宗教運動《しゅうきょううんどう》や精神運動《せいしんうんどう》が現《あらわ》れているが、いずれも大人格者《だいじんかくしゃ》の出現《しゅつげん》を待《ま》ち望《のぞ》んでいるのである。バハイ運動《うんどう》はその一つであるが、アブドウル・バハーはなお最《もっと》も熱烈《ねつれつ》な言葉《ことば》をもってこう叫《さけ》んでいる。

「日本《にほん》は焔々《えんえん》として燃《も》え立《た》つ時《とき》があろう。日本《にほん》は神《かみ》の御力《ちから》の伝搬《でんぱん》に対《たい》して非常《ひじょう》に驚《おどろ》くべき能力《のうりょく》を賦与《ふよ》せられている。日本《にほん》は全世界《ぜんせかい》が間《ま》もなく注目《ちゅうもく》するが如《ごと》き、各国民《かくこくみん》の精神的《せいしんてき》覚醒《かくせい》の先駆《せんく》をなすであろう」と。

「光《ひかり》は東方《とうほう》より」――この言葉《ことば》は今《いま》や世界《せかい》に一つの新《あたら》しき感情《かんじょう》を起《お》こして来《き》た。人類《じんるい》が待《ま》ち望《のぞ》んでいる大人格者《だいじんかくしゃ》は果《は》たしていずこの国《くに》に出現《しゅつげん》しているのであろうか。アブドウル・バハーの言葉《ことば》より想像《そうぞう》すれば、その大人格者《だいじんかくしゃ》は正《まさ》に我《わ》が日本《にほん》の国《くに》から現《あらわ》れて来《こ》なければならなぬ。若《も》し現《あら》われて来《く》るとしたら、その大人格者《だいじんかくしゃ》は、いつ何処《どこ》に出現《しゅつげん》されるであろうか。

四、人類愛善運動

「人類愛善会《じんるいあいぜんかい》」は出口王仁三郎聖師《でぐちおにさぶろうせいし》の提唱《ていしょう》により、大正《たいしょう》十四（１９２５）年《ねん》六月《がつ》九日《か》に創立《そうりつ》せられ、目下《もっか》総本部《そうほんぶ》を京都府亀岡町天恩郷《きょうとふかめおかちょうてんおんきょう》に置《お》き、出口聖師《でぐちせいし》が総裁《そうさい》として本会《ほんかい》を総統《そうとう》し、世界各地《せかいかくち》に本部《ほんぶ》、分会《ぶんかい》、支部《しぶ》を設《もう》け、すばらしき勢《いきお》いをもって進展《しんてん》している。

この運動《うんどう》は「巻頭《かんとう》」に示《しめ》した「趣意書《しゅいしょ》」にもある如《ごと》く、人類最高《じんるいさいこう》の理想運動《りそううんどう》であって、今日《こんにち》まで人類《じんるい》が希望《きぼう》していたのではあるが、如何《いか》なる偉人《いじん》も今《いま》だ実現《じつげん》し得《え》なかった大事《だいじ》業《ぎょう》である。云《い》うまでもなく、この大事業《だいじぎょう》は「救世主《きゅうせいしゅ》の事業《じぎょう》」でなければならぬ。

「人類愛善会《じんるいあいぜんかい》」の「主旨《しゅし》」はまことに立派《りっぱ》だ。恐《おそ》らく如何《いか》なる人《ひと》もこの「趣旨《しゅし》」に反《はん》対《たい》はしないであろう。しかし、「趣旨《しゅし》」がどんなに立派《りっぱ》であっても、若《も》しその運動《うんどう》の指《し》導者《どうしゃ》の人格《じんかく》がつまらないものであったならば何《どう》にもならぬ。要《よう》はその指導者《しどうしゃ》の人格如何《じんかくいかん》である。

「人類愛善運動《じんるいあいぜんうんどう》」の指導者《しどうしゃ》は出口聖師《でぐちせいし》である。それでこの運動《うんどう》を真《まこと》に理解《りかい》するためには、出口聖師《でぐちせいし》に対《たい》して先《ま》ず正《ただ》しき理解《りかい》を持《も》つことが大切《たいせつ》である。ところが聖師《せいし》の大人格《だいじんかく》が無相《むそう》の相《そう》とでも云《い》うか、大自然《だいしぜん》そのまゝの姿《すがた》とでも云《い》うか、とても普通《ふつう》の倫理的観察《りんりてきかんさつ》や批判《ひはん》を下《くだ》すことが出来《でき》ない。

聖師《せいし》の大人格《だいじんかく》は、我々《われわれ》が千言万語《せんげんばんご》を費《つい》やして説明《せつめい》しても、とても表現《ひょうげん》し得《う》るものではない。なまじっかなことをすればこれを傷《きず》つけたり、或《ある》いはあまりに小《ちい》さくし過《す》ぎるだけのことである。

昨年《さくねん》の春頃《はるごろ》（＝昭和四年（1929）。）から、聖師《せいし》の余暇《よか》にものせられた、作品展覧会《さくひんてんらんかい》なるものが、各地《かくち》に於《お》いて開催《かいさい》されたが、この作品《さくひん》なども、確《たし》かに聖師《せいし》の人格《じんかく》の一端《いったん》を偲《しの》ぶ事《こと》が出来《でき》ると信《しん》ずる。

凡《およ》そ作品《さくひん》は人格《じんかく》の表現《ひょうげん》である。而《しか》して具眼《ぐがん》の士《し》は世間《せけん》に多《おお》い。必《かなら》ずや聖師《せいし》の人格《じんかく》はその作品《さくひん》を通《とお》して漸次《ぜんじ》世人《せじん》に理解《りかい》されて来《く》るに違《ちが》いないと思《おも》う。現《げん》に今日《こんにち》まで各地《かくち》に於《お》いて開催《かいさい》せられた展覧会《てんらんかい》に於《お》いて聖師《せいし》の作品《さくひん》に接《せっ》して等《ひと》しく驚嘆《きょうたん》の声《こえ》を放《はな》っている。それにしても、我々《われわれ》は順序《じゅんじょ》として出口聖師《でぐちせいし》が「人類愛善運動《じんるいあいぜんうんどう》」を起《お》こすに至《いた》ったこれまでの経路《けいろ》を簡単《かんたん》に物語《ものがた》らねばならぬ。

五、先覚者の運命

出口聖師《でぐちせいし》は明治《めいじ》四（1871）年《ねん》七月《がつ》十二日《にち》、丹波《たんば》の国《くに》の草深《くさぶか》い穴太《あなお》（＝現京都府亀岡市曽我部町穴太。）の片田舎《かたいなか》に呱々《ここ》の声《こえ》をあげた。生《うま》れながらにして天分《てんぶん》の特質《とくしつ》を具《そな》え、穴太《あなお》の神童《しんどう》と呼《よ》ばれた程聡明叡智《ほどそうめいえいち》であった。

聖師《せいし》は二十八歳《さい》の春《はる》から「敬神尊皇愛国《けいしんそんのうあいこく》」（＝昭和五年は「大日本帝国」の時代です。）の旗幟《きし》を翻《ひるがえ》し、朋友《ほうゆう》知己家族等《ちきかぞくなど》の諫止《かんし》（＝非道な行為等をいさめて思いとどまらせる。）を排《はい》して世界救済《せかいきゅうさい》のため熱烈《ねつれつ》に神教宣伝《しんきょうせんでん》を続《つづ》けた。その間聖師《あいだせいし》が、道《みち》のためにあらゆる方面《ほうめん》から悪罵《あくば》と嘲笑《ちょうしょう》と妨害《ぼうがい》を受《う》けながら今日《こんにち》まで隠忍《いんにん》して来《き》た種々雑多《しゅじゅざった》の経緯《けいい》を述《の》べると、それは到底筆舌《とうていひつぜつ》の尽《つく》し得《う》るところではない。

聖師《せいし》は一時全《いちじまった》く世間《せけん》から誤解《ごかい》されてしまったが、これも止《や》むを得《え》ぬ経路《けいろ》であったのかも知《し》れない。何《なん》となれば人類史《じんるいし》の上《うえ》に於《お》いて重大《じゅうだい》な役目《やくめ》を演《えん》ずる偉大《いだい》な人物《じんぶつ》や思想家《しそうか》等《など》はいつも決《き》まった様《よう》に世人《せじん》に容《い》れられないで非難《ひなん》と嘲笑《ちょうしょう》と迫害《はくがい》との外《ほか》は何《なに》ものも酬《むく》いられないものだからである。

○思《おも》ひきや御国《みくに》のために尽《つく》す身《み》を　悪《あ》しさまにいふ醜《しこ》のたぶれら
○世《よ》の人《ひと》の誹《そしり》も如何《いか》で恐《おそ》れむや　吾為《わがな》す業《わざ》は神《かみ》のおんため
○たとへ身《み》は野山《のやま》の奥《おく》に朽《く》つるとも　わが大君《おほきみ》の御代《みよ》を守《まも》らむ

これは聖師《せいし》の詠《よ》まれた歌《うた》である。

出口聖師《でぐちせいし》もまた過去《かこ》に於《お》ける多《おお》くの先覚者《せんかくしゃ》と同《おな》じような運命《うんめい》をたどらねばならなかった。しかし、聖師《せいし》の如《ごと》き人格《じんかく》の光《ひかり》はいつまでも雲《くも》に掩《おお》われていない。時代《じだい》が移《うつ》り、周囲《しゅうい》の事情《じじょう》が変《か》わるに従《したが》って、その人格《じんかく》はいよ〳〵光輝《こうき》を放《はな》つ。聖師《せいし》が世間《せけん》から色々《いろいろ》色眼鏡《めがね》をもって観察《かんさつ》されるが如《ごと》き者《もの》ではなくして、真《まこと》に国《くに》を思《おも》い人類《じんるい》の幸福《こうふく》と平和《へいわ》のために活動《かつどう》している人《ひと》であるということが稍明《ややあき》らかに世人《せじん》に知《し》られるようになったのは、聖師《せいし》がかの蒙古《もうこ》の天地《てんち》に大活動《だいかつどう》を試《こころ》みた時《とき》からであった。

聖師《せいし》は大正十三《たいしょう》（１９２４）年《ねん》、日本及《にほんおよ》び世界《せかい》の現状《げんじょう》を座視《ざし》するに忍《しの》びず、先《ま》ず蒙《もう》古《こ》に世界的宣伝《せかいてきせんでん》の第一歩《だいいっぽ》を試《こころ》み、当時内外人《とうじないがいひと》をして目《め》を聳《そば》だたしめる。

六、東亜経綸

出口聖師《でぐちせいし》の世界的経綸《せかいてきけいりん》はアジヤよりヨーロッパへと漸次進《ぜんじすす》んでいるが、聖師《せいし》の蒙古入《もうこい》りは実《じつ》にその一つであった。

聖師《せいし》は張作霖《ちょうさくりん》の諒解《りょうかい》のもとに蘆占魁《ろせんかい》の軍隊《ぐんたい》に護衛《ごえい》されつゝ北蒙《ほくもう》の地《ち》に入《い》り込《こ》んだ。

聖師《せいし》の蒙古入《もうこい》りには少《すく》なくとも二つの目的《もくてき》があった。一つは日本《にほん》の人口及《じんこうおよ》び食糧問《しょくりょうもん》題《だい》の解決《かいけつ》であり、今《いま》一つは将《まさ》に滅《ほろ》びんとする蒙古《もうこ》の救済《きゅうさい》であった。

日本《にほん》の人口《じんこう》は年々《ねんねん》七十万《まん》づゝの増加《ぞうか》で進《すす》み、一方耕地《いっぽうこうち》は工場会社《こうじょうかいしゃ》などに使《つか》われ次第《しだい》に減《へ》って行《ゆ》くばかりで、多《おお》くの需要《じゅよう》は海外《かいがい》に仰《あお》ぐ有様《ありさま》である。もし一朝事《いっちょうこと》ある時《とき》、海《かい》外《がい》からその供給《きょうきゅう》を絶《た》たれた場合《ばあい》はいながらにして亡《ほろ》びるより外《ほか》はない。人口《じんこう》の増加《ぞうか》と食糧《しょくりょう》の欠乏《けつぼう》の結果《けっか》は、やがて全国《ぜんこく》に生活難《せいかつなん》が起《お》こり遂《つい》には同胞相喰《どうほうあいは》むの悲惨事《ひさんじ》が起《おこ》らないとも限《かぎ》らぬ。大分以前《だいぶいぜん》からこの事《こと》を主張《しゅちょう》している政治家《せいじか》はあるが、これを実行《じっこう》したものは誰《だれ》もない。それで師《し》は数名《すうめい》の同志《どうし》を引《ひ》き連《つ》れて、この壮挙《そうきょ》を企《くわだ》て国民《こくみん》の頭上《ずじょう》に警鐘《けいしょう》を乱打《らんだ》したのであった。

また蒙古《もうこ》の住民《じゅうみん》は衛生思想《えいせいしそう》に乏《とぼ》しく殆《ほとん》ど胃腸病《いちょうびょう》、眼病《がんびょう》、梅毒等《ばいどくなど》の悪疾《あくしつ》に悩《なや》まされていないものはない位《くらい》である。これを救《すく》うには精神的《せいしんてき》にラマ教《きょう》があるが、そのラマ教《きょう》がすっかり堕落《だらく》してしまって、ろく〳〵お経《きょう》も読《よ》めぬ坊主《ぼうず》がゴロ〳〵何《なに》もしないで遊《あそ》んでいる。そして蒙古《もうこ》の風習《ふうしゅう》として長男《ちょうなん》だけが家《いえ》を継《つ》ぎ、以下《いか》の弟《おとうと》は全部《ぜんぶ》ラマ僧《そう》になってしまうのである。宗教《しゅうきょう》というものが、こうした不生産的《ふせいさんてき》なものになってしまったなら、その害毒《がいどく》は実《じつ》に恐《おそ》るべきものがある。

「宗教《しゅうきょう》はアヘンなり」と云《い》われるが、アヘンどころの害毒《がいどく》ではない。一身一家《いっしんいっか》は衰《おとろ》え、国《くに》は滅《ほろ》びるより外《ほか》はない。それで師《し》は蒙古《もうこ》を宗教《しゅうきょう》と医術《いじゅつ》の方面《ほうめん》より精神的《せいしんてき》にも肉体的《にくたいてき》にも救《すく》おうとした。かくして師《し》は先《ま》ず蒙古《もうこ》を救《すく》い、アジヤの宗教連盟《しゅうきょうれんめい》を計《はか》り世界経綸《せかいけいりん》に及《およ》ぼそうとしたのである。

しかし、師《し》のこの壮挙《そうきょ》は張作霖《ちょうさくりん》の嫉視《しっし》する所《ところ》となり、師及《しおよ》び随員《ずいいん》五名《めい》が内蒙古《うちもうこ》パインタラに捕《とら》えられたために一段落《いちだんらく》を告《つ》げた。
それより師《し》は北京《ぺきん》に「世界宗教連合会《せかいしゅうきょうれんごうかい》」を設立《せつりつ》し、更《さら》に「人類愛善運動《じんるいあいぜんうんどう》」を起《おこ》した。

◆満州に「愛善縣」出現　『人類愛善新聞』昭和八年八月十三日掲載

（一）知事以下三十二万の全縣民　愛善会の大傘下に投ずる

満州国内で重要な康平縣《こうへいけん》

我等の「愛善運動」は人類最高の理想運動であるとして、全世界に共鳴者を持ち、その組織は愈々広大強化されつゝあるが、満州国内の一県三十二万の官民全部が、挙げて「人類愛善会員」たるの喜びと誇りを持とうとする決議をなし、知事以下五十五ケ村の村長が連署して亀岡総本部宛て入会願いを差出し、許可せられると共に縣民一致、本会の主旨を體し「世界改造」の大神業に参加しょうと云うのである。

（二）愛善会章入りの表札を各県戸に掲げる

人類愛善会員たるの誇りと喜びを以て全民一致入会

満州国康平縣は人口三十二万面積は東西二百五十里、南北百六十里の地で、北は内蒙古に、東北は遼源縣《りょうげんけん》に、東は昌圖縣《しょうとけん》に通じる重要な土地であるが、本会の末吉宣伝使は早くからこの土地に入り開拓に力を尽した結果、続々共鳴者が現われ、知事以下有力官民が来り投じて県の紅卍字《こうまんじ》会長、理善会長たる劉明倫氏《りゅうめいりんし》を支部長に知事を顧問にして組織を固め、内務局長、県農会長、商会長も顧問となり、県道徳会主任は幹部として尽力した結果、「愛善主義」は県内に行きわたり東方に救世主現わるの声は誰の口からともなく広がって遂に五十五ケ村の村長が村民の意を體して協議会を開き満場一致で、前例なき「全縣人入会」が具体化したものである。(以下略)

七、海外よりの讃美の声

出口聖師《でぐちせいし》は今世界《いませかい》に起《おこ》っている「新宗教運動《しんしゅうきょううんどう》」や「新精神運動《しんせいしんうんどう》」の幾《いく》つかと既《すで》に提《てい》

携《けい》している。その主《おも》なるものは朝鮮《ちょうせん》の「普天教《ふてんきょう》」、支那《しな》の「世界紅卍字会《せかいこうまんじかい》」、ドイツの「白旗団《びゃっきだん》」、ブルガリヤの「白色連盟《びゃくしょくれんめい》」などである。

一度《いちど》師《し》の出現《しゅつげん》に就《つ》いて紹介《しょうかい》さるゝや、海外諸国《かいがいしょこく》に於《お》いて非常《ひじょう》な注意《ちゅうい》を喚起《かんき》し、漸《ようや》く師《し》を讃美渇仰《さんびかつごう》する声《こえ》が高《たか》くなり、中《なか》には師《し》を「救世主《きゅうせいしゅ》」と仰《あお》ぐに至《いた》った。これは過去《かこ》僅《わず》か数年間《すうねんかん》の間《あいだ》のことであって、一つの大《おお》きな奇跡《きせき》と云《い》わねばならぬ。

例《たと》えば支那《しな》の「世界紅卍字会《せかいこうまんじかい》」は最《もっと》も密接《みっせつ》な関係《かんけい》を持《も》っている。「世界紅卍字会《せかいこうまんじかい》」は、三百万《びゃくまん》の会員《かいいん》を有《ゆう》し、凡《すべ》て「神示《しんじ》」によって行動《こうどう》しているのであるが、最近扶乩《さいきんふうち》（支《し》那《な》に於《お》ける神示《しんじ》の一形式《けいしき》）には出口聖師《でぐちせいし》に就《つ》いて次《つぎ》の如《ごと》く示《しめ》された。

「尋仁《じんじん》（＝出口聖師の道名。）は誠《まこと》に衆生《しゅじょう》の光明《こうみょう》、濁海《だくかい》の導師《どうし》（道師《どうし》）なり、其誠《そのまこと》に因《よ》って能《よ》く其道《そのみち》を成《な》す。是《こ》れ僅《わず》かに大和《やまと》一隅《いちぐう》の明哲《めいてつ》たるのみならず、また東亜大陸《とうあたいりく》の先覚《せんかく》なり。其《その》悟《さと》る所《ところ》を以《もっ》て、実《じつ》に世界人群物類《せかいじんぐんぶつるい》の平安《へいあん》を奠《さだ》むるに足《た》る。老祖《ろうそ》（祖神《そしん》）は聖師《せいし》に霊《れい》を接《せっ》して其有《そのゆう》する万能《ばんのう》の智慧《ちえ》を使《つか》い以《もっ》て群衆《ぐんしゅう》を導《みちび》くと共《とも》に、老祖《ろうそ》は沙木《さぼく》（＝扶乩の道具。）に授《さず》け、間接《かんせつ》に霊《れい》を簒職者《さんしょくしゃ》に顕《あらわ》す。その理《り》一にして事《こと》は異《こと》なる。修《しゅう》する者《もの》は聖師《せいし》の能《のう》に従《したが》い、聖《せい》霊《れい》の光《ひかり》を信《しん》じ、また猶訓文理義《なほくんぶんりぎ》の精《せい》を信《しん》じ神霊《しんれい》の明《みょう》を感《かん》ずる其道《そのみち》一つなり、是《これ》を以《もっ》て今《いま》の世《よ》に処《しょ》し、世《よ》に行《おこな》うべし。」

又一方欧州《またいっぽうおうしゅう》に於《お》いては「人類愛善運動《じんるいあいぜんうんどう》」に賛同《さんどう》し、出口総裁《でぐちそうさい》を讃美渇仰《さんびかつごう》して活動《かつどう》する有力《ゆうりょく》な人々《ひとびと》が続々《ぞくぞく》と現《あらわ》れて来《き》た。

(一)、欧州人より

数世紀《すうせいき》の間《あいだ》我等泰西《われらたいせい》の欧州人《おうしゅうじん》は、おこがましくも東洋《とうよう》の諸邦《しょほう》に宣教師《せんきょうし》を送《おく》り、キリストのみよく人類《じんるい》に平和《へいわ》と愛《あい》とをもたらし得《う》ると信《しん》じたものです。今《いま》や出口聖師《でぐちせいし》よ、貴下《きか》は我等欧州人《われらおうしゅうじん》に宣伝使《せんでんし》を派遣《はけん》せられました。人類愛《じんるいあい》、親切《しんせつ》、智《ち》慧等《えなど》は旧大陸《きゅうたいりく》たる東洋《とうよう》には今《いま》なお爛漫《らんまん》として咲《さ》き誇《ほこ》っているということを師《し》は証《あか》し玉《たま》いました。更《さら》にまた「光《ひかり》は東方《とうほう》より」という言葉《ことば》をも証《あか》し玉《たま》いました。師《し》は理想《りそう》のために悩《なや》み玉《たま》いました。ここに謹《つつし》んで泰西人《たいせいじん》の一人《ひとり》たる私《わたくし》が敬愛《けいあい》の情《じょう》を尽《つく》して御挨拶申上《ごあいさつもうしあ》げます。

パリ市訴訟院弁護士・エル・ド・リエンジ

(二)、全世界を照らす煌々たる燈台

世《よ》は是《こ》れ無明《むみょう》の夜《よる》にして人類《じんるい》は正《ただ》しき道《みち》を失《うしな》いよろめきながら夜路《よみち》をさまよへり。我等《われら》は恐《おそ》れおのゝきつゝ時《とき》をば過《すご》す。轟然《ごうぜん》と物《もの》の折《お》れる音《おと》、雑然《ざつぜん》と物《もの》の倒《たおれ》るゝ音《おと》！一つの旧《ふる》き文明《ぶんめい》が倒壊《とうかい》し去《さ》らんとする刹那《せつな》に我等《われら》は起《た》てり。新《あたら》しき、新文明《しんぶんめい》の日《ひ》は近《ちか》づけり。その曙《あけぼの》の第一線《だいいっせん》を明《あき》らかに見得《みう》るならん。旧文明《きゅうぶんめい》は断末魔《だんまつま》に在《あ》り、今来《いまきた》らんとする新文明《しんぶんめい》に地位《ちい》を譲《ゆず》らんとして去《さ》るなり。その辞《じ》するや恰《あたか》も夜《よ》の明《あ》けて日《ひ》に譲《ゆず》るが如《ごと》く、人《ひと》の魂《たましい》より冬《ふゆ》は去《さ》りて長《なが》く待《ま》たれし春《はる》を迎《むか》うるが如《ごと》し。太陽《たいよう》は現《あら》われたり、其光《そのひかり》をうけて、心中《しんちゅう》の凡《すべ》ての悪《あく》は溶《と》け失《う》せてそこに愛《あい》は漲《みなぎ》らん。

その太陽《たいよう》は極東《きょくとう》に現《あら》われたり。岐美《きみ》は現《あら》われたり。滅《ほろ》びんとする此《こ》の世《よ》の救世主《きゅうせいしゅ》
出口王仁三郎聖師《でぐちおにさぶろうせいし》！
聖師《せいし》よ生《い》きよ！　永久《えいきゅう》に生《い》きよ！　暗黒無明《あんこくむみょう》の現代《げんだい》に於《お》ける輝《かが》ける太陽《たいよう》よ。

聖師を崇拝するブルガリヤ国ブルガス　ドー・ユルダノフ
アー・ニコルフ

八、多芸多能

出口聖師《でぐちせいし》は単《たん》なる宗教家《しゅうきょうか》ではなくして、教育家《きょういくか》であり経済家《けいざいか》であり芸術家《げいじゅつか》である。人々《ひとびと》は師《し》を御簾《みす》の中《うち》におさまりかえっている所謂生神《いわゆるいきがみ》さま視《し》してはならぬ。師《し》は所謂《いわゆる》生神《いきがみ》さま扱《あつか》いにされることを最《もっと》も嫌《きら》う。

師《し》の日常生活《にちじょうせいかつ》はまことに忙《いそが》しい。書斎《しょさい》に筆《ふで》を執《と》り、書画《しょが》に親《した》しみ、歌《うた》を詠《よ》み、楽焼《らくやき》を

つくる。或《ある》いは農園《のうえん》に田《た》を耕《たがや》し、或《ある》いは庭《にわ》の植木《うえき》に手入《てい》れをする。馬上《ばじょう》の師《し》の姿《すがた》を見《み》ることもあれば村《むら》の盆踊《ぼんおど》りに音頭《おんど》取《と》りをやったり浄瑠璃《じょうるり》を語《かた》ったりする。

「人間《にんげん》のすることなら何《なん》でもやれる」——これが師《し》の信念《しんねん》であるが、実際《じっさい》あらゆる方《ほう》面《めん》に驚《おどろ》くべき天才《てんさい》をもっている。而《しか》もそれが小学校《しょうがっこう》の教育《きょういく》もロクロク受《う》けていないのであるから、どうしても凡人《ぼんじん》だとは思《おも》われぬ。

師《し》の周囲《しゅうい》にはあらゆる階級《かいきゅう》あらゆる種類《しゅるい》の人々《ひとびと》が恰《あたか》も親《おや》を慕《した》うように集《あつ》まって来《き》て、それ相応《そうおう》な教《おしえ》を受《う》けて歓《よろこ》んでいる。そして子供《こども》が親《おや》の愛《あい》を独占《どくせん》しょうとするように人々《ひとびと》は師《し》を恋《こ》い慕《した》い、その傍《そば》を離《はな》れようとしない。事実《じじつ》、師《し》の行《ゆ》くところ、一切《いっさい》は美化《びか》され善化《ぜんか》され天国《てんごく》そのまゝを出現《しゅつげん》するのである。

師《し》の標語《ひょうご》（モットー）は「神《かみ》は万物普遍《ばんぶつふへん》の霊《れい》にして人《ひと》は天地経綸《てんちけいりん》の司宰者《しさいしゃ》なり、神人《しんじん》合一《ごういつ》して茲《ここ》に無限《むげん》の権力《けんりょく》を発揮《はっき》す」と云《い》うのであって、清潔《せいけつ》、楽天《らくてん》、進展《しんてん》、統一《とういつ》の「四《し》大主義《だいしゅぎ》」をもって活動《かつどう》している。

師《し》の忙《いそが》しさは全《まった》く想像以上《そうぞういじょう》で、一分間《ぷんかん》をも惜《お》しむ。各方面《かくほうめん》の訪問者《ほうもんしゃ》が沢山《たくさん》あるけれども、師《し》は大切《たいせつ》な神務《しんむ》を妨害《ぼうがい》されることを恐《おそ》れ、「いくら立派《りっぱ》な現界的地位《げんかいてきちい》があっても、信仰心《しんこうしん》のない人《ひと》には私《わたし》は会《あ》いたくない」と言《い》っている。しかし、真《まこと》に国家《こっか》のため社会《しゃかい》のために尽《つく》そうという人々《ひとびと》には喜《よろこ》んで会《あ》う。

師《し》は平均一日《へいきんいちにち》三四時間《じかん》しか眠《ねむ》らない。そして如何《いか》なる仕事《しごと》に対《たい》しても熱《ねつ》をこめて当《あた》るのである。師《し》は多忙《たぼう》の中《なか》に心血《しんけつ》を注《そそ》いで著《あらわ》したのが『霊界物語《れいかいものがたり》』の大作《たいさく》である。

九、霊界物語

『霊界物語《れいかいものがたり》』は出口聖師《でぐちせいし》の口述《こうじゅつ》に成《な》るものである。

この物語《ものがたり》の尊《とうと》さ味《あじ》わいは読《よ》んで見《み》なければ分《わか》らぬ。それも余程敬虔《よほどけいけん》の心《こころ》を持《じ》して一文《いちもん》の裡《うち》、一句《いっく》の中《なか》に真理《しんり》の光《ひか》り深遠《しんえん》な神意《しんい》を汲《く》みとろうとして読《よ》まなければ分《わか》らぬ。

そうでなければ、たゞ人生《じんせい》の諸問題《しょもんだい》を取扱《とりあつか》った面白《おもしろ》い小説《しょうせつ》、一場《いちじょう》のとりとめもない夢物語位《ゆめものがたりくらい》にしか感《かん》じないであろう。受《う》ける人《ひと》の心々《こころごころ》にとれる書物《しょもつ》である。

この物語《ものがたり》は現界《げんかい》、幽界《ゆうかい》（地獄《じごく》）、神界《しんかい》（天国《てんごく》）に亘《わた》り過去《かこ》、現在《げんざい》、未来《みらい》を貫《つらぬ》く霊妙《れいみょう》な世界《せかい》を描《えが》き出《だ》されたもので、宗教《しゅうきょう》、政治《せいじ》、経済《けいざい》、教育《きょういく》、芸術《げいじゅつ》、軍事《ぐんじ》、外交《がいこう》、労働《ろうどう》、恋《れん》愛等人生《あいなどじんせい》の諸問題《しょもんだい》は明《あき》らかに解決《かいけつ》されている。

全部《ぜんぶ》百二十巻《かん》より成《な》り、今日《こんにち》まで既《すで》に七十四巻《かん》まで口述《こうじゅつ》を終《お》わっている。（＝昭和五年現在。）殆《ほとん》ど凡《すべ》てが口述《こうじゅつ》であって、数人《すうにん》の筆録者《ひつろくしゃ》が傍《そば》にいて師《し》の口述《こうじゅつ》するまゝを書《か》きとるのであるが、次《つぎ》から次《つぎ》へ語《かた》り出《だ》される有様《ありさま》は恰《あたか》も泉《いずみ》のコンコンとして湧《わ》き出《い》づるが如《ごと》くである。一巻《かん》が四六判《ばん》にして三百六十頁乃至《ページないし》四百頁《ページ》あるが、最《もっと》も速《はや》い時《とき》は僅《わず》か二日《ふつか》で口述《こうじゅつ》を終《お》わっている。

本書《ほんしょ》の一部《いちぶ》は既《すで》に海外《かいがい》に於《お》いてエスペラントその他《た》の国語《こくご》によって翻訳《ほんやく》されている。

『霊界物語《れいかいものがたり》』。（＝現在物語は81巻83冊が刊行されている。）の外《ほか》に師《し》の著書《ちょしょ》は幾百巻《いくかん》に上《のぼ》っており、随筆《ずいひつ》あり、紀行《きこう》あり、長短歌《ちょうたんか》あり、而《しか》もその何《いず》れも悉《ことごと》く「金言玉辞《きんげんぎょくじ》」にあらざるものはない。

出口聖師《でぐちせいし》の書画《しょが》、楽焼《らくやき》などの作品《さくひん》に接《せつ》した人々《ひとびと》は更《さら》に進《すす》んで師《し》の著書《ちょしょ》に天地《てんち》と共《とも》に滅《ほろ》びざる大真理《だいしんり》を発見《はっけん》すべきである。

十、破壊より建設へ

出口師《でぐちし》は現代《げんだい》の世相《せそう》に対《たい》して次《つぎ》の如《ごと》く語《かた》った。

「山《やま》より落《お》ちる岩石《がんせき》は下《おち》るに従《したが》って速度《そくど》を加《くわ》え重量《じゅうりょう》を増《ま》すものでる。仮《かり》にこれを途中《とちゅう》に止《と》めんとする時《とき》は却《かえ》って怪我《けが》過《あやま》ちあり、落下《らっか》し終《お》わるまではじっとして見《み》て居《い》るより仕方《しかた》がない。その間《あいだ》に吾人等《ごじんなど》はよろしくケーブルカーでも用意《ようい》して、落下《らっか》し終《お》ったらそれから山上《さんじょう》へ容易《ようい》に運《はこ》び上《あ》げねばならぬ。併《しか》し神《かみ》も人間《にんげん》が働《はたら》かねば仕事《しごと》は出来《でき》ぬ。種々用意《しゅじゅようい》は出来上《できあが》っても人材《じんざい》のないのが一番困《ばんこま》る事《こと》である。人《ひと》は不断《ふだん》に魂《たましい》を磨《みが》いてやがて来《く》るべき時期《じき》に備《そな》えるべきである」

現代《げんだい》は誰《だれ》が何《なん》と云《い》っても行《ゆ》くところまで行《ゆ》かねばすまぬ勢《いきお》いである。驚《おどろ》くべき急速《きゅうそく》力《りょく》をもって新社会《しんしゃかい》の出現《しゅつげん》の前《まえ》に旧社会《きゅうしゃかい》は崩壊《ほうかい》しつゝあるのである。しかし、旧社会《きゅうしゃかい》が崩壊《ほうかい》されさえしたならば直《ただ》ちに幸福《こうふく》と平和《へいわ》の理想社会《りそうしゃかい》が出現《しゅつげん》するものと早合点《はやがてん》してはならぬ。旧社会《きゅうしゃかい》の崩壊《ほうかい》はたゞ時《とき》の問題《もんだい》である。我々《われわれ》は破壊《はかい》よりもむしろ建設《けんせつ》に向《むか》って邁進《まいしん》すべきである。精神的《せいしんてき》にも物質的《ぶっしつてき》にもあらゆる力《ちから》をもって建設運動《けんせつうんどう》を急《いそ》がねばならぬ。建設運動《けんせつうんどう》が急速《きゅうそく》に広《ひろ》がれば広《ひろ》がるほど世界《せかい》の平和《へいわ》と幸福《こうふく》は確保《かくほ》されるのである。

我等《われら》の「人類愛善運動《じんるいあいぜんうんどう》」は「建設運動《けんせつうんどう》」であって、宗教《しゅうきょう》、人種等総《じんしゅなどあら》ゆる障壁《しょうへき》を超越《ちょうえつ》して人類愛善《じんるいあいぜん》の大義《たいぎ》に目覚《めざ》め、永遠《えいえん》に幸福《こうふく》と歓喜《かんき》に充《あ》てる光明世界実現《こうみょうせかいじつげん》のために、最善《さいぜん》の力《ちから》を尽《つく》さんことを期《き》するものである。

日本人《にほんじん》は古来《こらい》、宏遠雄大《こうえんゆうだい》な正々堂々《せいせいどうどう》たる抱負《ほうふ》を持《も》っていたのである。七百年《ねん》の武家政《ぶけせい》治《じ》を倒《たお》して「王政復古《おうせいふっこ》」を成就《じょうじゅ》した「明治維新《めいじいしん》の大精神大理想《だいせいしんだいりそう》は開国進取《かいこくしんしゅ》にあった」ので、物質文明《ぶっしつぶんめい》に惑溺《わくでき》（＝一つのことに心がうばわれて正しい判断力を失うこと。迷って本心を失うこと。）し、万事《ばんじ》消極的《しょうきょくてき》なその日暮《ひぐら》しの生活《せいかつ》に甘《あま》んずべき筈《はず》ではなかったのである。

それが何時《いつ》の間《ま》にか維新以来《いしんいらい》の雄大《ゆうだい》な理想的精神《りそうてきせいしん》は人々《ひとびと》の心《こころ》から消《き》え失《う》せてしまって、自己当面《じことうめん》の生活《せいかつ》に直接関係《ちょくせつかんけい》のあることであったら、血眼《ちまなこ》になって騒《さわ》ぐが、直接関係《ちょくせつかんけい》のないような国策経綸《こくさくけいりん》などはどうでもよいという風《ふう》に堕落《だらく》してしまった。

遠大《えんだい》な計画《けいかく》を有《も》たずに、たゞ目先《めさき》の小《ちい》さな利害《りがい》や感情《かんじょう》に左右《さゆう》せられているのである。我々《われわれ》はこうした消極的《しょうきょくてき》なその日暮《ひぐ》らしに甘《あま》んじているようなケチな根性《こんじょう》、退嬰的《たいえいてき》（＝あとへひくこと。しりごみすること。）気分《きぶん》を一掃《いっそう》して、我建国《わがけんこく》の大精神大理想《だいせいしんだいりそう》をもって世界《せかい》に立《た》たねばならぬのである。

「明治維新《めいじいしん》」は日本《にほん》に於《お》ける維新《いしん》であった。いよく「世界維新《せかいいしん》」とも云《い》うべき「昭《しょう》和維新《わいしん》」の舞台《ぶたい》は展開《てんかい》したのだ。日本人《にほんじん》の使命《しめい》は重且《じゅうか》つ大《だい》である。

○世《よ》の中《なか》の移《うつ》ろふさまを眺《なが》めては　立《た》つべき時《とき》の来《きた》るを悟《さと》る

今《いま》や出口聖師《でぐちせいし》によって、人類最高《じんるいさいこう》の大理想《だいりそう》の旗《はた》は高《たか》く掲《かか》げられ、人類《じんるい》の進《すす》むべき新《あたら》しき道《みち》は明《あき》らかに指《さ》し示《しめ》されたのである。人々《ひとびと》は起《た》ってその道《みち》を歩《あゆ》んで行《ゆ》けばよいのである。

十一、新しき道

人類《じんるい》が真《まこと》に幸福《こうふく》と平和《へいわ》の世界《せかい》を望《のぞ》むならば、人類《じんるい》の指導者《しどうしゃ》の示《しめ》すまゝの道《みち》を歩《あゆ》んで行《ゆ》かねばならぬ。それは「真《まこと》の信仰《しんこう》」であり「愛善《あいぜん》の道《みち》」である。信仰《しんこう》と一口《くち》に云《い》っても、信仰《しんこう》にも「真《まこと》の信仰《しんこう》」と「偽《いつわ》りの信仰《しんこう》」があり、愛《あい》と云《い》っても「愛《あい》の善《ぜん》と悪《あく》」とがある。「偽《いつわ》りの信仰《しんこう》」とは自己本位《じこほんい》の信仰《しんこう》であり、「真《まこと》の信仰《しんこう》」とは、真《しん》に神《かみ》を理解《りかい》し、神《かみ》を信《しん》じ愛《あい》して愛善《あいぜん》のために活動《かつどう》するところの信仰《しんこう》である。人間《にんげん》の愛《あい》は愛悪《あいあく》であり、神《かみ》の愛《あい》は愛善《あいぜん》である。人間《にんげん》は忠《ちゅう》だとか孝《こう》だとか博愛《はくあい》だとか云《い》っても、結局詮《けっきょくせん》じ詰《つ》めれば「自己愛《じこあい》」である。「自己愛《じこあい》」も全然無《ぜんぜんな》かったなら自己《じこ》を守《まも》ることが出来《でき》ないので止《や》むを得《え》ぬが、この心《こころ》が甚《はなは》だしくなると全《まった》くお終《しま》いで、終《つい》には禽獣《きんじゅう》と何等異《なんらこと》なるところが無《な》いようになってしまう。どうしても人間《にんげん》は「愛善《あいぜん》の心《こころ》」に生《い》きるように心《こころ》がけねばならぬ。たゞ自己《じこ》を本位《ほんい》として今《いま》までは考《かんが》えたり云《い》ったり行《おこな》ったりしていた者《もの》が一歩進《いっぽすす》むと、これではいかぬ、「愛善《あいぜん》の心《こころ》」に生《い》きねばならぬ、生《い》きたいという心《こころ》が起《おこ》って来《く》る、又《また》そうならずにはいられない。更《さら》に進《すす》めば、今度《こんど》は「愛善《あいぜん》の心《こころ》に生《い》きねばならぬ」等《など》と云《い》う考《かんが》えは無《な》くなってくる。

たゞ「面白《おもしろ》く楽《たの》しいという心《こころ》」であり、境地《きょうち》である。別《べつ》に神《かみ》のためだの、国家《こっか》のためだの、社会《しゃかい》のためだのと云《い》う考《かんが》えさえ無《な》い。たゞ働《はたら》くのが面白《おもしろ》いのである。楽《たの》しいのである。好《す》きなのである。うれしいのである。たゞそれだけである。

早《はや》く云《い》えば「道楽《どうらく》」である。「道楽《どうらく》」と云《い》うと、普通碁《ふつうご》とか将棋《しょうぎ》とか釣《つ》りとか、そう云《い》うものを好《この》むのを「道楽《どうらく》」といっているが、「愛善《あいぜん》の心《こころ》に生《い》きる道楽《どうらく》」は、「自分《じぶん》の使《し》命《めい》を果《は》して行《ゆ》く」ところに何《なん》とも云《い》えぬ楽《たの》しみがあるのである。苦《くる》しみが苦《くる》しみでない。自分《じぶん》の与《あた》えられた仕事《しごと》をして行《ゆ》くのが面白《おもしろ》く楽《たの》しいのである。

この時《とき》、己《おのれ》と云《い》うものは全然《ぜんぜん》なくなる。その「道楽《どうらく》」は所謂《いわゆる》「道楽《どうらく》」でなくして、「惟神《かむながら》の大道《だいどう》を楽《たの》しむ道楽《どうらく》」である。「大道《だいどう》を楽《たの》しみ大道《だいどう》に生《い》きる生活《せいかつ》」である。つまり「自己《じこ》の天職《てんしょく》使命《しめい》を果《は》してゆく歓《よろこ》びであり、報恩謝徳《ほうおんしゃとく》の生活《せいかつ》」である。

これは本会総会《ほんかいそうかい》の席上《せきじょう》に於《お》ける「総裁説話《そうさいせつわ》」である。

十二、愛善の意義

この世《よ》の中《なか》は愛《あい》と善《ぜん》とで固《かた》まって居《い》る世《よ》の中《なか》であるから、何事《なにごと》も総《すべ》て愛善《あいぜん》の神様《かみさま》に任《まか》して、取越《とりこ》し苦労《くろう》、過越《すぎこ》し苦労《くろう》をしないようにしなければならぬ——過越《すぎこ》し苦労《くろう》と云《い》うものは済《す》んでしまってからの事《こと》である。彼奴《あいつ》はあゝ云《い》う事《こと》を云《い》いよったとか、彼奴《あいつ》に讐《あだ》をとらないかんとか、あゝせなんだら今《いま》まで大分財産《だいぶざいさん》も出来《でき》て居《お》ったのにと云《い》うような事《こと》や、また鳥越《とりこ》し苦労《くろう》をして明日《あす》の事《こと》を明日《あす》は何《ど》うしようかと考《かんが》えておっても仕方《しかた》がない。

千里《せんり》の路《みち》を行《ゆ》くのにも、左《ひだり》の足《あし》から右《みぎ》の足《あし》という風《ふう》に出《だ》して行《ゆ》けばよい。行《ゆ》く所《ところ》は東《とう》京《きょう》なら東京《とうきょう》と決《き》めておいて、一足々々《ひとあしひとあし》を注意《ちゅうい》して行《ゆ》く。積極主義刹那心《せっきょくしゅぎせつなしん》で進《すす》んで行《ゆ》く。そうすれば影《かげ》が形《かたち》に伴《とも》う如《ごと》く愛善《あいぜん》の心《こころ》が起《おこ》って来《く》る。

鳥越《とりこ》し苦労《くろう》と過越《すぎこ》し苦労《くろう》を忘《わす》れて来《き》たら、一切《いっさい》の慾《よく》も起《おこ》って来《こ》ぬ。怨恨《えんこん》も忘《わす》れて来《く》る。又妙《またみょう》な慾望《よくぼう》もなくなる。それが「惟神《かむながら》の精神《せいしん》」である。

自然《しぜん》に愛善《あいぜん》の徳《とく》が出来《でき》て来《き》たら、その人《ひと》の身体《しんたい》から光明《こうみょう》が出《で》て来《く》る。そうすると独《ひと》りでにその人《ひと》の光明《こうみょう》に照《て》らされて世界《せかい》が愛善《あいぜん》になる。愛善《あいぜん》を売《う》りに歩《ある》いても、売《う》りに行《い》ったものは効果《こうか》がない。又自分《またじぶん》が愛善《あいぜん》をやっているとか、自分《じぶん》が善《ぜん》をやって居《い》るとかいうような誇《ほこ》りのある時《とき》には、自己愛《じこあい》がその中《なか》に入《はい》って居《お》って、本当《ほんとう》の愛善《あいぜん》になって居《お》らない。世《よ》のため社会《しゃかい》のためと皆考《みなかんが》えて居《お》るが、その考《かんが》えがある間《あいだ》は本当《ほんとう》の愛善《あいぜん》になって居《お》らぬ。凡《すべ》て何《なに》も無《む》になってしまう。無《む》になった時《とき》に愛善《あいぜん》が身体《からだ》に入《はい》って来《く》る。

十三、精神的救済と物質的救済

かつてアフガニスタン国《こく》のプラタップ氏《し》が来訪《らいほう》して当亀岡《とうかめおか》の諸建築物《しょけんちくぶつ》を見《み》て云《い》うには、「貴方《あなた》がたは、非常《ひじょう》に愛善《あいぜん》と云《い》うことを云《い》われるが、こういう大《おお》きい建造物《けんぞうぶつ》を造《つく》る費《ひ》用《よう》が随分要《ずいぶんい》ったことゝ思《おも》う。この費用《ひよう》を持《も》って貧民《ひんみん》に施《ほどこ》したならばどうか」

こういう話《はなし》であるが私《わたし》はこれに答《こた》えて、

「一応《いちおう》は尤《もっと》もである。然《しか》しながら、こちらの建築物《けんちくぶつ》が何程要《なにほどい》ったとしても一千万円《せんまんえん》の金《かね》はかゝ居《お》らぬ。それで、一千万円《せんまんえん》にしたところが、これを日本《にほん》の同胞《どうほう》に分《わ》けたところで僅《わず》かなものである。タバコ銭《せん》にもならぬ。また世界《せかい》十七億《おく》の人《ひと》に分《わ》けたところがホンの眼薬《めぐすり》ほどもないのである。こういうことをしたところでなんにもならない。それよりもこう云《い》う一つの道場《どうじょう》を築《きず》いて第一《だいいち》、日本《にほん》の国《くに》の元《もと》たる神様《かみさま》を鄭重《ていちょう》に祀《まつ》って、そして精《せい》神的《しんてき》に心《こころ》の中《なか》に慰安《いあん》を与《あた》える。永久《えいきゅう》に死後《しご》の世界《せかい》までも慰安《いあん》を与《あた》えるのが吾々《われわれ》は愛善《あいぜん》と思《おも》う。どうせ限《かぎ》りある物質《ぶっしつ》を以《もっ》て限《かぎ》りない物質欲《ぶっしつよく》を充《み》たすことは出来《でき》ない」

こう答《こた》えると、手《て》を拍《う》って、

「いかにも分《わか》りました」

と云《い》って帰《かえ》った。

大抵《たいてい》の人《ひと》が慈善事業《じぜんじぎょう》にしたらよいとか何《なん》とか云《い》うが、それは何千億《なんぜんおく》とか何百億《なんびゃくおく》とか云《い》う金《かね》があれば是《これ》は物質《ぶっしつ》を以《もっ》て助《たす》けることが出来《でき》るが、限《かぎ》りない所《ところ》の人《ひと》を吾々少数《われわれしょうすう》の力《ちから》を以《もっ》て助《たす》けることは出来《でき》ない。且《か》つまた物質《ぶっしつ》で救《すく》うのはその時限《ときかぎ》りである。

十四、総裁詠草

○白雲《しらくも》の外《そと》に求《もと》むな惟神《かむながら》　誠《まこと》の道《みち》は日《ひ》の本《もと》に在《あ》り

○吹《ふ》かば吹《ふ》け醜《しこ》の木枯《こがらし》強《つよ》くとも　吾《われ》には春《はる》の備《そな》へこそあれ

○へだてなき神《かみ》の稜威《みいづ》に生《お》ひながら　隔《へだ》てありとぞ思《おも》ふ愚《おろ》かさ

○三千歳《みちとせ》の永《なが》き年月《としつき》待《ま》ちあぐむ　君《きみ》とし知《し》らば世人《よびと》勇《いさ》まむ

○惟神《かむながら》真《まこと》の神《かみ》の定《さだ》めてし　人《ひと》の出《いで》ずば国《くに》はあやふし

○万国《くにぐに》の穏《おだや》か祈《いの》れ道《みち》の人《ひと》　生《うま》れし国《くに》の幸《さち》はなほさら

○心《こころ》のみ誠《まこと》の道《みち》にかなふとも　行《おこな》ひせずば神《かみ》は守《まも》らじ

○身体《からたま》はよし死《まか》るとも霊魂《たましい》は　幾千代《いくちよ》までも生《ゆ》きて栄《さか》ゆる

○常闇《とこやみ》の夜《よ》は明《あ》け行《ゆ》きて地《ち》の上《うへ》に　住《す》む人《ひと》の子《こ》も眼《まなこ》さましぬ

○なまなかに物質愛《ぶっしつあい》を注《そそ》ぐより　神国《みくに》の愛《あい》に世人《よびと》生《い》かさむ

○平和《へいわ》なる人《ひと》の家庭《かてい》は現世《うつしよ》の　まゝ天国《てんごく》の姿《すがた》なりけり
○昔《むかし》より輝《かがや》き渡《わた》る愛善《あいぜん》の　神《かみ》の心《こころ》を知《し》るもの無《な》かりき
○我《われ》にして信仰《しんかう》の花《はな》なかりせば　身《み》もたましひも潰《つひ》えしならん
○一日《いちにち》の吾《わ》が玉《たま》の緒《を》は世《よ》の人《ひと》の　幾《いく》十年《ねん》の生命《いのち》とぞ思《おも》ふ
○かくりよのこと細《こま》やかにしるしたる　書《ふみ》は霊魂《みたま》の力《ちから》なりけり
○人生《じんせい》の悲惨《ひさん》苦悩《くなう》も消《き》え行《ゆ》かむ　人類愛善道《じんるいあいぜんみち》を悟《さと》らば
○天《あめ》の下《した》四方《よも》の民草《たみくさ》おしなべて　神《かみ》の御子《みこ》てふ心《こころ》のつどひ
○国々《くにぐに》に人類愛《じんるいあい》の花《はな》咲《さ》きて　山《やま》の奥《おく》まで明《あ》かくなりゆく

十五、愛善運動と精神的準備

愛善《あいぜん》の生活《せいかつ》に進《すす》まんと思《おも》う人《ひと》は、どうしても相当《そうとう》な精神的準備《せいしんてきじゅんび》が必要《ひつよう》である。

吾々人間《われわれにんげん》が生《い》きてゆくのには、どうしても外界《がいかい》から物質的栄養《ぶっしつてきえいよう》を摂《と》る必要《ひつよう》がある。それと同時《どうじ》に精神的栄養《せいしんてきえいよう》を求《もと》める事《こと》を忘《わす》れてはならぬ。この精神的栄養即《せいしんてきえいようすなわ》ち「心《こころ》の糧《かて》」はあたかも何《なに》によって求《もと》めるべきかと云《い》うに、それは我々《われわれ》の魂《たましい》に力《ちから》となるような真理《しんり》を説《と》いた話《はなし》とか、読物《よみもの》に求《もと》める外《ほか》はない。

それで先《ま》ず神《かみ》を信《しん》ずる事《こと》が大切《たいせつ》である。神《かみ》を認《みと》め、神《かみ》を信《しん》ぜんとする所謂求道者《いわゆるきゅうどうしゃ》の手引《てび》きとして第一《だいいち》にお勧《すす》めしたいものは、

（一）常《つね》に人生《じんせい》の光明方面《こうみょうほうめん》のみを載《の》せる『人類愛善新聞《じんるいあいぜんしんぶん》』の愛読《あいどく》。

（二）信仰《しんこう》の境地《きょうち》に入《はい》って神《かみ》を知《し》るため雑誌《ざっし》『神《かみ》の国《くに》』の愛読《あいどく》。

（三）更《さら》に実地的求道者《じっちてききゅうどうしゃ》は愛善運動《あいぜんうんどう》の本拠《ほんきょ》たる京都府亀岡町天恩郷《きょうとふかめおかちょうてんおんきょう》に於《お》いて一週間《しゅうかん》の生活《せいかつ》をすること。

この三つの精神的準備《せいしんてきじゅんび》を経《へ》れば、自然信仰《しぜんしんこう》の道《みち》に進《すす》み愛善《あいぜん》の生活《せいかつ》に入《はい》る事《こと》が出来《でき》る。

十六、「人類愛善会」の沿革と現状

本会《ほんかい》は出口聖師《でぐちせいし》の提唱《ていしょう》により、大正《たいしょう》十四（1925）年《ねん》六月《がつ》九日《か》に創立《そうりつ》せられ、京都府綾部町《きょうとふあやべちょう》に総本部《そうほんぶ》が置《お》かれましたが、同年《どうねん》八月《がつ》一日《たち》これを同府亀岡町《どうふかめおかちょう》（亀山《かめやま》旧城台）に移《うつ》されたのでありまして、出口聖師《でぐちせいし》が総裁《そうさい》として本会《ほんかい》を総統《そうとう》され、出口宇知麿氏《でぐちうちまろし》（＝伊佐男。）が会長《かちょう》として事務《じむ》を統理《とうり》されています。

同《おな》じく大正《たいしょう》十四年《ねん》十月《がつ》一日《たち》に『人類愛善新聞《じんるいあいぜんしんぶん》』を機関紙《きかんし》として在亀岡東洋本部《ざいかめおかとうようほんぶ》から発行《はっこう》されることになり、我《わ》が人類愛善運動《じんるいあいぜんうんどう》のために尽《つく》そうとされる方《かた》が内地《ないち》は勿論《もちろん》、鮮《せん》満《まん》、台湾《たいわん》、支那各地《しなかくち》に続々《ぞくぞく》として現《あら》われ、本会本部《ほんかいほんぶ》、分会《ぶんかい》、支部及《しぶおよ》び人類愛善新聞支社《じんるいあいぜんしんぶんししゃ》を各地《かくち》に設《もう》けるに至《いた》った。

一方欧州《いっぽうおうしゅう》に於《お》いても、パリに本会欧州本部《ほんかいおうしゅうほんぶ》が、同《おな》じく大正《たいしょう》十四年《ねん》の九月設立《がつせつりつ》され、こゝでも国際語《こくさいご》エスペラントその他《た》の言語《げんご》による月刊機関新聞《げっかんきかんしんぶん》を発行《はっこう》することになりました。

欧州《おうしゅう》では御承知《ごしょうち》の通《とお》り物質文明《ぶっしつぶんめい》の国《くに》、唯物主義《ゆいぶつしゅぎ》の国《くに》と云《い》われています。その欧州《おうしゅう》の真中《まんなか》に入《はい》って真霊魂《しんれいこん》を基礎《きそ》とする我《わ》が運動《うんどう》を進《すす》めることは、想像《そうぞう》も及《およ》ばぬ程《ほど》の困難《こんなん》が伴《ともな》ったことは云《い》うまでもありません。而《しか》も現今《げんこん》までに既《すで》に驚《おどろ》くべき多数《たすう》の共鳴者《きょうめいしゃ》と、多《おお》くの支部設置《しぶせっち》とを見《み》るに至《いた》った事《こと》は、如何《いか》に我々《われわれ》の運動《うんどう》が人間内部《にんげんないぶ》の要求《ようきゅう》を満《み》たすものであるかを充分証《じゅうぶんあかし》する。

斯《か》くの如《ごと》くにして内地海外共《ないちかいがいとも》に我《わ》が運動《うんどう》は日《ひ》を追《お》って盛《さか》んになりつゝあるのであって、現在日本《げんざいにほん》に於《お》いては本部《ほんぶ》三ケ所《しょ》、即《すなわ》ち東洋本部《とうようほんぶ》、東京本部及《とうきょうほんぶおよ》び東北本部《とうほくほんぶ》、分会支部《ぶんかいしぶ》二百十ケ所《しょ》の設置《せっち》を見《み》る。海外《かいがい》に於《お》いても、前記《ぜんき》パリの欧州本部《おうしゅうほんぶ》の外《ほか》にフランス、イタリア、チェコスロバキア、ドイツ、瑞西《スヰッツル》（＝スイス。）、ブルガリア、ペルシャ、スペイン、南北《なんぼく》アメリカ、南洋《なんよう》の各地《かくち》にどし〱新《あたら》しい支部《しぶ》が設《もう》けられつゝあります。目覚《めざ》めた人士《じんし》の間《あいだ》では親《した》しく運動《うんどう》の真髄《しんずい》を聞《き》きたいという希望《きぼう》から宣伝使《せんでんし》の出張《しゅっちょう》を請《こ》う者《もの》も数多《あまた》であり、先年《せんねん》西村光月氏《にしむらこうげつし》が北《きた》ドイツ及《およ》びチェコスロバキアの主要都市《しゅようとし》三十有余《ゆうよ》を講演旅行《こうえんりょこう》した時《とき》の如《ごと》きは、実《じつ》に数《すう》千人《にん》の聴者《ちょうしゃ》を得《え》たという盛況《せいきょう》でありました。そして現在《げんざい》では最早《もはや》単《たん》なる共鳴者《きょうめいしゃ》ばかりではなく、一身《いっしん》を擲《なげう》って我《わ》が運動《うんどう》のために尽力《じんりょく》している熱心者《ねっしんもの》も多数《たすう》に上《のぼ》る状態《じょうたい》です。

また本会《ほんかい》は、主義《しゅぎ》を同《おな》じくする色々《いろいろ》な運動《うんどう》とも固《かた》く提携《ていけい》して相互《そうご》に理想国建設《りそうこくけんせつ》のために尽《つく》しつゝあります。現《げん》に世界《せかい》の各地《かくち》に興《おこ》りつゝある色々《いろいろ》の新宗教《しんしゅうきょう》や新精神運動《しんせいしんうんどう》と協《きょう》力《りょく》して働《はたら》いているのです。

この様《よう》に、この運動《うんどう》は現今既《げんこんすで》に「全世界的《ぜんせかいてき》」のものとなっています。人類福祉《じんるいふくし》のためにまことに喜《よろこ》ぶべき事実《じじつ》であると同時《どうじ》に、出口総裁直接指導《でぐちそうさいちょくせつしどう》の下《もと》にある我々《われわれ》として、いよいよ舎身活躍《しゃしんかつやく》の責任《せきにん》あることを痛感《つうかん》する次第《しだい》です。

この運動発展《うんどうはってん》の状態《じょうたい》は、これを新聞《しんぶん》の読者数《どくしゃすう》に於《お》いてもほゞ見《み》ることが出来《でき》るのです。

本会機関紙《ほんかいきかんし》『人類愛善新聞《じんるいあいぜんしんぶん》』は既《すで》に発行部数《はっこうぶすう》二十万（＝大正14年10月1日～11年2月3日発行。昭和9（1934）年3月には目標の百万部達成。）を突破《とっぱ》し、内地《ないち》は勿論《もちろん》、海外《かいがい》にまで読者《どくしゃ》を持《も》っており、読者《どくしゃ》は日《ひ》に日《ひ》に激増《げきぞう》してゆく有様《ありさま》です。

欧州本部発行外字機関紙《おうしゅうほんぶはっこうがいじきかんし》も、現在《げんざい》アフリカを除《のぞ》く全世界《ぜんせかい》四十数《すう》ケ国《こく》に亘《わた》って読者《どくしゃ》を獲得《かくとく》し、驚《おどろ》くべきセンセーションを各国《かっこく》に起《お》こしつゝあります。

更《さら》に日本《にほん》に於《お》ける、出口総裁《でぐちそうさい》の台湾《たいわん》、琉球《りゅうきゅう》、大島《おおしま》、九州《きゅうしゅう》、四国《しこく》、北陸《ほくりく》、奥羽《おうしゅう》、北海道《ほっかいどう》、樺太等《からふとなど》、各地《かくち》への巡教《じゅんきょう》は、既《すで》に我《わ》が国《くに》に於《お》ける運動《うんどう》の基礎《きそ》を完全《かんぜん》になしつゝあります。各本部支部《かくほんぶしぶ》では時々《ときどき》、講演会《こうえんかい》、座談会等《ざだんかいなど》を開《ひら》き、会員《かいいん》の親睦《しんぼく》とこの運動《うんどう》の普及《ふきゅう》、徹底《てってい》を計《はか》ると共《とも》に、本会主旨《ほんかいしゅし》の実現《じつげん》のために各方面《かくほうめん》に努力《どりょく》して顕著《けんちょ》なる実績《じっせき》をあげつゝあります。総本部《そうほんぶ》からは支部《しぶ》の申請《しんせい》があれば、宣伝使《せんでんし》を派遣《はけん》しておりますが、最近各地《さいきんかくち》よりの申《もう》し出《で》が多《おお》く実《じつ》に多忙《たぼう》を極《きわ》め、殊《こと》に支部新設及《しぶしんせつおよ》び新《あら》たなる入会《にゅうかい》の申込激増《もうしこみげきぞう》して素晴《すば》らしい勢力《せいりょく》で大発展《だいはってん》をなしつゝあります。

（小冊子終り）

第三編　王仁三郎の意外な素顔

一、聖師の教訓

金使《かねづか》いが荒《あら》くて困《こま》ると云《い》われる男《おとこ》があった。聖師《せいし》は、その男《おとこ》の顔《かお》を見《み》ると、よく金《かね》を与《あた》えられた。さすがにその男《おとこ》も度々頂戴《たびたびちょうだい》するのに恐縮《きょうしゅく》して、「なぜ私《わたし》にはこんなにして下《くだ》さるのでしょうか」と伺《うかが》った。すると聖師《せいし》は自分《じぶん》が何《なに》か咎《とが》められたような、照《て》れ笑《わら》いのような顔《かお》をされて、「そやけど、あんたは大変金使《たいへんかねづか》いが荒《あら》い」というやないか、と云《い》われるのです。

その男《おとこ》は頭《あたま》をかき、「どういうものでしょうか、多分性分《たぶんしょうぶん》なのだと思《おも》いますが、百円《えん》入《はい》る見込《みこ》みがつくと二百円使《えんつか》い、二百円入《えんはい》るあてがあると三百円使《えんつか》います。そのためか、いつも貧乏《びんぼう》してこまります」と云《い》う。

「そやからな」と、聖師《せいし》は他愛《たわい》なく笑《わら》われて、金使《かねづか》いが荒《あら》い人《ひと》に、「その使《つか》う金《かね》がなかったら困《こま》るやないか。それに金《かね》というもんは、元々使《もともとつか》うように出来《でき》ている。多分《たぶん》、あんたに使《つこ》うてもろたらよろこぶやろ、なあ、きっとそうやで」、と云《い》われる。その心遣《こころづか》いをなんと云《い》ってよいであろうか。

それから聖師《せいし》は更《さら》に語調《ごちょう》をつゞけて、「金《かね》はな、貯《た》めるもんとちごうて使《つか》うもんや、使《つこ》うたら、水《みず》が流《なが》れるみたいにまた後《あと》から来《く》る、ところが使《つか》わずに貯《た》め始《はじ》めたら、それでおしまいや、貯溜《ちょりゅう》の水《みず》が腐《くさ》るように、金《かね》も腐《くさ》りよる」と云《い》われる。

これは実談《じつだん》で、けっして寓話《ぐうわ》ではないが、この話《はな》しに含《ふく》まれた大《おお》きな教訓《きょうくん》は、人各々《ひとおのおの》が適当《てきとう》に解釈《かいしゃく》すべきであろう。（筆者不明）

（『愛善苑』第三十一号・昭和二十三年六月一日号）

二、地獄耳の神童

岡本鹿蔵

聖師《せいし》さんの少年時代《しょうねんじだい》の思《おも》い出話《でばなし》を突然《とつぜん》聞《き》かれてもいささか御話《おはな》しにくいのですが、聖《せい》師《し》さんとは幼《おさ》な友達《ともだち》であり、また私《わたし》の学校時代《がっこうじだい》の先生《せんせい》でもありまして、小《ちい》さい時《とき》からずばぬけて頭《あたま》が良《よ》く、教師《きょうし》が一度《いちど》云《い》ったことは二度《にど》聞《き》かなくても、ちゃんと覚《おぼ》えて、何《なん》でも良《よ》く知《し》っておられました。地獄耳《じごくみみ》とは喜三《きさ》さんの事《こと》を云《い》うのでしょう。それ故学校時《ゆえがっこうじ》代《だい》しばらくの間《あいだ》に最上学年《さいじょうがくねん》を卒業《そつぎょう》されてしまいました。

十七、八才《さい》の頃《ころ》、喜三《きさ》さんとは良《よ》く一緒《いっしょ》に車引《くるまひ》きに行《い》ったものですが丁度《ちょうど》その頃《ころ》は石《せき》炭《たん》を運《はこ》んでおりました。それで何時《いつ》も石炭《せきたん》の問屋《とんや》に行《い》っていたのですが、そこには大勢《おおぜい》の人達《ひとたち》が集《あつ》まり、新聞《しんぶん》を一枚《いちまい》とっていましたが誰一人《だれひとり》としてその新聞《しんぶん》を読《よ》みこなす人《ひと》がない有様《ありさま》でした。喜三《きさ》さんだけはすらすらと読《よ》まれ、皆々《みなみな》に聞《き》かしておられましたが、その時《とき》その人々《ひとびと》は非常《ひじょう》に吃驚《びっくり》しておりました。その当時《とうじ》、新聞《しんぶん》をとっていたのは有識階《ゆうしきかい》級《きゅう》とか、問屋《とんや》とか株屋《かぶや》だけで穴太《あなお》でもたしか一軒《けん》だけとっていた位《くらい》でしょう。

その様《よう》に人《ひと》よりずばぬけておりましたので、人々《ひとびと》は何時《いつ》も聖師《せいし》さんの御父《おとっ》さんに「喜《き》三《さ》さんは普通《ふつう》の人間《にんげん》とは思《おも》われない。教師《きょうし》や偉《えら》い人々《ひとびと》の上《うえ》を行《ゆ》く人《ひと》をこのまゝほっておくのは勿体《もったい》ないから、何《なん》とかしてやらないといかん」と云《い》っておりました。又《また》「喜三《きさ》さんは必《かなら》ず出世《しゅっせ》して偉《えら》い人《ひと》になるだろう」と噂《うわさ》していました。

私《わたし》が二十二の年《とし》、聖師《せいし》さんはこの穴太《あなお》の付近《ふきん》に乳屋《ちちや》がないから牛乳屋《ぎゅうにゅうや》を始《はじ》めようと云《い》われ、牛乳屋《ぎゅうにゅうや》を開業《かいぎょう》、聖師《せいし》さんと一緒《いっしょ》に牛乳《ぎゅうにゅう》配達《はいたつ》したものです。

その頃《ころ》、良《よ》く本《ほん》を読《よ》んでおられましたが「この仕事《しごと》を早《はや》く成功《せいこう》させたい、何時《いつ》までもやっていられんから」とおっしゃっていました。

話《はなし》は別《べつ》ですが、この穴太《あなお》は非常《ひじょう》におかしな所《ところ》で、八代目《だいめ》に不思議《ふしぎ》な人《ひと》が出《で》て来《き》ますが、聖師《せいし》さんはその八代目《だいめ》に当《あた》っています。矢張《やは》り小《ち》さい時《とき》より人《ひと》と違《ちが》っていると思《おも》っておりました。私《わたし》が考《かん》えてみるに普通《ふつう》の人《ひと》とは思《おも》われません。実《じつ》に偉《えら》い偉《えら》い人《ひと》だと信《しん》じております。（＝穴太の幼友達、七十四才。）

（『愛善苑』「聖師記念特輯号」第三十二号・昭和二十三年八月一日号）

三、創生時代の苦心

湯浅仁斎

聖師《せいし》が明治《めいじ》三十一年夏《ねんなつ》、大本《おほもと》に入《はい》り開祖《かいそ》と力《ちから》を合《あわ》せて大本《おほもと》を育《そだ》て上《あ》げて行《ゆ》かれた御苦《ごく》労《ろう》は、とても筆《ふで》や口《くち》で云《い》いつくせぬものではありません。

旧役員達《きゅうやくいんたち》から色々《いろいろ》な反対《はんたい》や圧迫《あっぱく》をうけながら、よくもまアあんなに辛抱《しんぼう》が出来《でき》たものだと思《おも》います。どこへ行《い》って何《なに》をされても、何《なん》でも出来《でき》る方《かた》で、ワカラズ屋《や》の中《なか》に忍耐《にんたい》してそれを指導《しどう》してゆかれるくらい骨《ほね》の折《お》れることはないと思《おも》います。

私《わたし》が綾部《あやべ》へ来《き》てから間《ま》もないある日《ひ》のことでした。聖師《せいし》が「湯浅《ゆあさ》はん、よいものを見《み》せてやろか」と云《い》われ、お部屋《へや》に入《はい》ってみると大《おお》きな竹筒《たけづつ》に二盃程《はいほど》もある、「大本《おほもと》」とか「神《かみ》」とか「十曜《とよう》の紋《もん》」などを書《か》いた本《ほん》の切抜《きりぬ》きでした。これは旧役員《きゅうやくいん》たちが聖師《せいし》が漢字《かんじ》を使《つか》って本《ほん》を書《か》かれたのに対《たい》して「角文字《かくもじ》を使《つか》うのは怪《け》しからぬ」といって反対《はんたい》し、あらゆる聖師《せいし》の書《か》かれた本《ほん》を集《あつ》めて焼《や》き捨《す》てゝしまったのですが、今云《いまい》ったような文字《もじ》は焼《や》いてももったいないというので、それだけを切《き》り抜《ぬ》いて残《のこ》しておいたわけなのです。その頃《ころ》はまだ印刷《いんさつ》も出来《でき》ない時分《じぶん》のことでしたので、全部聖師《ぜんぶせいし》が書《か》かれるものです。

「こういうことを役員《やくいん》たちはしよったのや」

と、聖師《せいし》は気軽《きらく》に笑《わら》っておられました。………

丹波《たんば》の山奥《やまおく》に起《おこ》った新《あたら》しい宗教《しゅうきょう》が今日《こんにち》のように日本内地《にほんないち》はもちろん、海外《かいがい》まで知《し》られるようになったのは聖師《せいし》のお力《ちから》だったと思《おも》います。

もし聖師《せいし》がおいでにならなかったら、大本《おほもと》は精々神道《せいぜいしんどう》の一派《いっぱ》ぐらいで小《ちい》さく固《かた》まってしまったのではないかと思《おも》います。

聖師《せいし》は二十八歳《さい》の時《とき》、高熊山《たかくまやま》の御修業後《ごしゅぎょうご》神《かみ》の道《みち》を宣《の》べ伝《つた》えられることになったのですが、それでも初《はじ》めのうちは郷里《きょうり》の田舎《いなか》の人々《ひとびと》に真理《しんり》だとか、何《なん》とかむずかしいことを言《い》っても耳《みみ》に入《い》りませんので、人《ひと》から病気治《びょうきなお》しをされ、一時大変《いちじたいへん》な評判《ひょうばん》になったということです。

或《あ》る時《とき》、聖師《せいし》は私《わたし》にむかって「お前《まえ》は病気治《びょうきなお》しをして宣伝《せんでん》をやってくれ、そうでもしないと今《いま》の人間《にんげん》は信仰《しんこう》せんでなあ」と言《い》われました。そういうわけで宣伝《せんでん》によく出《で》かけましたが、ある所《ところ》では驚《おどろ》くように御《ご》神徳《しんとく》がたち、一度《いちど》に二百人《にん》もの信者《しんじゃ》が出来《でき》たことがありました。

（『愛善苑』「聖師記念特輯号」第三十二号・昭和二十三年八月一日号）

四、園部時代

吉峰治三郎

「気楽《きらく》な人《ひと》でしてねえ、本当《ほんとう》にあんな人《ひと》は珍《めずら》しいですよ」

まず初《はじ》めに吉峰《よしみね》治次郎氏《し》はこう言《い》って笑《わら》ってから当時《とうじ》を語《かた》った。

出口《でぐち》さんが園部《そのべ》へ見《み》えたのは十八九歳《さい》の頃《ころ》だったと思《おも》います。園部《そのべ》には井上《いのうえ》さんという獣医《じゅうい》をやっておられた方《かた》が有《あ》りましたが、出口《でぐち》さんとは従兄弟《いとこ》にあたる所《ところ》から頼《たよ》って来《き》た訳《わけ》なんです。その頃《ころ》、南陽寺《なんようじ》のすぐ横《よこ》の所《ところ》に牧場《ぼくじょう》があって、藤坂総三郎《ふじさかそうざぶろう》と言《い》う人《ひと》が経営《けいえい》していましたが井上《いのうえ》さんは獣医《じゅうい》である関係上《かんけいじょう》、そこと親《した》しくそのために出口《でぐち》さんは獣医《じゅうい》の勉強《べんきょう》をする傍《かたわら》で藤坂《ふじさか》の乳《ちち》しぼりや牛乳《ぎゅうにゅう》配達《はいたつ》、またラムネ作《つく》りなどを手伝《てつだ》っておられた訳《わけ》です。

磊落《らいらく》と申《もう》しましょうか、気楽《きらく》と申《もう》しましょうか、どんな事《こと》でもちっとも苦《く》にしない人《ひと》で、何時《いつ》も朗《ほが》らかで気持《きも》ちの良《よ》い人《ひと》でした。

園部《そのべ》で親《した》しく話《はな》せる友達《ともだち》はお前《まえ》より他《ほか》にない、とその頃《ころ》の喜三《きさ》さんは良《よ》く言《い》っていました。私《わたし》は喜三《きさ》さんが後《のち》に出口聖師《でぐちせいし》と尊敬《そんけい》されるような偉《えら》い方《かた》になられるとは思《おも》ってもみず平気《へいき》なもんで、つまらない話《はなし》ばっかりしていた訳《わけ》です。今《いま》から考《かんが》えて見《み》ますのに、どうも私《わたし》が道楽者《どうらくもの》な訳《わけ》ですから、それで出口《でぐち》さんも私《わたし》に合《あ》うような話《はなし》をしておられたのかも知《し》れません。でもとっても親《した》しい中《なか》でしたよ。（治三郎さんはこゝで又笑《またわら》う）

奥村《おくむら》の家《いえ》に居《い》た頃《ころ》、夜《よる》になって急《きゅう》にいなくなる。どうしたんだろうと思《おも》って心配《しんぱい》していると翌朝《よくちょう》、ふらっと帰《かえ》って来《き》て小向山まで行《い》って神《かみ》さんと話《はなし》をして来《き》たと言《い》うのですね。こんな事《こと》ちょいちょい有《あ》りましたよ。

それから又《また》、何処《どこ》からか円《まる》い石《いし》に穴《あな》の開《ひら》いたのを拾《ひろ》って来《き》て、そら天狗《てんぐ》を呼《よ》ぶぞ、なんて言《い》いながら上手《じょうず》に笛《ふえ》のように吹《ふ》いていましたが、その頃《ころ》からでしょうね、少《すこ》しずゝ様子《ようす》が変《か》わって来《き》たのは。

それから或《あ》る時《とき》、奥村《おくむら》の家《いえ》へミノカサを着《き》た男《おとこ》が五六人来《にんき》て喜三《きさ》さんに綾部《あやべ》の出口家《でぐちけ》へ養子《ようし》に来《き》てくれるように言《い》われたそうですが、その時《とき》が丁度《ちょうど》二十歳頃《さいごろ》だったと思《おも》います。

それから今度《こんど》は奥村《おくむら》の家《いえ》の裏《うら》で、人造牛乳《じんぞうぎゅうにゅう》というものを作《つく》り出《だ》しましたが、それは大豆《だいず》で作《つく》るもので「豆《まめ》ソツブ」という名前《なまえ》でした。それをやり出《だ》すと、すぐに二人《ふたり》の弟《おとうと》、政吉《せいきち》さんと幸吉《こうきち》さんにその仕事《しごと》を手渡《てわた》して何時《いつ》の間《ま》にか、私《わたし》もその他誰《だれ》もが知《し》らない間《ま》に綾部《あやべ》へ行《い》ってしまわれました。その後《ご》もちょいちょい「豆《まめ》ソツブ」の様子《ようす》なども見《み》に来《こ》られましたがね。
仲々面白《なかなかおもしろ》いいゝ人《ひと》でしたよ。どんな事《こと》も苦《く》にせず、優《やさ》しい人《ひと》でしたよ。地獄耳《じごくみみ》と言《い》うのはあんなのを言《い》うのでしょうね。非常《ひじょう》に頭《あたま》が良《よ》く、何《なに》をやらせても総《すべ》て器用《きよう》な人《ひと》でした。園部《そのべ》に居《お》られたのは五六年《ねん》の間《あいだ》でしたが、丹波《たんば》の生《う》んだ偉人《いじん》としてあれだけ名《な》を売《う》った人《ひと》は他《ほか》にはありますまい。

(『愛善苑』「聖師記念特輯号」第三十二号・昭和二十三年八月一日号)

五、疑いのない御心境

森　良仁

永年聖師《ながねんせいし》のお側《そば》におりまして色々見《いろいろみ》たり聞《き》いたりしたことを書《か》き留《と》めておけばよかったと思《おも》います。聖師《せいし》のおっしゃること、なさることは、そのまゝが教《おしえ》なのです。その一つ二つを想《おも》い出《だ》すまゝにお話《はなし》いたしましょう。ある日《ひ》

「わしが商人《しょうにん》か何《なに》かになっておったら大金《おおがね》をもうけて天下《てんか》の富豪《ふごう》になっている。今《いま》からでもなれぬことはない。」

とのお話《はな》しでしたから、その訳《わけ》をお尋《たず》ねしますと、

「明日《あす》のことがハッキリ判明《はんめい》すれば金《かね》もうけが出来《でき》る、一ケ月《げつ》むこうの世《よ》の中《なか》のことが判明《はんめい》すれば、金満家《きんまんか》になることが出来《でき》る。一ケ年《ねん》むこうの世界《せかい》の事《こと》が判明《はんめい》すれば、天下《てんか》の富豪《ふごう》となることが出来《でき》るけれど、そんなことは一切神《いっさいかみ》さまに止《と》められているから出来《でき》ぬのじゃ」

と言《い》われました。実際《じっさい》わたくしがお側《そば》にいるだけでも、既《すで》に三十年間《ねんかん》、聖師《せいし》が云《い》われたことが少《すこ》しも違《ちが》っていないのですから、これを金儲《かねもう》けの方《ほう》に利用《りよう》したら金持《かねも》ちになれる訳《わけ》です。

聖師《せいし》は人《ひと》を疑《うたが》われない方《かた》でした。各方面《かくほうめん》から色々《いろいろ》の話《はなし》を持《も》ち込《こ》んで来《き》て相当迷惑《そうとうめいわく》をしたこともありますが、中《なか》には木《き》に餅《もち》が成《な》るような話《はなし》だとか、みすみす偽《いつわ》りであり作《つく》り事《こと》

であることが判明《はんめい》していることでも、少《すこ》しもお疑《うたが》いにならず聞《き》いておられました。客《きゃく》が去《さ》った後《あと》で、そのことを申《もう》し上《あ》げますと、

「虚実《きょじつ》はわしの問《と》うところではない、客《きゃく》は真実《しんじつ》なりとして話《はな》してくれているのじゃから真実《しんじつ》なりとして聞《き》けばよい、それがその客《きゃく》に対《たい》する礼儀《れいぎ》じゃ」

と、聖師《せいし》は言《い》われました。こういう風《ふう》でしたから、毎日《まいにち》のこと随分多種多様《ずいぶんたしゅたよう》なお話《はなし》が多《た》方面《ほうめん》からありましたが、その人《ひと》を疑《うたが》わず又《また》そのお話《はなし》もお疑《うたが》いになりませんでした。側近《そっきん》の者《もの》は随分《ずいぶん》ハラハラさせられました。

かつて大本《おほもと》に反対《はんたい》し、筆《ふで》に口《くち》に毒舌《どくぜつ》をふるい相当迷惑《そうとうめいわく》を与《あた》えた人《ひと》たちに対《たい》してもまた同様《どうよう》その一切《いっさい》を見直《みなお》し聞直《ききなお》されて、御自分《ごじぶん》の胸《むね》の中《なか》で善意《ぜんい》に消化《しょうか》させてしまわれ、後《あと》には何《なに》も残《のこ》されたことがないようでした。

（『愛善苑』「聖師記念特輯号」第三十二号・昭和二十三年八月一日号）

六、『霊界物語』の出された頃

桜井重雄

大正《たいしょう》十（1921）年《ねん》二月《がつ》十二日《にち》の「第一次大本事件《だいいちじおほもとじけん》」のために、燎原《りょうげん》の火《ひ》の如《ごと》く広《ひろ》がっていた大本運動《おほもとうんどう》は頓挫《とんざ》して、綾部《あやべ》の大本《おほもと》の中《なか》は火《ひ》の消《き》えたように静《しず》まりかえった。出口聖師《でぐちせいし》は大阪《おおさか》の「大正日々新聞社《たいしょうにちにちしんぶんしゃ》」の社長《しゃちょう》として筆《ふで》をとっておられたが、そこから拘引《こういん》され京都未決監《きょうとみけつかん》に収容《しゅうよう》された。が、大正《たいしょう》十年《ねん》六月《がつ》十七日《にち》になって責付出獄《せきふしゅつごく》の許可《きょか》があり百二十六日《にち》ぶり綾部《あやべ》に帰《かえ》られた。一方大本《いっぽうおほもと》の内部《ないぶ》は多事多難《たじたなん》であった。其筋《そのすじ》の命令《めいれい》により天王平《てんのうだいら》の開祖《かいそ》の奥津城《おくつき》の改築《かいちく》、本宮山神殿《ほんぐうやましんでん》の破壊《はかい》に着手《ちゃくしゅ》されることになった。

この本宮山神殿《ほんぐうやましんでん》の破壊命令《はかいめいれい》が大本《おほもと》に来《き》たのが、大正《たいしょう》十年《ねん》十月《がつ》八日《か》（旧《きゅう》九月《がつ》八日《か》）でした。

この同《おな》じ日《ひ》に聖師《せいし》は明治《めいじ》三十一年旧《ねんきゅう》二月郷里《がつきょうり》の高熊山《たかくまやま》に於《お》いて修業中《しゅぎょうちゅう》見聞《みきき》していた霊界《れいかい》の物語《ものがたり》を発表《はっぴょう》することを決意《けつい》された。そして斎戒沐浴《さいかいもくよく》して十日後《かご》（＝十月十八日。）『霊《れい》界物語《かいものがたり》』の口述《こうじゅつ》が開始《かいし》された。

本宮山《ほんぐうやま》の神殿《しんでん》は十月《がつ》二十日《か》から京都《きょうと》より数《すう》十名《めい》の警官《けいかん》と五十余名《よめい》の人夫《にんぷ》が来《き》て破壊《はかい》した。ガラガラという物凄《ものすご》い響《ひび》きと共《とも》に神殿《しんでん》は破壊《はかい》され、その本宮山《ほんぐうやま》の麓《ふもと》の「松雲閣《しょううんかく》」の奥《おく》の間《ま》で『霊界物語《れいかいものがたり》』の口述《こうじゅつ》を始《はじ》められた。

聖師《せいし》は寝床《ねどこ》の上《うえ》に横《よこ》たわりながら傍《そば》に参考書《さんこうしょ》一つおかず口述《こうじゅつ》されるのを傍《そば》に数名《すうめい》の筆録者《ひつろくしゃ》がいてかわるがわる筆記《ひつろく》するのであるが、その口述《こうじゅつ》の有様《ありさま》はちょうど泉《いずみ》の水《みず》が滾々《こんこん》として湧《わ》き出《で》るようなもので霊感状態《れいかんじょうたい》というのであろう、全《まった》く人間業《にんげんわざ》とは思《おも》われない。

最初《さいしょ》の筆録者《ひつろくしゃ》は外山豊二《とやまとよじ》、加藤明子《かとうはるこ》、谷口雅晴《たにぐちまさはる》の三氏《し》と私《わたし》の四名《めい》であった。外山氏《とやまし》も加《か》藤氏《とうし》も故人《こじん》となった。谷口氏《たにぐちし》はその後大本《ごおほもと》を去《さ》って、現在《げんざい》「生長《せいちょう》の家《いえ》」の指導者《しどうしゃ》となっている。

筆録《ひつろく》は速記《そっき》でないから、どうしても遅《おそ》くなる。すると、聖師《せいし》は一寸待《ちょっとま》っていられる。一章《しょう》の筆録《ひつろく》を終《お》えると、それを聖師《せいし》の前《まえ》で読《よ》むのであるが、もし誤《あやま》ったケ所《しょ》があると、聖師《せいし》はそれを訂正《ていせい》される。それから他《ほか》の筆録者《ひつろくしゃ》が代《か》わって次《つぎ》の章《しょう》を筆録《ひつろく》するという風《ふう》であった。

口述《こうじゅつ》は毎日必《まいにちかなら》ずしも行《おこな》われるという訳《わけ》にはいかなかった。どうかすると二日《か》も三日《か》も口述《こうじゅつ》が中止《ちゅうし》されることもあった。私等《わたしら》の筆録《ひつろく》は馴《な》れていなかったが、その後熟練《ごじゅくれん》した筆録者《ひつろくしゃ》によって筆記《ひっき》された時《とき》は、四六判型約《はんがたやく》四〇〇頁《ページ》の書物《しょもつ》が二日《か》か三日《か》で口述《こうじゅつ》されたこともあった。

宣伝歌《せんでんか》の長《なが》い歌《うた》のところなどになると、聖師《せいし》はウチワで調子《ちょうし》をとりながら口述《こうじゅつ》されたこともあった。信者《しんじゃ》の中《なか》には口述《こうじゅつ》の模様《もよう》を実際《じっさい》に見《み》た人《ひと》が沢山《たくさん》いるが、ある時文楽座《ときぶんらくざ》の人《ひと》が二三人口述《にんこうじゅつ》の模様《もよう》を拝見《はいけん》したいといって来《き》たことがあった。口述《こうじゅつ》が忽《たちま》ち浄瑠璃《じょうるり》口《く》調《ちょう》で出《だ》された。口述中《こうじゅつちゅう》に色々不思議《いろいろふしぎ》だと思《おも》われるようなことがあった。寒中《かんちゅう》に熱帯地《ねったいち》方《ほう》の国《くに》の場面《ばめん》を口述《こうじゅつ》された時《とき》、口述者《こうじゅつしゃ》も筆録者《ひつろくしゃ》も汗《あせ》をかいたこともあった。

もとクリスチャンであった信者《しんじゃ》で、エルサレムの聖地《せいち》に行《い》ったことのある人《ひと》が、物《もの》語《がたり》の第《だい》六十四巻《かん》に描《えが》かれているエルサレムの景色《けしき》について、「聖師《せいし》さまは何《なに》か参考書《さんこうしょ》を見《み》て口述《こうじゅつ》されるのですか」と私《わたし》に尋《たず》ねたことがある。参考書《さんこうしょ》は何《なに》一つもっておられないと私《わたし》が答《こた》えると、「エルサレムの景色《けしき》はあの通《とお》りです」といって感心《かんしん》していた。聖師《せいし》は口述《こうじゅつ》している時《とき》は「高熊山《たかくまやま》の修業《しゅぎょう》中《ちゅう》見《み》た場面《ばめん》がまた現《あらわ》れてくるので面白《おもしろ》い」と語《かた》られたことがある。

『霊界物語《れいかいものがたり》』は八十一巻《かん》口述《こうじゅつ》されている。物語《ものがたり》は世界《せかい》の著作《ちょさく》の中《なか》でも、めずらしい程《ほど》大部《たいぶ》の物《もの》であるが、これを全部《ぜんぶ》読《よ》まなくてはわからないという性質《せいしつ》のものではない。聖《せい》師《し》も云《い》っておられるように「鯉口三寸《こいぐちさんずん》ぬけば名刀《めいとう》か鈍刀《どんとう》かわかる」わけである。第一巻《だいいっかん》の「発端《ほったん》」から第《だい》十二章《しょう》までは聖師《せいし》自《みずか》ら執筆《しっぴつ》されたもので「これだけ読《よ》めばわかるのだ」と聖師《せいし》は語《かた》られたことがある。

『霊界物語《れいかいものがたり》』だけの物語《ものがたり》のように聞《き》こえるが、たゞ霊界《れいかい》を主《しゅ》にして口述《こうじゅつ》されているので、現実界《げんじつかい》のことも無論《むろん》描《えが》かれている。

聖師《せいし》は、この物語《ものがたり》において吾々《われわれ》にむかって説法《せっぽう》されるのに、直接《ちょくせつ》「聖《きよ》くせよ」「斯《か》くするな」と命令《めいれい》されるようなことは殆《ほとん》どない。物語《ものがたり》の中《なか》に、色々《いろいろ》の人間《にんげん》の会話《かいわ》の中《なか》に滑稽諧謔《こっけいかいぎゃく》、深遠微妙《しんえんびみょう》な真理《しんり》を説《と》き示《しめ》されているので、よほど敬虔《けいけん》の心《こころ》を持《じ》して、一文《いちもん》の裡《うち》、一句《いっく》の中《なか》に神意《しんい》を汲《く》みとろうとして読《よ》まなければ、たゞ人生《じんせい》の諸問題《しょもんだい》を扱《あつか》った面《おも》白《しろ》い小説《しょうせつ》、或《あるい》は少年《しょうねん》の喜《よろこ》ぶお伽噺《とぎばなし》か一場《いちじょう》のとりとめもない夢物語《ゆめものがたり》にしか感《かん》じないであろう。しかし、敬虔《けいけん》の心《こころ》を持《じ》して読《よ》む人々《ひとびと》には、この上《うえ》もない霊性《れいせい》の糧《かて》であり霊感《れいかん》の泉《いずみ》なのです。

この物語《ものがたり》の一部《いちぶ》は国際補助語《こくさいほじょご》エスペラントによって翻訳《ほんやく》され、海外《かいがい》に紹介《しょうかい》されている。『霊界物語《れいかいものがたり》』を読《よ》む場合《ばあい》、聖師《せいし》は三味線《しゃみせん》入《い》りにさせられたり、また神劇《しんげき》として上演《じょうえん》されたりしたこともある。『霊界物語《れいかいものがたり》』はこれまでの宗教《しゅうきょう》の聖典《せいてん》や経典《きょうてん》の型《かた》を破《やぶ》って、物語《ものがたり》という芸術的表現《げいじゅつてきひょうげん》をもって真理《しんり》を示《しめ》された独特《どくとく》な神書《しんしょ》である。

（『愛善苑』「聖師記念特集号」第三十二号・昭和二十三年八月一日号）

七、怪物・怪物を知る

頭山　満

一代《だい》の怪物《かいぶつ》といわれし頭山満翁《とうやまみつるおう》と出口聖師《でぐちせいし》とが肝胆相照《かんたんあいて》らす仲《なか》なりしは、世《よ》の知《し》るとこなり。人《ひと》ありて頭山翁《とうやまおう》に「出口《でぐち》さんのどこに惚《ほ》れられしゃ」と訊く翁笑《おうわら》いて曰《いわ》く「何処《どこ》か気《き》に入《い》らぬところがあの人《ひと》にあれば云《い》うてみい」

八、世界人が仰いだ聖師

西村光月

第一次世界大戦《だいいちじせかいたいせん》（1914～1918）によって未《いま》だ嘗《かつ》て見《み》ない近代的性格《きんだいてきせいかく》をもった大仕掛《おおじか》けな惨酷戦《ざんこくせん》を戦《たたか》った欧州人《おうしゅうじん》は宗教《しゅうきょう》の無能《むのう》を痛感《つうかん》して無神論者《むしんろんしゃ》に堕《だ》した者《もの》が多《おお》かった。それは旧教《きゅうきょう》と新教《しんきょう》とを問《と》わず僧籍《そうせき》にあるものが常《つね》に「一神《いっしん》」を荘厳《そうごん》しながらいざ戦争《せんそう》となると敵《てき》も味方《みかた》も自国《じこく》の勝利《しょうり》を祈願《きがん》したので、果《はた》して彼等《かれら》は一神《いっしん》を信《しん》じて居《お》るのか、若《も》し一神《いっしん》であるとせば、ドイツに勝利《しょうり》を与《あた》えると同時《どうじ》にフランスにも勝利《しょうり》を与《あた》える事《こと》は矛盾《むじゅん》ではないか。

かゝる矛盾《むじゅん》を祈願《きがん》する僧侶《そうりょ》の言《げん》を信《しん》じる事《こと》は出来《でき》ないというので滔々《とうとう》（＝水の盛んに流れるさま。）として信仰《しんこう》を捨《す》てるものが続出《ぞくしゅつ》したのである。併《しか》し彼等《かれら》の信仰心《しんこうしん》そのものが消《き》え失《う》せた訳《わけ》ではない。消《き》え失《う》せない信仰心《しんこうしん》を増《ふ》やす力《ちから》が失《う》せたのである。

荒野《こうや》にさ迷《まよ》える羊《ひつじ》のごとく、彼等《かれら》は求《もと》めるものを得《え》ずして淋《さび》しき彷徨《ほうこう》（＝さまようこと。）を続《つづ》けたのである。そこに出口聖師《でぐちせいし》は溌剌《はつらつ》たる「愛善《あいぜん》の聖教《せいきょう》」を投《とう》じて彼等《かれら》の渇《かわ》ける魂《たましい》に希望《きぼう》と生命《いのち》との清涼《せいりょう》を与《あた》えられたのである。

○

私《わたし》が一九二五（大正《たいしょう》十四）年《ねん》六月《がつ》欧州《おうしゅう》へ派遣《はけん》を命《めい》ぜられ、ゼネヴアに於《お》けるエスペラント大会《たいかい》を経《へ》て九月《がつ》パリに乗込《のりこ》むや「愛善会《あいぜんかい》」に関《かん》してその「趣意書《しゅいしょ》」の英訳《えいやく》が唯一《ゆいいつ》の種本《たねほん》であったのでそれを見《み》せると、パリの一老検事《ろうけんじ》は八十余歳《よさい》の高齢《こうれい》であるにも拘《かか》わらず、いたく共鳴《きょうめい》、それをフランス語《ご》に訳《やく》して呉《く》れた程《ほど》であった。それから半年《はんとし》の中《うち》にドイツ語訳《ごやく》や、ハンガリー語訳《ごやく》、イタリア語訳《ごやく》、ブルガリヤ語訳《ごやく》が出来《でき》、続《つづ》いて欧州《おうしゅう》に於《お》ける重《かさ》なる国語《こくご》に訳出《やくだ》された。如何《いか》に欧州人《おうしゅうじん》が精神《せいしん》の糧《かて》に渇《かわ》いて居《い》たかゞ判《わか》ると同時《どうじ》に聖師《せいし》の投《とう》じられた一石《いっせき》が如何《いか》に時期《じき》に適《てき》して居《い》たかを証《あか》して余《あま》りある。

○

ドイツのエスペラント連盟総裁《れんめいそうさい》の、エルンスト・クリムケ博士《はかせ》は、当時《とうじ》の暗澹《あんたん》たる欧《おう》州《しゅう》の天地《てんち》を眺《なが》めて「今《いま》や欧州《おうしゅう》は自由《じゆう》と幸福《こうふく》とを求《もと》むる人《ひと》の子《こ》を盲《めくら》ならしめ、無智《むち》と過《か》誤《ご》と不明《ふめい》の高《たか》き障壁《しょうへき》は人生《じんせい》の花《はな》に至《いた》る道《みち》を塞《ふさ》ぎ、天国《てんごく》の愛《あい》の宝《たから》に導《みちび》く路《みち》を閉《と》じて居《お》る」と嘆《なげ》き「聖師《せいし》は人類《じんるい》をして○○を通《つう》じて光明《こうみょう》を見《み》せしめ、障碍《しょうげ》（＝さわり。さまたげ。）を撤《てっ》して天《てん》国《ごく》の関門《かんもん》を開《ひら》き、以《もっ》て人道《じんどう》が漏《も》れなく宇宙《うちゅう》の富《とみ》に接《せっ》して自由《じゆう》の道《みち》に、己《おの》が自恣《じし》（＝自分の思うまに。）その幸福《こうふく》を見出《みいだ》さしめ給《たも》う」と讃美《さんび》し「われは聖師《せいし》を宝冠《ほうかん》を戴《いただ》けるいずれの王《おう》よりもいや尊《とうと》き宝冠《ほうかん》なき王《おう》として敬意《けいい》を表《あらわ》す」と結《むす》んでいる。

○

フランス国《こく》のリヨン市在住《しざいじゅう》のエーム・サンデリオン氏《し》は謄写版業者《とうしゃばんぎょうしゃ》であるが、『霊《たま》の礎《いしずえ》』のエス完訳《かんやく》を立派《りっぱ》な表紙《ひょうし》をつけた大判《おうばん》の冊子《さっし》として三百部《ぶ》ばかり奉仕《ほうし》された。

「貴下《きか》の尊《とうと》き指導《しどう》の下《もと》に、人間相互《にんげんそうご》の愛《あい》の法律《ほうりつ》のみ支配《しはい》する神《かみ》の国《くに》が速《すみや》かに全世界《せんせかい》に建設《けんせつ》せられ、凡《すべ》ての人《ひと》が例外《れいがい》なく最大《さいだい》の幸福《こうふく》に浴《よく》する時《とき》の来《きた》らん事《こと》を祈《いの》ります」とサ氏《し》は聖師《せいし》に熱烈《ねつれつ》なる希望《きぼう》を寄《よ》せている。

○

ハンガリーはその昔《むかし》、支那大陸《しなたいりく》の蒙古《もうこ》が侵攻《しんこう》して以来《いらい》、日本《にほん》とは兄弟《きょうだい》の国《くに》であると思《おも》って居《お》るが、第一次大戦《だいいちじたいせん》の結果《けっか》所謂《いわゆる》トリヤノン条約《じょうやく》（＝一九二〇年、連合国とハンガリーとの間に結ばれた条約。多民族が住むハンガリー王国のトランシルヴァニアがルーマニア系住民が多いということでルーマニア領にとなる。）によって著《いちじる》しく国土《こくど》を削減《さくげん》され、対外的《たいがいてき》にも経済的《けいざいてき》にも国力《こくりょく》を消失《しょうしつ》して悲鳴《ひめい》を挙《あ》げていたのである。同国大審院《どうこくだいしんいん》の判事《はんじ》であったセベステン・イムレ博士《はかせ》は曾《かつ》て自国《じこく》の悲境《ひきょう》を訴《うった》え、聖師《せいし》に立《た》って救済《きゅうさい》の任《にん》に当《あた》って貰《もら》いたいと申《もう》し込《こ》んだ事《こと》がある。

大正十年事件《たいしょうねんじけん》が無事解決《ぶじかいけつ》して大本《おほもと》では「開窟奉賽祭」が執行《しっこう》されたが、欧州各国《おうしゅうかっこく》からも祝詞祝文《のりとしゅくぶん》を寄《よ》せたものが五十名《めい》ばかりあった。（中略）

私《わたし》は当時《とうじ》パリにあって、各国《かっこく》の人々《ひとびと》から事件解決《じけんかいけつ》に就《つ》いて祝辞《しゅくじ》を受《う》け、聖師《せいし》を鑽仰《さんぎょう》（＝徳を仰ぎたっとぶこと。ほめたたえてあおぐこと。）する者《もの》の熱心《ねっしん》さに心《こころ》うたれたのである。また聖師《せいし》が更生《こうせい》を説《と》かれた時《とき》（昭和六年八月、還暦の祝いでの教示。）にも、「開窟祭」以上《いじょう》の熱心《ねっしん》さを以《もっ》て祝詞祝文《のりとしゅくぶん》を寄《よ》せて来《き》た。

フランス国《こく》ツール市《し》の青年詩人《せいねんしじん》セデイロ氏《し》は長《なが》い祝詩の中《なか》に次《つぎ》の如《ごと》く歌《うた》った。

「今《いま》や地上《ちじょう》に歓喜《かんき》は充《あ》てよ！　讃美《さんび》よ、利《り》して高《たか》まれ　荘厳《そうごん》なる祝典《しゅくてん》の為《ため》に！

盲目《もうもく》なる人間《にんげん》の憎悪《ぞうお》に　精神的《せいしんてき》に打《う》ち勝《か》った　栄《さかえ》ある智者《ちしゃ》のために！

平和《へいわ》なるべき人類《じんるい》のために　陰影《いんえい》を打《う》ち砕《くだ》き　人類《じんるい》の暗《くら》き魂《たましい》を照《て》らすべく　敢然《かんぜん》と起《た》ち上《あが》った　神《かみ》の使《つか》わし人《ひと》のために！」

○

イタリアのサヴィア氏《し》は次《つぎ》の如《ごと》く歌《うた》う

「千代《ちよ》に八千代《やちよ》に岐美《きみ》よましませ　偉大《いだい》、無類《むるい》、起死回生《きしかいせい》の　愛善会《あいぜんかい》と、世界的《せかいてき》なる全人類《ぜんじんるい》の真《まこと》の宗教《しゅうきょう》の　栄光輝《えいこうかがや》く提唱者《ていしょうしゃ》よ！　千代《ちよ》に八千代《やちよ》に岐美《きみ》よましませよ人《ひと》の心《こころ》に調和《ちょうわ》を与《あた》うる　師《し》の聖業《せいぎょう》よ、永遠《えいえん》にあれ！　幾歳月《いくとしつき》を歓喜《かんき》と美《び》に　聖師《せいし》よませと吾等《われら》は祈《いの》る。希望《きぼう》に充《み》ちて人類《じんるい》は待《ま》つ　救世主《きゅうせいしゅ》なる岐美《きみ》の救《すく》いを！」

○

聖師《せいし》がエスペラントを採用《さいよう》された事《こと》は彼等《かれら》のひとしく敬意《けいい》を払《はら》う所《ところ》であった。瑞典国《スエーデン》（＝スエーデン。）のヨハンソン氏《し》は

「貴方《あなた》が長寿《ちょうじゅ》を保《たも》たれ永遠《えいえん》の平和《へいわ》の為《ため》に人類《じんるい》に聖教《せいきょう》を垂《た》れ給《たま》わん事《こと》を祈《いの》ります。又《また》貴方《あなた》が人類愛善会《じんるいあいぜんかい》の公用語《こうようご》としてエスペラントを御採用《ごさいよう》になった事《こと》に祝意《しゅくい》を表《ひょう》します」

（『愛善苑』「聖師記念特輯号」第三十二号・昭和二十三年八月一日号）

聖師様御手紙

西村光月蔵

海外万里此異境に在りて人類愛善の為昼夜大活動を続けらるゝ我最敬愛なる光月西村宣伝使此許に一書を久し振りにて呈上致し升 大本は今日の処一万数千ケ所の分所支部設置致し旭日昇天之勢を以て日々に進展致しつゝあり殊に瑞月か就きし後当部神様がたし又人類愛善会の総本部も漸く旋米を告げ各地に数千の支部既に設立し升れ 世界宗教聯合会も日々発展しつゝあり是亦当局心なされたし 亀岡にては三階建の洋館を以てエス語の講習所に宛つべく本日起工致しましたが 目下は内外の名士小子を訪ね来り何れも大に賛成致し呉れ候 中々の好況です 佛耶回等本部を設立する件提案は小子において大賛成にありし精々協力致されし 大本に付ては兼ねて前判決を破消する実審理の命令ありしれり候し今日の処 常に近日も不定 多分承諾するものと信ず 諸の事もみ日深く小生は極めて健全非常に多忙にて活動し られし 一度帰朝する事思はく 多忙の為執筆の暇なく失礼 仁恕を乞ふ

海外同志諸氏へも宜敷御伝へ下され度

大正十四年十一月十七日

本年になつて初めて手紙を認め送ります 代筆一人で自書

西村光月殿

出口王仁三郎

第四編　新生・愛善苑へ

一、新生

桜井重雄

(一)、人間改造

昨年《さくねん》の十一月《がつ》三日《か》、四日両日《かりょうじつ》、京都東本願寺《きょうとひがしほんがんじ》において「近畿《きんき》宗教会議《しゅうきょうかいぎ》」が行《おこな》われたが、結局《けっきょく》すべての問題《もんだい》は「心《こころ》の改善《かいぜん》」「人間改造《にんげんかいぞう》」の問題《もんだい》に帰《き》するということになり、宗教《しゅうきょう》の重要性《じゅうようせい》が強調《きょうちょう》された。同《どう》十一月《がつ》八日《か》、東本願寺《ひがしほんがんじ》で開《ひら》かれた「特別布教師協議会《とくべつふきょうしきょうぎかい》」の席上《せきじょう》においても、金森国務相《かなもりこくむそう》（金森徳次郎《かなもりとくじろう》）は「政治《せいじ》、経済《けいざい》、教育等各方面《きょういくなどかくほうめん》に政策《せいさく》を行《い》っても、常《つね》につまずきを精神面《せいしんめん》に見出《みいだ》すのである。勿論精神的《もちろんせいしんてき》動《うご》きが衣食住《いしょくじゅう》と遊離《ゆうり》したものであってはならいけれども最後《さいご》は宗教《しゅうきょう》の問題《もんだい》である」と言《い》い「食糧《しょくりょう》問題《もんだい》」、「農業問題《のうぎょうもんだい》」の重要性《じゅうようせい》を述《の》べた。

国連教育科学文化機関《こくれんきょういくかがくぶんかきかん》の「ユネスコ」でも、「戦争《せんそう》は人間《にんげん》の心《こころ》の中《なか》で始《はじ》まるものである。従《したが》って平和《へいわ》の防衛《ぼうえい》は心《こころ》の中《なか》に建設《けんせつ》されねばならぬ」と主張《しゅちょう》している。

「人心《じんしん》の改善《かいぜん》」「たましいの立替立直《たてかえたてなお》し」「精神革命《せいしんかくめい》」「人間《にんげん》の改造《かいぞう》」――それぞれ言葉《ことば》は違《ちが》っても、人間《にんげん》の心《こころ》の入替《いれか》え、切替《きりか》えが出来《でき》なければ、誠《まこと》の平和《へいわ》も幸福《こうふく》も来《こ》ないものだと云《い》うことは、ようやく明《あき》らかにされて来《き》た。唯物史観《ゆいぶつしかん》では経済《けいざい》こそ全体《ぜんたい》の社会《しゃかい》の基《き》礎《そ》、根本《こんぽん》であると見《み》るのです。

宗教《しゅうきょう》、政治《せいじ》、法律《ほうりつ》なり精神的文化《せいしんてきぶんか》なりは、経済《けいざい》によって決《き》められるものであり、経《けい》済《ざい》の上《うえ》に成《な》り立《た》っているものである。

これを建築《けんちく》に例《たと》えてみると、土台《どだい》があってその上《うえ》に二階《かい》や三階《かい》があり、二階《かい》や三階《かい》の工合《ぐあい》は土台《どだい》によって決《き》まるものである。しかし、唯物史観《ゆいぶつしかん》では土台《どだい》から上部構造《じょうぶこうぞう》に働《はたら》きかける一方《いっぽう》の関係《かんけい》があるだけだ、といっているのではない経済《けいざい》が法律《ほうりつ》、政府《せいふ》に作用《さよう》すると共《とも》に、一方《いっぽう》では逆《ぎゃく》に法律《ほうりつ》、政治《せいじ》が経済《けいざい》に作用《さよう》する、経済《けいざい》が精神的文化《せいしんてきぶんか》を動《うご》かすと同《どう》時《じ》に一面《いちめん》では却《かえ》って精神的文化《せいしんてきぶんか》が経済《けいざい》を動《うご》かすことを認《みと》めている。唯物史観《ゆいぶつしかん》はそういう「相互作用《そうごさよう》」を充分認《じゅうぶんみと》めているのである。

そんなわけで、「心《こころ》の問題《もんだい》が根本《こんぽん》だ、精神《せいしん》の問題《もんだい》が元《もと》だ」と云《い》ったからといって、唯《ゆい》物論者《ぶつろんしゃ》を精神主義者《せいしんしゅぎしゃ》が「物質《ぶっしつ》、経済《けいざい》はどうでもいゝのだ」と云《い》うものと誤解《ごかい》して非難《ひなん》してはいけない。精神主義者《せいしんしゅぎしゃ》でも経済環境《けいざいかんきょう》によって精神《せいしん》が支配《しはい》されるという相互作用《そうごさよう》は認《みと》めているのである。事実《じじつ》、人間《にんげん》はどこまでも人間《にんげん》であって、人間《にんげん》は天使《てんし》でもなければ天人《てんにん》でもない。そうかといって犬《いぬ》や猫《ねこ》のような動物《どうぶつ》でもない。「人間《にんげん》には精神生活《せいしんせいかつ》と物《ぶっ》質生活《しつせいかつ》の両面《りょうめん》があり」、そのいずれを一つ欠《か》いでも完全《かんぜん》とは云《い》えない。

苑主《えんしゅ》は

「ナザレの聖者《せいじゃ》キリストは神《かみ》を楯《たて》としパンを説《と》き、マルクスパンもて神《かみ》を説《と》く」

と教《おし》えられている。

例《たと》えば、キリストが「まことに汝《なんじ》らに告《つ》ぐ、もし汝《なんじ》ら孵《かえ》りて幼児《ようじ》の如《ごと》くならずば、天《てん》国《ごく》に入《はい》るを得《え》じ」と教《おし》えているのは、幼児《ようじ》のような心《こころ》にならなければ人類《じんるい》が衣食住《いしょくじゅう》に困《こま》らないような社会《しゃかい》は出来《でき》ない、と云《い》うことをいっている。つまり「神《かみ》の方《ほう》よりパン

（経済《けいざい》）を説《と》いている」のである。

またマルクスが「社会主義《しゃかいしゅぎ》が実現《じつげん》して物質的生活《ぶっしつてきせいかつ》が理想的《りそうてき》に行《おこな》われ、経済的闘争《けいざいてきとうそう》が止《や》む時《とき》、政治《せいじ》も道徳《どうとく》も宗教《しゅうきょう》も真生命《しんせいめい》を発揮《はっき》して人類《じんるい》を至楽《しらく》に導《みちび》くことが出来《でき》る」と云《い》っている。つまり「パン（経済《けいざい》）をもって新社会《しんしゃかい》即《すなわ》ち地上天国《ちじょうてんごく》を説《と》いている」のではないか。

表《おもて》から説《と》いたのと裏《うら》から説《と》いたのとの相違《そうい》で、人類《じんるい》の平和《へいわ》と幸福《こうふく》を目的《もくてき》としたことに変《か》わりはない訳《わけ》である。

（二）、心の問題

さて再《ふたた》び人間《にんげん》の「心《こころ》の問題《もんだい》」にかえって考《かんが》えて見《み》よう。人間《にんげん》の心《こころ》の中《なか》には利己心《りこしん》、猜《さい》疑心《ぎしん》、恐怖心《きょうふしん》、嫉妬心《しっとしん》、復讐心《ふくしゅうしん》、傲慢心《ごうまんしん》などがあって、妨《さまた》げをなしている。端的《たんてき》に云《い》うならば「所有慾《しょゆうよく》」と「支配慾《しはいよく》」という二個《こ》の悪魔《あくま》がいて災《わざわ》いをしているのである。たとえ社会主義《しゃかいしゅぎ》が実現《じつげん》して物質的生活《ぶっしつてきせいかつ》が理想的《りそうてき》に行《おこな》われても人間《にんげん》は感情《かんじょう》の動物《どうぶつ》で、右《みぎ》にあげたような醜《みにく》い心《こころ》や慾《よく》が余《あま》りに出《で》て来《き》たなら、決《けっ》して社会《しゃかい》は平穏《へいおん》にも幸福《こうふく》にも行《ゆ》く筈《はず》はない。

物質的《ぶっしつてき》に何不自由《なにふじゆう》なく暮《く》らしている人々《ひとびと》の中《なか》でも、家族《かぞく》や他人《たにん》の冷酷《れいこく》や、残忍《ざんにん》に人知《ひとし》れず泣《な》いている人《ひと》は沢山《たくさん》ある。それほど物質的《ぶっしつてき》には恵《めぐ》まれていなくても、一家《いっか》そろって仲良《なかよ》く楽《たの》しく暮《く》らしている人々《ひとびと》もある。ところで、私《わたし》は何《なに》も儒教思想《じゅきょうしそう》の影響《えいきょう》を受《う》けてやゝもすれば枯淡無慾を唱《とな》える清貧型の人物《じんぶつ》を理想《りそう》とすると云《い》うわけではない。たゞ物質的生活《ぶっしつてきせいかつ》のみが豊《ゆた》かであっても必《かなら》ずしも幸福《こうふく》や平和《へいわ》が来《く》るものとは限《かぎ》らない、と云《い》うだけのことである。

(三)、教育の力

然《しか》らば精神的《せいしんてき》に生《うま》れかわること――「新生《しんせい》」はどうして行《おこな》われるかと云《い》えば、これは一朝一夕《いっちょういっせき》には出来《でき》ない。丁度樹木《ちょうどじゅもく》が先《ま》ず種子《しゅし》から根《ね》を生《は》やし、幹《みき》、枝《えだ》、葉《は》を出《だ》し花《はな》を咲《さ》かし実《み》を結《むす》ぶように、段々順《だんだんじゅん》を追《お》って行《ゆ》くのである。

人間《にんげん》の「意志《いし》」は生《うま》れながら悪《あく》だ。遺伝的《いでんてき》な悪《あく》は人間《にんげん》の「意志《いし》」の中《なか》に存在《そんざい》している。そして凡《すべ》ての「行《おこな》い」はこの「意志《いし》」によってなされるのであるから、先《ま》ず旧悪《きゅうあく》の区別《くべつ》が知性《ちせい》によって教《おし》えられなければならない。

子供《こども》の時《とき》は両親《りょうしん》や学校《がっこう》の先生《せんせい》に教《おし》えられ、後《のち》には聖言《せいげん》や宗教《しゅうきょう》や、書物《しょもつ》や対話《たいわ》によって教育《きょういく》される。この意味《いみ》で「教育《きょういく》が一番大事《ばんだいじ》」だということが云《い》える。人間《にんげん》は教育《きょういく》の動《どう》物《ぶつ》である。それで「人間問題《にんげんもんだい》」は先《ま》ず両親《りょうしん》や教育家《きょういくか》が子供《こども》の時《とき》から宗教的真理《しゅうきょうてきしんり》によって正《ただ》しい教育《きょういく》を与《あた》えなければならない。両親《りょうしん》は「胎教《たいきょう》」から考《かんが》えて行《ゆ》かねばならない。教育家《きょういくか》もたゞ子供《こども》に知識《ちしき》さえ注入《ちゅうにゅう》すればリッパな人間《にんげん》が出来《でき》ると思《おも》ったら大《おお》きな誤解《ごかい》である。教育家自《きょういくかみずか》ら宗教的信念《しゅうきょうてきしんねん》をもたずして、何《なん》で真《まこと》の教育《きょういく》が施《ほどこ》されようか。

(四)、善悪の判別

要《よう》するに、善悪《ぜんあく》の判別《はんべつ》を知性《ちせい》によって明《あき》らかに知《し》るようになれば、その人《ひと》は「改心《かいしん》」の状態《じょうたい》に入《はい》ったのである。そして悪《あく》を避《さ》け善《ぜん》をなそうと決意《けつい》する時《とき》、その人《ひと》の「新生《しんせい》」が始《はじ》まるのである。こゝで一寸《ちょっと》ことわっておくが、今善《いまぜん》とか悪《あく》とか云《い》っているが、普通《ふつう》の論理《ろんり》で教《おし》えている程度《ていど》のことを云《い》っているのではない。

他人《たにん》の物《もの》を盗《ぬす》んでは悪《わる》い、詐欺《さぎ》をしてはいけない、人殺《ひとごろ》しは罪悪《ざいあく》――こう云《い》うことなら誰《だれ》でも知《し》っている。世《よ》の中《なか》には凡人《ぼんじん》の見《み》て善事《ぜんじ》となす事《こと》でも、神《かみ》の誠《まこと》の道《みち》に照《て》らして見《み》る事《こと》である。その善悪《ぜんあく》の判別《はんべつ》が出来《でき》るようになった時《とき》、「改心《かいしん》」「悔《く》い改《あらた》め」が出来《でき》た時《とき》である。そして「新生《しんせい》」となるのである。先《ま》ず大哲学《だいてつがく》があって大理論《だいりろん》が立《た》ち、大宗《だいしゅう》教《しゅう》が生《うま》れるのである。

(『愛善苑』第二十六号・昭和二十三年一月号)

二、宗教の国際的民主化の先駆者
故出口王仁三郎翁と私

国際宗教同志会常任委員　サンパウロ交易株式会社社長　荘野忠徳

アメリカのチャーチワード著《ちょ》『ミュウ大陸論《たいりくろん》』を基盤《きばん》として私《わたし》の小扁《しょうへん》が奇縁《きえん》となり、一九四二（昭和《しょうわ》十七）年《ねん》の秋《あき》、始《はじ》めて翁《おう》の謦咳《けいがい》（＝直接お目にかかる。）に接《せつ》した。

常時国民《じょうじこくみん》は軍政《ぐんせい》の催眠術《さいみんじゅつ》にかゝった様《よう》に無批判的《むひはんてき》に太平洋戦争《たいへいようせんそう》に熱狂《ねっきょう》し、その最高《さいこう》潮《ちょう》の場面《ばめん》を展開《てんかい》していた時《とき》であった。

翁《おう》は、この国民的亢奮《こくみんてきこうふん》を外《ほか》に全《まった》く天涯孤客《てんがいこきゃく》の境地《きょうち》で実《じつ》に淡々《たんたん》たるものゝように見受《みう》けられた。その時翁《ときおう》は私《わたし》に次《つぎ》の様《よう》なことを話《はな》された。

「何《なん》百頁《ページ》もある書籍《しょせき》でも、本当《ほんとう》に掴《つか》む所《ところ》は一行《いちぎょう》か、たかだか一頁位《ページくらい》が関《せき》の山《やま》だ。然《しか》るに貴著《きちょ》は全扁にわたって無駄《むだ》がなく、私《わたし》は愉快《ゆかい》に——嬉《うれ》しく最後《さいご》まで読《よ》んだ。

「貴下《きか》の様《よう》な考《かんが》えをもっている人《ひと》が日本《にほん》にも居《い》たかと思《おも》えば、前途頼《ぜんとたの》もしく心《こころ》から喜《よろこ》んでいる。私《わたし》は貴著《きちょ》を毛筆《もうひつ》に書換《かきか》え、長《なが》く保存《ほぞん》して置《お》きたいと思《おも》い、こういう具《ぐ》合《あい》に浄書《じょうしょ》して居《お》ると（立派《りっぱ》に手製《てせい》の製本《せいほん》したものを示《しめ》す）どうか世界《せかい》の人間《にんげん》の幸福《こうふく》の為《ため》に、お働《はたら》きをお願《ねが》いする。」

正直《しょうじき》に言《い》うと、私《わたし》は余《あま》り讃《ほめ》られ尻《しり》こそぼくなると同時《どうじ》に、この親爺《おやじ》こんなことを言《い》って多《おお》くの人《ひと》を煽動《せんどう》し大本教《おほもときょう》を広大《こうだい》したのかナー、と思《おも》い苦笑《くしょう》しつゝ聞《き》いていた。

その時《とき》、私《わたし》の目《め》の前《まえ》で、私《わたし》の小扁《しょうへん》に関《かん》する翁《おう》の、霊感《れいかん》とも言《い》うべき歌《うた》を詠《よ》まれた色紙《しきし》二葉《ようちょう》を頂《ちょう》だいした。今日《こんにち》この色紙《しきし》は家宝《かほう》として子孫《しそん》に伝《つた》えるであろう。

この色紙《しきし》を書《か》く時《とき》、永《なが》らく囹圄《れいぎょ》（＝ひとや。獄舎。出口聖師は昭和十七年八月七日、二四三五日ぶりに中矢田町岸ノ上の自宅に未決より帰られる。）の身《み》で出獄《しゅつごく》されてまだ日《ひ》も浅《あさ》い為《ため》か、運筆《うんぴつ》も不自由《ふじゆう》らしく痛々《いたいた》しく感《かん》じられた。

一九四三年新春《ねんしんしゅん》の試筆《しひつ》に「非理法権天《ひりほうけんてん》」の額面用《がくめんよう》の拙筆《せっぴつ》を、色紙《しきし》の答礼《とうれい》としてお差《さっし》した。その二月再度亀岡《がつさいどかめおか》へ伺《うかが》った時《とき》には、既《すで》にこの拙著《せっちょ》は表装《ひょうそう》して応接室《おうせつしつ》に掲《かか》げられてあったのを見《み》て恐縮《きょうしゅく》した。その節《せつ》『大本事件公判調書《おほもとじけんこうはんちょうしょ》』を一冊頂《さついただ》いた。実《じつ》を言《い》うと食《く》わず嫌《ぎら》いで大本教《おほもときょう》に対《たい》して世間《せけん》の噂《うわさ》を鵜呑《うの》みにした、邪教《じゃきょう》と認識《にんしき》していたがこの調書《ちょうしょ》の長《なが》い章句《しょうく》を通読《つうどく》した途端《とたん》に、その疑雲《ぎうん》は晴《は》れたのであった。

翁《おう》は、語《かた》るに流暢《りゅうちょう》でなく、服装《ふくそう》も質素《しっそ》で、丹波亀岡《たんばかめおか》の普通《ふつう》の親爺《おやじ》と異《こと》なるところはなく、従《したが》ってこの人《ひと》が、往時花々《おうじはなばな》しかりし、大本教《おほもときょう》の総率《とうそつ》であったかの様《よう》には毫《ごう》も信《しん》ぜられない。だが、愛《あい》くるしい、天童《てんどう》の如《ごと》き微笑《ほほえ》みを湛《たた》えた。容相《ようそう》は、天使《てんし》か、さもなくば慈愛《じあい》に満《み》つる親《おや》か――血液《けつえき》の中《なか》にまで愛着《あいちゃく》が流《なが》れ入《い》る。恋人《こいびと》の温《あたた》かさ、とその味《あじ》を一つにした奇妙《きみょう》な混合感《こんごうかん》は、どうすることも出来《でき》ない期待《きたい》の連続《れんぞく》が、私《わたし》をして、翁《おう》の脚《あし》下《もと》へ度々足《たびたびあし》を運《はこ》ぶようになったことは否《いな》み難《がた》い事実《じじつ》であった。

当時私《とうじわたし》は、企業《きぎょう》の理念《りねん》も又自由思想《またじゆうしそう》も許《ゆる》されない、気狂《きちが》いじみた軍需会社《ぐんじゅかいしゃ》を経営《けいえい》していた。その憂《う》さ晴《ば》らしには、翁《おう》の門《もん》を叩《たた》くことを常《つね》としていた。翁《おう》は世相《せそう》を風刺《ふうし》した歌《うた》を私《わたし》に与《あた》えた。

◉ほし　さくら　ぶりき　ちょうちん　そのほかは
　　くびの　まわらぬ　やみよ　なりけ

（注）星《ほし》は（陸軍《りくぐん》）、桜《さくら》は（海軍《かいぐん》）、ブリキは（警察《けいさつ》）、提灯《ちょうちん》は（妥協者《だきょうしゃ》）のこと即《すなわ》ち独善的軍国主義《どくぜんてきぐんこくしゅぎ》の驕慢《きょうまん》とこれに迎合《げいごう》する官僚及《かんりょうおよ》び政治屋《せいじや》の実相《じっそう》を巧《たく》みに表現《ひょうげん》した歌《うた》の意《い》である。

　万事《ばんじ》がこの調子《ちょうし》で、歌《うた》は日常《にちじょう》の茶判事《さはんじ》であり、書画《しょが》に造詣深《ぞうけいふか》く、殊《こと》に「楽焼《らくやき》」は実《じつ》に堪能《たんのう》で、翁《おう》にとっては当《あた》てはまらないかも知《し》れないが、所謂《いわゆる》、万能《ばんのう》の天才《てんさい》という以外《いがい》に適当《てきとう》な言葉《ことば》が思《おも》い浮《う》かばない。然《しか》もこれが洒落《しゃれ》や道楽《どうらく》では無《な》く、宗教《しゅうきょう》、文化《ぶんか》、芸術《げいじゅつ》を織《お》り込《こ》んだ、教訓的《きょうくんてき》な興味《きょうみ》を刺戟《しげき》する逸品《いっぴん》ばかりだから驚《おどろ》かざるを得《え》ない。

　ある時《とき》、こんなことがあった。翁《おう》の室《へや》で私《わたし》と同席《どうせき》していた元大本信者《もとおほもとしんじゃ》である客《きゃく》に、翁《おう》は幾《いく》つかの「楽焼《らくやき》」を並《なら》べその内《うち》の一《ひと》つを与《あた》えようとした。客《きゃく》はあれこれと選択《せんたく》の上嬉《うえうれ》しそうに押《お》し頂《いただ》いた。処《ところ》が客《きゃく》が帰《かえ》った後《あと》、翁《おう》は冷静《れいせい》な素振《そぶ》りで私《わたし》に申《もう》されるには、

「私《わたし》が造《つく》ったものには甲乙《こうおつ》の区別《くべつ》はない。同《おな》じように魂《たましい》を打《う》ち込《こ》んでいる。それにも拘《かか》わらず、えり好《ごの》みをするようではまだ〱本当《ほんとう》の信仰《しんこう》には距離《きょり》が遠《とお》い。」

洵《まこと》に宗教人《しゅうきょうじん》として思慮《しりょ》の深淵《しんえん》さが計《はか》り知《し》れないと感銘《かんめい》した。

戦争《せんそう》に対《たい》しては只《ただ》「必要悪《ひつようあく》」であると見做《みな》し、寛大《かんだい》と軽蔑《けいべつ》とを一緒《いっしょ》にした気持《きも》ちで辛《しん》抱《ぼう》していたかの様《よう》であった。

戦争《せんそう》が刻一刻《こくいっこく》と激変《げきへん》するにつれ、翁《おう》の予言《よげん》された所謂《いわゆる》「火《ひ》の雨《あめ》」が降《ふ》り、爆弾《ばくだん》による地響《じひび》きの酣《たけなわ》な時《とき》、私《わたし》は翁《おう》の室《へや》に居合《いあ》わせた機会《きかい》もあった。こんな場合《ばあい》でも、腹《はら》一杯《ぱい》のにこやかな笑《わら》い振《ぶ》りが出来《でき》るだけでも、普通人《ふつうじん》とは違《ちが》ったところであろう。言《い》い換《か》えれば超人的《ちょうじんてき》な存在《そんざい》である。兎《と》にも角《かく》にもこのような雅量《がりょう》、豊《ゆた》かな大人物《だいじんぶつ》に接触《せっしょく》していた私《わたし》は、あの恐慌《きょうふ》のドン底《ぞこ》から再起更生《さいきこうせい》の端緒《たんしょ》を掴《つか》んで居《い》たことは、翁《おう》が私《わたし》に与《あた》えた無《む》言《ごん》の教《おしえ》であったことを感謝《かんしゃ》している。

翁《おう》は、終始言葉《しゅうしことば》で本心《ほんしん》を吐露《とろ》することは無《な》かったかの様《よう》に思《おも》われる。と言《い》うのは、大《おほ》本教《もときょう》の教理《きょうり》、教典《きょうてん》、或《あるい》はその文献等《ぶんけんとう》に関《かん》して、真面目《まじめ》に論《ろん》じ合《あ》ったことは私《わたし》の知《し》る限《かぎ》り只《ただ》の一回《かい》もなく、時《とき》たま、お伽噺《とぎばなし》の如《ごと》く、どこが始《はじ》めか、終《おわ》りか判《わか》らない融通無礙《ゆうずうむげ》の表現《ひょうげん》で示唆《しさ》する位《くらい》の程度《ていど》であった。

翁《おう》の説《と》く宗教《しゅうきょう》は所謂《いわゆる》「万教同根《ばんきょうどうこん》」で一宗一派《いっしゅういっぱ》に遍《へん》することなく、国《くに》の内外《ないがい》を問《と》わず、何《いず》れの宗教《しゅうきょう》に帰依《きえ》している者《もの》にでも、相通《あいつう》ずる教《おしえ》である。即《すなわ》ち、「宗教《しゅうきょう》の国際的民主《こくさいてきみんしゅ》化《か》」にその基底《そのそこ》が置《お》かれてあるだけに、普遍性《ふへんせい》が豊《ゆたか》であると言《い》わねばなるまい。

終戦後《しゅうせんご》、日本《にほん》は僅《わず》かの時間《じかん》で変貌《へんぼう》を来《き》たしたが、翁《おう》は「凡《すべ》てが神《かみ》の経綸《けいりん》だ」と極《きわ》めて簡単《かんたん》な言葉《ことば》で片付《かたづ》け、日本乃至世界《にほんないしせかい》の相貌《そうぼう》に何事《なにごと》の変化《へんか》も無《な》かったような気軽《きがる》さで、「宗教《しゅうきょう》の国際的民主化《こくさいてきみんしゅか》」を旗印《はたじるし》とした「愛善苑《あいぜんえん》」を創立《そうりつ》しその炬火《かがりび》を挙《あ》げたが、今《いま》にして見《み》れば、翁《おう》の肉体的《にくたいてき》には、一歩《いっぽ》踏《ふ》み出《だ》した「愛善苑《あいぜんえん》」は、一種偉大《いっしゅいだい》な黄昏的存在《たそがれてきそんざい》となったが、霊的《れいてき》には益々《ますます》この炎《ほのお》は燎原《りょうげん》の火《ひ》のように広《ひろ》まるであろう。

私《わたし》が「国際宗教懇談会《こくさいしゅうきょうこんだんかい》」を催《もよお》す構想《こうそう》も、翁《おう》の薫陶《くんとう》が影響《えいきょう》していたことは疑《うたが》う余地《よち》はない。即《すなわ》ち、私《わたし》はこの設計《せっけい》と青写真《あおしゃしん》を作《つく》り、翁《おう》に相談《そうだん》した。翁《おう》は歴史《れきし》に於《お》ける画期的《かっきてき》な壮挙《そうきょ》であると賛成《さんせい》され、精神的《せいしんてき》な後援者《こうえんかい》の一人《ひとり》であったと同時《どうじ》に、その結果《けっか》を翁《おう》の病床《びょうしょう》に報《ほう》じた時《とき》、翁《おう》は、瞳《ひとみ》を熱《あつ》くされ大満悦《だいまんえつ》であった。この懇談会《こんだんかい》が、「国際宗教同志会《こくさいしゅうきょうどうしかい》」となり、現《げん》に国際宗教数人《こくさいしゅうきょうすうにん》に呼掛《よびか》け、宗教的平和《しゅうきょうてきへいわ》の建設《けんせつ》を展開《てんかい》しつゝある陰《かげ》には必《かなら》ずや、翁《おう》の瑞霊《ずいれい》は絶大《ぜつだい》なる加護《かご》のあることを私《わたし》は確信《かくしん》している。

翁《おう》の近侍者《きんじしゃ》である人《ひと》が、或《あ》る時《とき》私《わたし》のことについて、「信者《しんじゃ》でもない、荘野を何故《なぜ》に目《め》に入《い》れても痛《いた》くない程寵愛《ほどちょうあい》されるのか」と一部嫉妬心《いちぶしっとしん》も手伝《てつだ》った問《とい》をした。翁《おう》の答《こたえ》は、

「あれ（私《わたし》）か、あれはナー、世界的《せかいてき》な大事業《だいじぎょう》をしでかす男《おとこ》だぞ」

と予言《よげん》されたことを私《わたし》は直接《ちょくせつ》その人《ひと》から聞《き》かされたが、私《わたし》はその人《ひと》に対《たい》し

「それは、翁《おう》が、私《わたし》を買《か》い被《かぶ》っている。私《わたし》は世界《せかい》の事情《じじょう》に通暁《つうぎょう》しているでもないし、殊《こと》に語学《ごがく》は不得手《ふえて》である。私《わたし》にはそんな大《だい》それた事《こと》は出来《でき》ない」

然《し》かし世界《せかい》の人類《じんるい》が、無秩序《むちつじょ》で、機会《きかい》ある毎《ごと》に軋轢《あつれき》と相剋《そうこく》（＝両者が互いに勝とうとして相争うこと。）を繰返《くりかえ》

すことは、何《なん》とかして地上《ちじょう》から抹殺《まっさつ》し、静穏《せいおん》で秩序《ちつじょ》あり、魅惑《みわく》のある姿《すがた》にしたい考《かんが》えが、私《わたし》の思想《しそう》の上《うえ》にも企業《きぎょう》の計画《けいかく》にも、いつもその根幹《こんかん》となっていることは、偽《いつわ》りのない事実《じじつ》ではあるが、それは所謂《いわゆる》、空想《くうそう》と言《い》う範囲《はんい》を超《こ》えたものではない。

「国際宗教懇談会《こくさいしゅうきょうこんだんかい》」の独創的《どくそうてき》な計画《けいかく》もその一端《いったん》で、この計画《けいかく》を発表《はっぴょう》した時《とき》は玄人筋《くろうとすじ》でさえ「失敗《しっぱい》」——と印象《いんしょう》づけていたが、さて開《ひら》いてみるとその推測《すいそく》は裏切《うらぎ》られ、たちまち人気《にんき》は湧《わ》いた。法螺《ほらふ》吹くわけでもなく、誇張《こちょう》もしない事実《じじつ》として、各宗各派《かくしゅうかくは》の宗《しゅう》教《きょう》の花《はな》が一時《いちじ》に咲《さ》いた絢爛《けんらん》たるものであった。

どう思《おも》っても「人間業《にんげんわざ》」では無《な》く神仏《しんぶつ》が私《わたし》をそうさせたとしか考《かんが》えられない程《ほど》、荘《そう》厳《ごん》であり、且《か》つ、和《なご》やかに終幕《しゅうまく》した。この懇談会《こんだんかい》が契機《けいき》となって、前《まえ》にも一寸《ちょっと》触《ふ》れた様《よう》に「国際宗教同志会《こくさいしゅうきょうどうしかい》」が生《うま》れ、私《わたし》は常任員《じょうにんいん》としての重任《じゅうにん》にあるが、実際《じっさい》は懇談会《こんだんかい》の「屍的存在《しかばねてきそんざい》」で何《なん》のお役《やく》も辞《じ》することの出来《でき》ないのを恥《は》じ入《はい》っているが、翁《おう》の意志《いし》を体得《たいとく》して、世界人類《せかいじんるい》の幸福《こうふく》の為《た》めに、逞《たくま》しく花《はな》の咲《さ》く日《ひ》の力《ちから》を蓄《たくわ》えている。然《しか》し、この同志会《どうしかい》が世界平和《せかいへいわ》の柱石《ちゅうせき》として、脚光《きゃっこう》を浴《あ》びるべき劇的《げきてき》な場面《ばめん》が必《かなら》ず出現《しゅつげん》するであろうと固《かた》く信《しん》じている。

翁《おう》の私《わたし》に対《たい》する予言《よげん》が、この仕事《しごと》であったのか、或《ある》いは将来《しょうらい》にあるかは未知数《みちすう》の宿題《しゅくだい》として――兎《と》に角《かく》、翁《おう》は私《わたし》を愛撫《あいぶ》され私《わたし》も翁《おう》を、慈父《じふ》と慕《した》いよきにつけ悪《あ》しきにつけ遠慮《えんりょ》なく話《はなし》が出来《でき》たのに……

一九四八年《ねん》一月《がつ》二十日《か》、各新聞《かくしんぶん》は一斉《いっせい》に翁《おう》の死去《しきょ》を報《ほう》じたが、私《わたし》は私《わたし》の目《め》を疑《うたが》った。黒枠《くろわく》の内《うち》に入《はい》る、翁《おう》では無《な》かった筈《はず》――、混迷《こんめい》と不倫《ふりん》の人類《じんるい》を救《すく》い、弥勒世界《みろくせかい》の出現《しゅつげん》までは不死身《ふじみ》の人《ひと》だと信《しん》じていた、それだけに私《わたし》は光明《こうみょう》を失《うしな》った歎《なげ》きと悲《かな》しみが、汐《うしお》の如《ごと》く押《お》し寄《よ》せて来《き》た。人《ひと》は霊界《れいかい》に昇天《しょうてん》されたと言《い》うであろうが、私《わたし》はまだ現界《げんかい》で、いや――天恩郷《てんおんきょう》のお座敷《ざしき》で――病気《びょうき》でも良《よ》い、いつまでも寝《ね》ておられると思《おも》わねば、居《い》ても立《た》っても居《お》られない。

（一九四八・五・一五）

（『愛善苑』第三十二号「聖師記念特集号」昭和二十三年八月一日）

第五編　愛善苑の使命と生きた宗教

愛善苑の重大なる使命

出口伊佐男

愛善苑《あいぜんえん》が生《う》まれてから日《ひ》も新《あら》たなるにもかかわらず今日既《こんにちすで》に大《おお》きな基礎《きそ》が出来上《できあ》がりました。それは大本《おほもと》という深《ふか》い根《ね》があったからであり、この深《ふか》い根《ね》から「愛善苑《あいぜんえん》」は生《う》れ出《で》たものであります。従《したが》って「愛善苑《あいぜんえん》の使命《しめい》」を知《し》る為《ため》には先《ま》ず大本《おほもと》の成立《せいりつ》、その根本精神《こんぽんせいしん》を明《あき》らかにしなければなりません。

大本《おほもと》は明治《めいじ》二十五（1892）年《ねん》、開祖出口直子刀自《かいそでぐちなおことじ》が霊感情態《れいかんじょうたい》に入《はい》られ、神示《しんじ》を伝《つた》えられる様《よう》になってから始《はじ》まったものであります。それは主《しゅ》として『筆先《ふでさき》』を通《つう》じて示《しめ》されたのでありまして、『筆先《ふでさき》』は開祖《かいそ》が大正《たいしょう》七（1918）年《ねん》八十三才《さい》の高齢《こうれい》で昇天《しょうてん》せられます迄《まで》、二十七年間《ねんかん》に亘《わた》り書《か》き続《つづ》けられ実《じつ》に厖大《ぼうだい》なものです。その『筆《ふで》先《さき》』の「趣旨《しゅし》」は

「今《いま》の世《よ》は多《おお》くの人《ひと》たちが神《かみ》を忘《わす》れ神《かみ》を無視《むし》し、吾《われ》よし強《つよ》いもの勝《がち》の世《よ》に中《なか》になってい

る。これではこの世《よ》はやがて亡《ほろ》びる以外《いがい》に道《みち》はない。これを一日《いちにち》も早《はや》く立替立直《たてかえたてなお》さなければならん。皆《みな》が目覚《めざ》めなければ将来非常《しょうらいひじょう》な困難《こんなん》な事態《じたい》になって来《く》る。早《はや》く目覚《めざ》めれば大難《だいなん》も小難《しょうなん》に免《まぬが》れられる。早《はや》く心《こころ》を改《あらた》めて神《かみ》の心《こころ》に立《た》ち帰《かえ》れ。神《かみ》の経綸《しぐみ》として立替立直《たてかえたてなお》しを行《おこな》い、総《すべ》てのものが喜《よろこ》び勇《いさ》み楽《たの》しんで暮《くら》すことの出来《でき》る平和《へいわ》な幸福《こうふく》な世界《せかい》、即《すなわ》ちミロクの世《よ》を実現《じつげん》する」

大体《だいたい》こう云《い》うことではないかと思《おも》うのです。

　尚《なお》いろいろと神《かみ》の御心《みこころ》、神《かみ》の御教《みおしえ》を宣《の》べ示《しめ》されていますが、先《ま》ずこの世《よ》の人々《ひとびと》の心《こころ》を改《あらた》め、立替立直《たてかえたてなお》して「ミロクの世《よ》」を実現《じつげん》するということが大本出現《おほもとしゅつげん》の使命《しめい》です。この「ミロクの世界《せかい》」実現《じつげん》のことを「三千世界一度《さんぜんせかいいちど》に開《ひら》く梅《うめ》の花《はな》」と云《い》う言葉《ことば》で示《しめ》されて居《い》るのです。『愛善《あいぜん》の道《みち》』のお歌《うた》の中《なか》に苑主《えんしゅ》は

　○三千世界一度《さんぜんせかいいちど》に開《ひら》く梅《うめ》の花《はな》と　宣《の》らせ給《たま》ひし開祖畏《かいそかしこ》し

と詠《よ》まれて居《お》ります。三千世界《さんぜんせかい》とは現幽神《げんゆうしん》の三界即《さんかいすなわ》ち霊界《れいかい》も現界《げんかい》も合《あわ》せた一切《いっさい》の世界《せかい》

を云《い》われたものです。それが一度《いちど》に、その一度《いちど》は一同《いちどう》にとも示《しめ》されて居《お》ります。三千世《さんぜんせ》界《かい》が一様《いちよう》に梅《うめ》の花《はな》の咲《さ》きそろった如《ごと》く誠《まこと》にのどかな春《はる》の世界《せかい》、即《すなわ》ちミロクの世《よ》になるとの意《い》であると思《おも》います。然《しか》もその梅《うめ》の花《はな》は春魁《はるさき》がけて咲《さ》く花《はな》であるだけに、春咲《はるさ》く花《はな》に先《さき》んじて厳《きび》しい冬《ふゆ》のさ中《なか》からその準備《じゅんび》を致《いた》して居《お》ります。それだけに苦労艱難《くろうかんなん》が多《おお》く、寒《さむ》い風《かぜ》、冷《つめ》たい霜《しも》に堪《た》えて、やがて美《うつく》しい花《はな》が開《ひら》くのです。その花《はな》は桜《さくら》の花《はな》の如《ごと》きあでやかさではなく、まことに品位《ひんかく》の高《たか》い香《かお》りゆかしい花《はな》です。その散《ち》り際《ぎわ》はまた桜《さくら》の花《はな》のような潔《いさ》ぎよさはありませんが、それは実《み》を結《むす》ばんがためで、花《はな》は散《ち》ってもその後《のち》に必《かなら》ず立派《りっぱ》な実《み》を結《むす》びます。そのように梅《うめ》の花《はな》は大本《おほもと》の使命《しめい》・神業《しんぎょう》を象徴《しょうちょう》して居《い》ると信《しん》ずるのです。

○

開祖《かいそ》は神示《しんじ》を伝達《でんたつ》せられ、その教《おしえ》を大成《たいせい》されたのは苑主《えんしゅ》・出口《でぐち》王仁三郎《おにさぶろう》聖師《せいし》です。苑《えん》主《しゅ》は明治《めいじ》三十一（1898）年高熊山《ねんたかくまやま》に於《お》いて一週間《しゅうかん》の霊的修業《れいてきしゅぎょう》をされてからその大《だい》使命《しめい》を自覚《じかく》され、深《ふか》い神縁《しんえん》のまに〱開祖《かいそ》に次《つ》いでこの神業《しんぎょう》のために起《た》たれました。

『筆先《ふでさき》』の字句《じく》は素朴《そぼく》な表現《ひょうげん》です。そのため真《しん》の解説《かいせつ》は苑主《えんしゅ》がされることに神定《かむさだ》められていたのです。然《しか》るに大正《たいしょう》十年迄《ねんまで》は如何《いか》に苑主《えんしゅ》が説《と》かれても各人《かくじん》が『筆先《ふでさき》』を勝手《かって》に解釈《かいしゃく》し独善偏狭《どくぜんへんきょう》にして断片的《だんぺんてき》な信仰《しんこう》が一部《いちぶ》に行《おこな》われ、そこに世《よ》の誤解《ごかい》を生《しょう》じ「第《だい》一次大本《じおほもと》事件《じけん》」が生《しょう》じたのです。

この事件《じけん》を転機《てんき》として一般信者《いっぱんしんじゃ》の信仰《しんこう》の革新的発展《かくしんてきはってん》を断行《だんこう》すべく苑主《えんしゅ》は『霊界《れいかい》物語《ものがたり》』を口述発表《こうじゅつはっぴょう》せられ、こゝに世界的大宗教《せかいてきだいしゅうきょう》としての教《おしえ》が確立《かくりつ》せられました。『筆《ふで》先《さき》』に神《かみ》の御心《みこころ》に立《た》ち帰《かえ》れと叫《さけ》ばれて居《お》る。神《かみ》の心《こころ》とは「愛善《あいぜん》」である。全人類愛善《ぜんじんるいあいぜん》の心《こころ》に立《た》ち返《かえ》り、すべての精神的障害《せいしんてきしょうがい》を取《と》り去《さ》って平和《へいわ》な幸福《こうふく》な世界《せかい》を実現《じつげん》しなければならんとの主旨《しゅし》により、大正《たいしょう》十四（１９２５）年《ねん》六月《がつ》「人類愛善会《じんるいあいぜんかい》」を創立《そうりつ》せられ、この運動《うんどう》が世界的《せかいてき》に発展《はってん》し始《はじ》めたのです。

同時《どうじ》に宗教《しゅうきょう》はその根本精神《こんぽんせいしん》は一つである。故《ゆえ》に各宗教《かくしゅうきょう》は相携《あいたずさ》えて宗教本来《しゅうきょうほんらい》の使命《しめい》に進《すす》まなければならぬとの趣旨《しゅし》の下《もと》に、「世界宗教連合会《せかいしゅうきょうれんごうかい》」なるものを結成《けっせい》せられました。即《すなわ》ち「世界的平和運動《せかいてきへいわうんどう》」は既《すで》に大正《たいしょう》十四年《ねん》に起《お》こされて居《お》り、この運動《うんどう》は次第《しだい》くに発展《はってん》して参《まい》りました。ところが昭和《しょうわ》六（１９３１）年《ねん》「満州事変《まんしゅうじへん》」が勃発《ぼっぱつ》し、次《つ》いで日本《にほん》は「国際連盟《こくさいれんめい》」（＝世界最初の国際的平和機構。第一次大戦後アメリカのウイルソン大統領の提唱により、ベルサイユ条約に基づいて成立。１９２０～46まで続く。）を脱退《だったい》したことで情勢《じょうせい》が一変《いっぺん》し、従来《じゅうらい》の様《よう》な国際的活動《こくさいてきかつどう》が行《おこな》い難《がた》くなって来《き》たので自《おの》ずと運動《うんどう》の主力《しゅりょく》は国内《こくない》に向《む》けなければならなくなって参《まい》りました。

即《すなわ》ち国民《こくみん》をして速《すみ》やかに宗教心《しゅうきょうしん》に目覚《めざ》めしめ、神《かみ》の心《こころ》即《すなわ》ち愛善《あいぜん》の大精神《だいせいしん》に立《た》ち帰《かえ》らしめようとする目的《もくてき》で国内《こくない》に積極的活動《せっきょくてきかつどう》を始《はじ》めたのです。運動《うんどう》が余《あま》りに活発《かっぱつ》であったため、当局《とうきょく》の誤解《ごかい》を受《う》け遂《つい》に昭和《しょうわ》十（１９３５）年《ねん》の大本事件《おほもとじけん》が起《お》きたのです。

当局《とうきょく》は「大本《おほもと》を地上《ちじょう》から抹殺《まっさつ》し根絶《こんぜつ》する」と声明《せいめい》して居《お》りましたが、正《まさ》にその声明《せいめい》の如《ごと》く大本《おほもと》は完全《かんぜん》に破壊《はかい》され、地上《ちじょう》から抹殺《まっさつ》されてしまいました。

この事件《じけん》は第《だい》二審《しん》に於《お》いて無罪《むざい》の判決《はんけつ》を受《う》け、更《さら》に昭和《しょうわ》二十（１９４５）年《ねん》九月《がつ》八日《か》大審院《だいしんいん》における判決《はんけつ》で無罪《むざい》が確定《かくてい》し、満十年《まんねん》を要《よう》した「大本事件《おほもとじけん》」は茲《ここ》に解決致《かいけついた》したのです。一部残《いちぶのこ》って居《い》た「不敬罪《ふけいざい》」も相《あい》ついで解消《かいしょう》し、綾部《あやべ》、亀岡等本部《かめおかとうほんぶ》の土地《とち》も無条件《むじょうけん》返還《へんかん》されました。

私《わたくし》どもは大本《おほもと》の信仰《しんこう》に生命《いのち》をさゝげて生《い》きて来《き》た者《もの》です。如何《いか》に大本《おほもと》は破壊《はかい》されても、われらの信仰《しんこう》は生《い》きています。こゝに解放《かいほう》せられ自由《じゆう》の身《み》となった以上《いじょう》、われらの信仰《しんこう》には再《ふた》び燃《も》え上《あが》らねば止《や》まぬものがあります。かくして如何《いか》に起《た》ち上《あが》るかは私《わたくし》どもが過去《かこ》十年《ねん》の事件《じけん》を如何《いか》に受取《うけと》るかによるのです。すなわちこゝに事件《じけん》に対《たい》する反省《はんせい》と検討《けんとう》が行《おこな》われねばなりません。

○

さて事件《じけん》は何故起《なぜお》こったのか、そこには当局《とうきょく》の宗教《しゅうきょう》に対《たい》する無理解《むりかい》から生《しょう》じた誤解《ごかい》と、それに関連《かんれん》した政治的理由《せいじてきりゆう》が考《かんが》えられます。然《しか》し私《わたくし》どもとして反省《はんせい》しなければならぬことは、神《かみ》の警告福音《けいこくふくいん》を一日《いちにち》も早《はや》く津々浦々《つつうらうら》に伝《つた》えなければならんと云《い》う信仰《しんこう》の情熱《じょうねつ》に燃《も》えるあまりとはいえ、その一部《いちぶ》にわれらの梢々《しょうしょう》行《い》き過《す》ぎた点《てん》、或《あるい》は注意《ちゅうい》の足《た》らなかった点《てん》が在《あ》りはしなかったか、信者《しんじゃ》の一部《いちぶ》に大本《おほもと》の教《おしえ》、真精神《しんせいしん》が徹底《てってい》していなかった点《てん》がありはしなかったか、大本《おほもと》に於《お》いては開祖《かいそ》以来《いらい》、先《まず》ず大本《おほもと》自体《じたい》があれならばこそ、と云《い》われるようによき鏡《かがみ》を出《だ》さなければならぬと常《つね》に戒《いさ》められていたのであるが、果《はた》して実地《じっち》のよき鏡《かがみ》が出《で》ていたであろうか、こう云《い》う事等《ことなど》が反省《はんせい》されて来《く》るのです。

然《しか》しこれも信仰的立場《しんこうてきたちば》から考《かんが》えて見《み》ますと苑主《えんしゅ》はかねて斯《こ》ういう歌《うた》を詠《よ》まれて居《お》るのです。

○何事《なにごと》も神《かみ》の心《こころ》のそのまゝに　なりて進《すす》める世《よ》の中《なか》の道《みち》

私《わたくし》どもは、すべて世《よ》の出来事《できごと》を通《つう》じ、そこに神様《かみさま》の深《ふか》い御心《みこころ》、或《あるい》は神《かみ》の摂理《せつり》を感《かん》じ覚《さと》らして頂《いただ》くという信仰《しんこう》をもって居《い》ます。そのような信仰的立場《しんこうてきたちば》からこの事件《じけん》を眺《なが》めて見《み》たとき、大本《おほもと》を当局《とうきょく》が強圧《きょうあつ》したと見《み》るよりも、神様《かみさま》が当局《とうきょく》をして破壊《はかい》せしめられたと観《み》ることが出来《でき》るのです。

苑主《えんしゅ》も「この事件《じけん》は神様《かみさま》からの事《こと》である、吾々《われわれ》にとっては洵《まこと》に有難《ありがた》い事件《じけん》であったのだ」と申《もう》されておりました。これは未《ま》だ事件《じけん》が解決《かいけつ》していない間《あいだ》によく洩《も》らされていたお言葉《ことば》なのです。それでは何故神様《なにゆえかみさま》が破壊《はかい》せしめられたのであろうか、かねて世《よ》の「立《たて》替立直《かえたてなお》し」、総《すべ》ての人々《ひとびと》の心《こころ》の「立替立直《たてかえたてなお》し」を叫《さけ》んで来《き》た大本《おほもと》です。苑主《えんしゅ》のお歌《うた》に

○立替《たてかへ》を世人《よびと》のことゝな思《おも》ひそ　立替《たてかへ》するはおのが身魂《みたま》ぞ

これは個人《こじん》に対《たい》するお歌《うた》であると共《とも》に大本自体《おほもとじたい》としても受取《うけと》らせて頂《いただ》くべきお歌《うた》でないかと思《おも》います。即《すなわ》ち他《ほか》よりも先《ま》ず「大本自体《おほもとじたい》の立替《たてかえ》」が第一《だいいち》であり、「大本事件《おほもとじけん》」はまさにそれであったと考《かんが》えられるのです。してみれば世《よ》の中《なか》のことが写《うつ》る大本《おほもと》として、一応辿《いちおうたど》らねばならぬ道《みち》ではなかったかと思《おも》うのです。苑主《えんしゅ》のお歌《うた》に

○世《よ》の中《なか》のすべてのものはミロク神《しん》　出世《しゅっせ》のための経綸《けいりん》なりけり

ミロク神《しん》とは宇宙本源《うちゅうほんげん》の神《かみ》がその神格《しんかく》を遺憾《いかん》なく現《あら》わされた状態《じょうたい》をいゝ、その御神格《ごしんかく》から、……………これまでは至仁至愛《みろく》の神《かみ》の御光《みひかり》がくまなく現《あら》われていなかった。その

御光《みひかり》が世《よ》に普《あまね》く行《ゆ》き渡《わた》りミロクの世《よ》が実現《じつげん》することを「みろく出世《しゅっせ》」と申《もう》されたものだと思《おも》います。

　世《よ》の中《なか》のすべての出来事《できごと》はみな「ミロクの世《よ》実現《じつげん》のための経綸《しぐみ》」であるというお歌《うた》の精神《せいしん》から考《かんが》えて見《み》ましても、大本事件《おほもとじけん》は私《わたくし》どもの反省《はんせい》と徹底的大革新《てっていてきだいかくしん》の機会《きかい》を与《あた》えられた神《かみ》の尊《とうと》い経綸《けいりん》であったと感《かん》じさせて頂《いただ》くのです。苑主《えんしゅ》のお歌《うた》に

○何《なに》もかも一切万事《いっさいばんじ》あらたまると　宣《の》らせたまいし開祖《かいそ》畏《かしこ》し

とあります。今度《こんど》は何《なに》もかもすべてを一新《いっしん》しなければならない、「大本事件《おほもとじけん》」は総《すべ》てのことを改《あらた》められるために誠《まこと》に意義《いぎ》の深《ふか》い出来事《できごと》であって、大本《おほもと》はあの事件《じけん》を以《もっ》て既《すで》に立《たて》替《かえ》が終《おわ》り、「立直《たてなお》しの時代《じだい》に入《はい》った」と云《い》うことが出来《でき》ます。

○

　神業《しんぎょう》の上《うえ》から見《み》れば、事件《じけん》の解決迄《かいけつまで》が基礎的時代《きそてきじだい》であり、「これからが本格的神業《ほんかくてきしんぎょう》の時代《じだい》である」と云《い》う私共《わたくしども》の自覚《じかく》です。このとき苑主《えんしゅ》は「愛善苑《あいぜんえん》として発足《はっそく》せよ」と

私共《わたくしども》の進《すす》むべき道《みち》を明《あき》らかにせられました。

そこで昭和《しょうわ》二十（１９４５）年《ねん》の十二月《がつ》八日《か》「大本事件解決奉告祭《おほもとじけんかいけつほうこくさい》」を綾部《あやべ》で行《おこな》いました際《さい》この旨《むね》を発表《はっぴょう》し、その翌昭和《よくしょうわ》二十一年《ねん》の二月《がつ》七日《か》ここに「愛善苑《あいぜんえん》」として「新発《しんはっ》足《そく》」したのです。この際《さい》「愛善苑《あいぜんえん》」は「大本《おほもと》の新生《しんせい》したもの」と見《み》るべきです。

神業《しんぎょう》の上《うえ》から申《もう》せば、すべてが神《かみ》の経綸《けいりん》に基《もとづ》く順序《じゅんじょ》であり段階《だんかい》であるということになります。「愛善苑《あいぜんえん》」という名称自体《めいしょうじたい》が「ミロクの世《よ》」という意味《いみ》を現《あらわ》しています。「愛《あい》善苑《ぜんえん》」の使命《しめい》は、「愛善《あいぜん》の世界《せかい》、即《すなわ》ちミロクの世《よ》を実現《じつげん》すること」にあり、然《しか》もそれは神《かみ》の御心《みこころ》に基《もとづ》き神《かみ》の経綸《けいりん》のまにくこの使命《しめい》を達成《たっせい》させて頂《いただ》くのです。「ミロクの世実《よじつ》現《げん》」と云《い》い「地上天国《ちじょうてんごく》の建設《けんせつ》」と申《もう》し、これは総《すべ》ての宗教《しゅうきょう》の理想《りそう》とするところです。

苑主《えんしゅ》は宗教《しゅうきょう》に対《たい》し「万教《ばんきょう》は同根《どうこん》」であると唱《とな》えられて居《お》ります。キリスト教《きょう》と云《い》い、仏教《ぶっきょう》と云《い》い、或《あるい》は神道《しんどう》と称《しょう》し、その他《た》これ迄《まで》に数多《あまた》の宗教《しゅうきょう》が現《あら》われて居《お》りますが、何《いず》れの宗教《しゅうきょう》も悉《ことごと》く「真理《しんり》と愛《あい》に根《ね》ざし、人間《にんげん》をして本然《ほんぜん》の心《こころ》、本然《ほんぜん》の姿《すがた》に立帰《たちかえ》らしめ、永遠《えいえん》の生命《せいめい》に導《みちび》くのが宗教《しゅうきょう》の根本精神《こんぽんせいしん》」です。その導《みちび》き方《かた》または形式等《けいしきなど》に於《お》いて色々《いろいろ》相違《そうい》するところがありましても、要《よう》するにこれは神《かみ》の救《すく》いとしてその時代《じだい》に応《おう》じ、その民族《みんぞく》に応《おう》じ、そのところに応《おう》じてそれぞれの宗教《しゅうきょう》が生《うま》れ出《で》て来《き》たものです。

この「万教同根《ばんきょうどうこん》」の主張《しゅちょう》は「愛善苑《あいぜんえん》」となってから始《はじ》めて唱《とな》え出《だ》したことではなく、多年苑主《たねんえんしゅ》が唱導《しょうどう》せられて居《い》たところで、更《さら》に『筆先《ふでさき》』にも総《すべ》ての教《おしえ》は結局《けっきょく》源《みなもと》は一つであると云《い》うことが示《しめ》されているのです。即《すなわ》ち大本本来《おほもとほんらい》の宗教《しゅうきょう》に対《たい》する観方《みかた》なのです。

先《さき》に述《の》べました如《ごと》く何《いず》れの宗教《しゅうきょう》も神《かみ》の御心《みこころ》に適《かな》った「平和《へいわ》な幸福《こうふく》な世界《せかい》を実現《じつげん》する」と云《い》うことが理想《りそう》でありますが、若《も》しこれ迄《まで》にその理想《りそう》が果《はた》されておるならば、新《あらた》に宗教《しゅうきょう》の生《うま》れ出《で》る必要《ひつよう》はないと思《おも》います。ここに於《お》いて大本《おほもと》が出現《しゅつげん》し、更《さら》に「愛善《あいぜん》苑《えん》」が生《うま》れ出《で》た所以《ゆえん》があり使命《しめい》があると思《おも》うのです。

○

殊《こと》に終戦後《しゅうせんご》日本《にほん》は「民主主義的平和国家《みんしゅしゅぎてきへいわこっか》」を建設《けんせつ》することになりました。人類挙《じんるいあ》げて恒久平和《こうきゅうへいわ》の世界《せかい》を心《こころ》から熱望《ねつぼう》する時代《じだい》となったのです。真《しん》の平和《へいわ》は人類《じんるい》の魂《たましい》の中《なか》から生《うま》れ出《で》るものです。「宗教《しゅうきょう》の理想《りそう》は平和《へいわ》」でありまして、神《かみ》を忘《わす》れ神《かみ》を失《うしな》ったところに真《しん》の平和《へいわ》も自由《じゆう》もありません。そこに偉大《いだい》なる宗教《しゅうきょう》の力《ちから》が求《もと》められるのです。

今日民主主義《こんにちみんしゅしゅぎ》と云《い》う言葉《ことば》はすべての国民《こくみん》が口《くち》にしておりますが、……民主主義《みんしゅしゅぎ》の真《しん》の精神《せいしん》が了解《りょうかい》せられて居《い》るでしょうか。私共《わたくしども》は民主主義《みんしゅしゅぎ》は宗教的理念《しゅうきょうてきりねん》から生《うま》れ出《で》たものであり、宗教《しゅうきょう》の力《ちから》に依《よ》って始《はじ》めてその理想《りそう》は実現《じつげん》されるものであると信《しん》じるものです。従《したが》って宗教《しゅうきょう》が本来《ほんらい》の使命《しめい》を果《はた》すべき、今日《こんにち》より重大《じゅうだい》な秋《とき》はないと思《おも》うのですが、果《はた》して今《いま》の各宗教《かくしゅうきょう》のあり方《かた》でこの大使命《だいしめい》を果《はた》し得《え》られるでしょうか。

世界《せかい》が日本《にほん》が今日《こんにち》の様《よう》な事態《じたい》に立到《たちいた》ったに就《つ》いては、宗教《しゅうきょう》が甚《はなは》だ微力《びりょく》であったことを泌々痛感《ひしひしつうかん》させられます。殊《こと》にわが国《くに》においては、国民《こくみん》に宗教心《しゅうきょうしん》が欠《か》けていたことが、日本《にほん》をここに立到《たちいた》らしめた原因《げんいん》の一つではないかと考《かんが》えます。こゝに現代《げんだい》の宗教《しゅうきょう》として深《ふか》い反省《はんせい》と自覚《じかく》を呈《てい》するものがあります。

新《あたら》しい理想社会《りそうしゃかい》は旧《ふる》い殻《から》を打《う》ち破《やぶ》って生《う》まれ出《で》るものです。終戦後各宗団《しゅうせんごかくしゅうだん》においてはいろ〳〵と反省《はんせい》が行《おこな》われ、何《なん》とかして新《あたら》しい道《みち》を拓《ひら》くべく先《ま》ず旧殻《きゅうかく》にとじ籠《こも》っておれば不知不変《ふちふへん》の間《あいだ》に所謂独善偏狭《いわゆるどくぜんへんきょう》となり、日《ひ》に月《つき》に目《め》まぐるしく進《すす》んでいる時代《じだい》から取《と》り残《のこ》されてしまいます。

各宗教《かくしゅうきょう》に於《お》いて宗教本来《しゅうきょうほんらい》の使命《しめい》に活《い》きねばならぬときです。「大本《おほもと》」に於《お》いてはあの事件《じけん》のために古《ふる》い殻《から》は完全《かんぜん》に打《う》ち破《やぶ》られてしまいました。そこに私共《わたくしども》は神《かみ》の御心《みこころ》、神《かみ》の摂理《せつり》を深《ふか》く感《かん》じずにおれません。ここに「愛善苑《あいぜんえん》は新時代《しんじだい》における活《い》きた宗教《しゅうきょう》」として発足《はっそく》したのです。

○

「愛善苑《あいぜんえん》」の神観《しんかん》は「宇宙《うちゅう》の本源《ほんげん》は活動力《かつどうりょく》にして即《すなわ》ち神《かみ》なり」その神《かみ》は「万物普遍《ばんぶつふへん》の霊《れい》」であると示《しめ》されております。「神《かみ》は万物普遍《ばんぶつふへん》の霊《れい》」であり「宇宙《うちゅう》の大元霊《だいげんれい》」です。苑主《えんしゅ》は「人類《じんるい》の信《しん》じ仰《あお》ぐべき神《かみ》はこの宇宙《うちゅう》の本源《ほんげん》の神《かみ》」であるとして居《お》ります。

○地《ち》の上《うへ》にあまたの国《くに》はありながら　信《しん》ずる神《かみ》は一つなりけり

神《かみ》といい仏《ほとけ》と申《もう》しても「すべて宇宙本源《うちゅうほんげん》の絶対《ぜったい》の神《かみ》に帰《き》する」のであって、国《くに》や民族《みんぞく》や宗教《しゅうきょう》が異《こと》なっていても「全人類《ぜんじんるい》が宇宙本源《うちゅうほんげん》の神《かみ》に帰《き》するのでなければ、世界《せかい》に真《しん》の恒久平和《こうきゅうへいわ》は実現《じつげん》されない」と信《しん》ずるものです。ここに「万教同根《ばんきょうどうこん》」と云《い》う叫《さけ》びが非常《ひじょう》に深《ふか》い意義《いぎ》をもつと思《おも》います。

更《さら》に「愛善苑《あいぜんえん》」の人生観《じんせいかん》としては歌《うた》でこの様《よう》に示《しめ》されて居《お》ります。

○人生《じんせい》の真目的《しんもくてき》は地《ち》の上《うへ》に　無窮《むきゅう》の天国《てんごく》たつるにありけり

人間《にんげん》がこの世《よ》に生《うま》れ出《で》て来《き》た真《しん》の目的《もくてき》は、地上《ちじょう》に限《かぎ》りなく栄《さか》える平和《へいわ》で幸福《こうふく》な天国《てんごく》を建《た》てるにあるのです。地上天国《ちじょうてんごく》の建設《けんせつ》これを私共《わたくしども》は「ミロクの世《よ》」とよび、「愛善《あいぜん》の世《せ》界《かい》」と称《しょう》して居《い》るのです。

地上天国《ちじょうてんごく》の建設《けんせつ》は「神《かみ》の理想《りそう》」であり、それはそのまゝ「全人類《ぜんじんるい》の理想《りそう》」とするところですが、何故《なにゆえ》その理想《りそう》がこれ迄《まで》実現《じつげん》されていないのか、過去《かこ》の歴史《れきし》から考《かんが》えると恐《おそ》らくそれは人間《にんげん》の夢《ゆめ》に過《す》ぎないと考《かんが》えて居《い》る人々《ひとびと》が少《すく》なくないのです。然《しか》し人類《じんるい》は理想《りそう》に向《むか》って常《つね》に進《すす》んでいます。科学《かがく》の面《めん》においては人類《じんるい》の夢《ゆめ》とされていたことを次第《しだい》に実現《じつげん》しつゝあります。

人類《じんるい》が神《かみ》に目覚《めざ》めるならば神《かみ》の理想《りそう》、人類《じんるい》の理想《りそう》も必《かなら》ず実現《じつげん》される。「地上天国《ちじょうてんごく》の建《けん》設《せつ》」、「ミロクの世《よ》の実現《じつげん》」と云《い》うことは総《すべ》ての人々《ひとびと》の心《こころ》が改《あらた》まり、神《かみ》の心《こころ》に立帰《たちかえ》ることによって自《みずか》ら実現《じつげん》して来《く》るのですが、そこには神《かみ》の経綸《しぐみ》と云《い》うものがあります。即《すなわ》ち神《かみ》の御経綸《おしぐみ》、神《かみ》の御力《おちから》によることが根本《こんぽん》です。然《しか》し神《かみ》の経綸《しぐみ》とは云《い》え、神様《かみさま》のみの為《な》し給《たも》うところとして、人《ひと》がその為《な》すべきをしないでいることは誤《あやま》っています。苑主《えんしゅ》のお歌《うた》に

○手《て》も足《あし》も動《うご》かさずしてミロクの世《よ》　早《は》や来《こ》よかしと祈《いの》る曲神《まがかみ》

○のびちゞみ心《こころ》の船《ふね》のまゝぞかし　神《かみ》の経綸《しぐみ》は人《ひと》にありせば

と示《しめ》されております。「ミロクの世《よ》」が一日《いちにち》も早《はや》く来《く》る様《よう》にと願《ねが》うことは人類《じんるい》として当《とう》然《ぜん》の願《ねが》いである。ただ手《て》も足《あし》も動《うご》かさないで為《な》すべきをしないで「ミロクの世《よ》」の実現《じつげん》

を手《て》をこまねいて待《まっ》のみでは曲神《まがつかみ》であるとまで極端《きょくたん》な表現《ひょうげん》で戒《いまし》められ、「神《かみ》の経綸《しぐみ》は人《ひと》にありせば」と示《しめ》されております。地上《ちじょう》の世界《せかい》を平和《へいわ》と幸福《こうふく》に治《おさ》めて行《ゆ》く経綸《しぐみ》の主体《しゅたい》としての実行者《じっこうしゃ》は「人《ひと》」であると示《しめ》されます。

○

総《すべ》ての経綸《けいりん》の根本《こんぽん》が「神《かみ》」にあることは勿論《もちろん》ですが、地上《ちじょう》の世界《せかい》に於《お》いては人間《にんげん》を通《つう》じて為《な》されるのであるから、私共《わたくしども》は神《かみ》の御旨《みむね》を覚《さと》らして頂《いただ》き、その御旨《みむね》に従《したが》って「人《ひと》」としての為《な》すべき最善《さいぜん》の道《みち》を進《すす》ませて頂《いただ》かねばなりません。そこに「人《ひと》」としての神業《しんぎょう》に奉仕《ほうし》さして頂《いただ》く広大《こうだい》なる意義使命《いぎしめい》があります。神《かみ》の経綸《けいりん》ということについて苑主《えんしゅ》はこのように詠《よ》まれております。

○かりごもの乱《みだ》れたる世《よ》を立直《たてなほ》す　大経綸《だいけいりん》は神《かみ》のみぞ知《し》る

○世《よ》に中《なか》の一切万事《いっさいばんじ》の出来事《できごと》は　神《かみ》のよさしの経綸《しぐみ》と知《し》らずや

今《いま》のような世《よ》の中《なか》を立直《たてなお》される大経綸《だいけいりん》はたゞ神《かみ》のみ知《し》り給《たも》うところであり、世《よ》の中《なか》のすべての出来事《できごと》は神《かみ》のよさし給《たも》う経綸《けいりん》で、世《よ》のうつり変《か》わりや様々《さまざま》の出来事《できごと》の中《なか》に神《かみ》の御《お》経綸《しぐみ》、神《かみ》の御心《みこころ》を覚《さと》らして頂《いただ》くことが出来《でき》るとの意《い》であります。しかしこのようにも詠《よ》まれております。

○主《す》の神《かみ》は天《あめ》と地《つち》とに不可思議《ふかしぎ》を　示《しめ》し給《たま》へど悟《さと》るものなし

神様《かみさま》は天地《てんち》にいろ〳〵と不思議《ふしぎ》をお示《しめ》しになって居《お》るけれども神《かみ》の心《こころ》を知《し》るものがない。私共《わたくしども》の内分《ないぶん》が開《ひら》いて居《い》ないため、智慧証覚《ちえしょうかく》が足《た》りないためにそれを覚《さと》らして頂《いただ》くことが出来難《できがた》いのです。

○主《す》の神《かみ》の御旨《みむね》かしこみ地《ち》の上《うへ》に　天国《てんごく》建《た》つる道《みち》はこの道《みち》

神様《かみさま》の御旨《みむね》を畏《かしこ》み、この地《ち》の上《うえ》に天国《てんごく》を建《た》てるのはこの道《みち》である、すなわち「愛善《あいぜん》の道《みち》」であると示《しめ》されている。苑主《えんしゅ》は多年《たねん》に亘《わた》り主《す》の神《かみ》の御旨《みむね》を教示《きょうじ》されました。「愛善《あいぜん》苑《えん》」の教《おしえ》はすべて苑主《えんしゅ》の御教《みおしえ》に基《もと》づいており、この道《みち》すなわち「愛善《あいぜん》の道《みち》」によって「ミロクの世《よ》」を実現《じつげん》しようとするのが「愛善苑《あいぜんえん》」の使命《しめい》です。

○

さて「ミロクの世《よ》」はいつ来《く》るか、これはよく道《みち》の人《ひと》などの口《くち》の葉《は》にのぼることですが、神《かみ》の経綸《けいりん》に基《もと》づくものであるとはいえ、まず各人《かくじん》の心《こころ》の中《なか》から「ミロクの世《よ》」を開《ひら》いて来《こ》なければならんのです。苑主《えんしゅ》のお歌《うた》に

○末《すえ》の世《よ》と人《ひと》は歎《なげ》けど道《みち》をゆく　吾《われ》にはミロクの神世《かみよ》なりけり

行《ゆ》き詰《づ》まった末法《まっぽう》の世《よ》だと人々《ひとびと》は歎《なげ》いておるけれども、「愛善《あいぜん》の道《みち》」をゆく自分《じぶん》にはすでに「ミロクの神世《かみよ》」であると申《もう》されている。このようにお互《たが》い道《みち》を進《すす》んでゆくものにはそれぞれわが心《こころ》の中《なか》に「ミロクの世《よ》」が開《ひら》けて来《こ》なければならない、会員《かいいん》の心《こころ》の中《なか》に、更《さら》にお互《たが》いの家庭《かてい》の中《なか》に、それが次第《しだい》に社会《しゃかい》に移《うつ》ってゆく、そして私共《わたくしども》の住《す》む国土《こくど》すなわち日本《にほん》が一日《いちにち》も早《はや》く平和《へいわ》なる「ミロクの世《よ》」となるように日本《にほん》を立直《たてなお》す」ことがまず当面《とうめん》の使命《しめい》であります。

日本《にほん》は「絶対平和《ぜったいへいわ》の国《くに》たるべく永久《えいきゅう》に戦争《せんそう》はしない」と「新憲法《しんけんぽう》」に明《あき》らかにしまし

たが、形《かたち》の武装《ぶそう》は放棄《ほうき》されても、各人《かくじん》の心《こころ》のうちに武装《ぶそう》を持《も》っているならば、いつまで経《た》っても真《しん》の平和《へいわ》は実現《じつげん》しません。心《こころ》の武装《ぶそう》とは「軍国主義的思想《ぐんこくしゅぎてきしそう》」のみをいうのでなく、自分《じぶん》あるいは自分等《じぶんなど》という立場《たちば》にのみとらわれ、こだわって居《お》る心《こころ》も指《さ》すのです。

宗教《しゅうきょう》の力《ちから》はこの魂《たましい》のとらわれや、こだわりを解脱《げだつ》させようとするものです。この精《せい》神的武装《しんてきぶそう》は個人《こじん》においてのみでなく、国家的《こっかてき》にも有《ゆう》するもので、政治界《せいじかい》において経済界《けいざいかい》において、或《ある》いはまた学界《がっかい》や芸術界等《げいじゅつかいなど》においても色々《いろいろ》のとらわれやこだわりを持《も》ち、それが「日本新建設《にほんしんけんせつ》」のためどんなに多《おお》くの支障《ししょう》となって居《お》ることかと思《おも》うのです。

総《すべ》ての面《めん》においてこの「精神的武装《せいしんてきぶそう》」、「精神的障壁《せいしんてきしょうへき》」は撤廃《てっぱい》されなければなりません。そこに「愛善活動《あいぜんかつどう》の重大《じゅうだい》なる使命《しめい》」があると信《しん》じます。

今日《こんにち》はとかく「闘争的手段《とうそうてきしゅだん》」をもってすべての問題《もんだい》を解決《かいけつ》しようとしていますが、出《で》来《き》る限《かぎ》りはお互《たが》いに乏《とぼ》しさと不自由《ふじゆう》を忍《しの》び合《あ》って相手《あいて》の立場《たちば》をよく了解《りょうかい》し合《あ》い、愛《あい》と誠《せい》意《い》に基《もと》づく愛善精神《あいぜんせいしん》をもって問題《もんだい》を解決《かいけつ》するように致《いた》したいと考《かんが》えるのです。あらゆる面《めん》においてこの「精神的武装《せいしんてきぶそう》」が撤廃《てっぱい》され、国民《こくみん》が心《こころ》をそろえ和合一致《わごういっち》出来《でき》るならば、日本《にほん》の立直《たてなお》しも決《けっ》して不可能《ふかのう》ではないと思《おも》います。

○

さていかにすれば国民《こくみん》の和合一致《わごういっち》が出来《でき》るか、苑主《えんしゅ》は

○国民《こくみん》の和合一致《わがふいっち》は愛善《あいぜん》の　道行《みちおこな》うに勝《まさ》るものなし

といわれております。どうあってもこの「愛善《あいぜん》の道《みち》」によって日本《にほん》を立直《たてなお》して頂《いただ》きたい、というのが我々《われわれ》の信念《しんねん》です。

愛善《あいぜん》は「真《まこと》の信仰《しんこう》」が伴《ともな》って始《はじ》めて徹底《てってい》して来《く》る。従《したが》って愛善生活《あいぜんせいかつ》の実践《じっせん》には信真《しんしん》すなわち「真《まこと》の信仰《しんこう》」と「智慧証覚《ちえしょうかく》」の徹底向上《てっていこうじょう》が根本《こんぽん》です。

日本《にほん》の立直《たてなお》しは「精神的《せいしんてき》な面《めん》と現実《げんじつ》の面《めん》」と相伴《あいともな》ってゆかねばなりません。これまでの宗教《しゅうきょう》は、ともすると「魂《たましい》の救《すく》い」ということに止《とど》まり、現実《げんじつ》を軽《かろ》んずるような傾《けい》向《こう》がありました。

真《まこと》の教《おしえ》は魂《たましい》の救《すく》いとゝもに、また現実《げんじつ》の面《めん》においても民生《みんせい》を豊《ゆた》かに厚《あつ》うすべきもので、そこに真《まこと》の神《かみ》の愛《あい》、神《かみ》の無限《むげん》のお恵《めぐ》みがあると信《しん》じます。苑主《えんしゅ》のお歌《うた》に

○霊《れい》と肉一致《にくいっち》和合《わがふ》の御教《みをしへ》は　あなゝひの道《みち》おいて他《ほか》になし

とあり、「愛善苑《あいぜんえん》」の教《おしえ》は「霊《れい》と肉《にく》の和合一致《わごういっち》」です。その教《おしえ》に基《もと》づいて実践《じっせん》すべく「愛善苑《あいぜんえん》」としては「愛善生活運動《あいぜんせいかつうんどう》」と合《あ》わせて「生産増強運動《せいさんぞうきょううんどう》」を新年度《しんねんど》において一層強力《いっそうきょうりょく》に魂《たましい》を打込《うちこ》んでゆく方針《ほうしん》です。

私共《わたくしども》はまず「日本《にほん》の立直《たてなお》し」ということを当面《とうめん》の使命《しめい》と致《いた》しておりますが、それはたゞ日本《にほん》のためのみではありません。そうすることによって「世界《せかい》の平和《へいわ》」のために尽《つく》すことが出来《でき》やがて「地上天国《ちじょうてんごく》が実現《じつげん》する」という信念《しんねん》からであります。故《ゆえ》に「日本《にほん》の立直《たてなお》し運動《うんどう》」と同時《どうじ》に「国際的平和運動《こくさいてきへいわうんどう》」のために一層力《いっそうちから》を注《そそ》ごうとして居《お》ります。

○愛善《あいぜん》の心《こころ》世界《せかい》に充《み》ちぬれば　この世《よ》は忽《たちま》ち地上天国《ちじやうてんごく》

すべての人類《じんるい》に「愛善《あいぜん》の心《こころ》」が充《み》たされゝば、この地上《ちじょう》に天国《てんごく》が実現《じつげん》すると示《しめ》されてい

ます。

今日《こんにち》のような時代《じだい》に「愛善《あいぜん》の道《みち》」で進《すす》もうとすることは甚《はなは》だ困難《こんなん》なごとく感《かん》じられますが、それが神《かみ》のお力《ちから》と信仰《しんこう》の力《ちから》によって自《おの》ずと道《みち》が開《ひら》けて来《く》るのです。日本《にほん》の平和《へいわ》、世界《せかい》の平和《へいわ》を実現《じつげん》するためには、「宗教的信念情熱《しゅうきょうてきしんねんじょうねつ》」なくしては出来得《できえ》ないと思《おも》うのです。苑主《えんしゅ》のお歌《うた》に

○常暗《とこやみ》の世《よ》に住《す》みながら光明《くわうみやう》の　世界《せかい》に活《い》くる愛善《あいぜん》の道《みち》

「愛善《あいぜん》の道《みち》」は常暗《とこやみ》の世《よ》に住《す》みながら、光明《こうみょう》に活《い》きるのが真《まこと》の「愛善《あいぜん》の道《みち》」なのです。要《よう》するに愛善《あいぜん》とは「一切《いっさい》を愛《あい》し一切《いっさい》を活《い》かそうとする」ものです。真《しん》に愛《あい》するということは真《しん》にそのものを「活《い》かす」ということです。「愛善苑《あいぜんえん》の使命《しめい》」は一切《いっさい》のものをそれぞれ神《かみ》の心《こころ》すなわち本然《ほんぜん》の心《こころ》、本然《ほんぜん》の姿《すがた》に立帰《たちかえ》らしめ、あらゆるものを活《い》かしめようとするものです。

○

先《さき》に「大本《おほもと》」の発端《ほったん》以来《いらい》今日《こんにち》まで我々《われわれ》の辿《たど》って来《き》た道《みち》を簡単《かんたん》に申《もう》し述《の》べましたが、過《か》去《こ》の色々《いろいろ》な活動《かつどう》は、その時代《じだい》〳〵どうしてもそうしなければならない神業《しんぎょう》の順序《じゅんじょ》であったということが感《かん》じられます。

折角《せっかく》あれだけ発展《はってん》に発展《はってん》を重《かさ》ねて形《かたち》づくられた「大本《おほもと》」が跡形《あとかた》もなく微塵《みじん》に打《う》ち壊《こわ》されてしまったということは、何《なに》かそこに解《かい》しかねるものを感《かん》じられるかも知《し》れませんが、「大本《おほもと》」という大木《たいぼく》がやがて根元《ねもと》から打切《うちき》られるべき運命《うんめい》にあったとしても、そこから若々《わかわか》しく美《うつく》しい芽《め》を出《だ》すためには一応《いちおう》その大木《たいぼく》は茂《しげ》り栄《さか》えてその根《ね》を充分《じゅうぶん》に深《ふか》く広《ひろ》くしておかねばなりません。

その根《ね》をつくるためにその時代《じだい》〳〵に応《おう》じての色々御用《いろいろごよう》があったと思《おも》うのです。こう考《かんが》えると、古《ふる》くから信仰《しんこう》をもたれている方《かた》たちは、本当《ほんとう》に誠《まこと》を捧《ささ》げて奉仕《ほうし》して頂《いただ》きました。その尊《とうと》さをしみじみと有難《ありがた》く感《かん》じるのです。そのお陰《かげ》により「愛善苑《あいぜんえん》」として「新発足《しんはっそく》」し、今日存分《こんにちぞんぶん》に活動《かつどう》さして頂《いただ》くような時代《じだい》になって参《まい》りました。

広《ひろ》い意義《いぎ》における神業《しんぎょう》は世《よ》のため人《ひと》のためになる一切《いっさい》の仕事《しごと》はことごとくこれ神業《しんぎょう》です。私共《わたくしども》はそれぞれの立場《たちば》に応《おう》じ、あるいは直接的《ちょくせつてき》あるいは間接的《かんせつてき》に、神業《しんぎょう》のためその分《ぶん》に応《おう》じ使命《しめい》に応《おう》じて、少《すこ》しでもこの世《よ》の中《なか》をよくするため、この世《よ》の中《なか》を立直《たてなお》すため、日々《ひび》を生《い》きさして頂《いただ》くのでなければならんと思《おも》います。

また「愛善苑《あいぜんえん》」の会員《かいいん》は神縁《しんえん》あって道《みち》を同《おな》じくして、共《とも》に「愛善《あいぜん》の道《みち》」を歩《あゆ》まして頂《いただ》いているものです。そして神《かみ》の大理想《だいりそう》たる「ミロクの世《よ》」の実現《じつげん》という神業《しんぎょう》のため共《とも》に奉仕《ほうし》さして頂《いただ》こうというのです。現在《げんざい》いかなる仕事《しごと》にたずさわって居《い》ましょうとも、吾々《われわれ》は、「この神業《しんぎょう》のために生《い》きているのだ」ということを会員《かいいん》の人々《ひとびと》が自覚《じかく》されたとき、そこに神様《かみさま》のお力《ちから》が大《おお》きく現《あら》われるのです。神業《しんぎょう》について苑主《えんしゅ》は次《つぎ》のごとく詠《よ》まれています。

○何処《いづこ》にも人《ひと》のなすべき神業《かむわざ》の　開《ひら》かれあるを人《ひと》こそ知《し》らめ

（『愛善苑』第二十七号・昭和二十三年二月号）

第六編　平和と宗教

一、祈りの生活と恒久平和　信ずる心に争いはなし　土井靖都

「第《だい》二次世界大戦《じせかいたいせん》」の結果《けっか》、疲《つか》れはてた世界《せかい》の諸国民《しょこくみん》は、「第《だい》三次《じ》の世界大戦《せかいたいせん》」を予想《よそう》して、おびえおのゝいている。それは敗戦国《はいせんこく》と戦勝国《せんしょうこく》の区別《くべつ》はない。戦争《せんそう》がかく嫌《きら》われて居《お》るのに、何故《なぜ》に戦争《せんそう》のあることが予想《よそう》されるのであろうか。それは物心両面《ぶっしんりょうめん》の衝《しょう》突即《とつすなわ》ちイデオロギーの衝突《しょうとつ》、利害《りがい》の衝突《しょうとつ》が考《かん》えられるからであろう。

この恐《おそ》るべき、人類《じんるい》の破滅《はめつ》を賭《と》しての大戦《たいせん》は遂《つい》に避《さ》けるべからざるものであろうか。或《あるい》は二三年間《ねんかん》は起《お》こるまいとか、或《あるい》は二三十年《ねん》の内《うち》にはあろうまい、という説《せつ》もあるが、戦争《せんそう》は無《な》いという声《こえ》は殆《ほとん》ど聞《き》くことを得《え》ない。

常識的《じょうしきてき》にはまことに避けるべからざるものであろう。併《しか》し避《さ》けるべからざるものであるとして、ただ成行《なりゆ》きにまかせて置《お》くべきものではない。「恒久平和《こうきゅうへいわ》の樹立《じゅりつ》の大願《だいがん》」を抱《いだ》いて、現実《げんじつ》にあらん限《かぎ》りの努力《どりょく》をしなければならない。例《たと》えば「第《だい》三次《じ》の戦争《せんそう》は不幸《ふこう》

にして免《まぬが》れ得《え》ないものとするも、第《だい》四次《じ》の戦争《せんそう》をしてあらしめてはならない。永遠《えいえん》の泰《たい》平世界《へいせかい》は是非《ぜひ》打《う》ちたてねばならない。」

○

全体戦争《ぜんたいせんそう》というものは何《なに》が故《ゆえ》に起《おこ》るものであろうか。イデオロギー乃至《ないし》利害《りがい》の衝突《しょうとつ》によるものと見《み》るのは世《よ》の常《つね》の見方《みかた》ではあるが、それは未《ま》だ皮相《ひそう》のみを免《まぬが》れぬ。然《しか》らば何故《なにゆえ》に戦争《せんそう》は起《おこ》るのであるか。今《いま》ここに根本原因《こんぽんげんいん》を端的《たんてき》にいえば、人類《じんるい》の多《おお》くの者《もの》が真実《しんじつ》の神《かみ》を忘《わす》れ、或《あるい》は真実《しんじつ》に真《まこと》の神《かみ》を信仰《しんこう》していなかったからである。真実《しんじつ》の神《かみ》が忘《わす》れられ、神《かみ》が真実《しんじつ》に信仰《しんこう》されて居《お》らない所《ところ》に「大道《だいどう》」は存《そん》し得《え》ない。

「大道亡《だいどうほろ》びて仁義《じんぎ》あり」と孔子《こうし》は喝破《かっぱ》されたが、神《かみ》の表《あらわ》れの無《な》い「仁義《じんぎ》」は力弱《ちからよわ》くその影《かげ》は地《ち》の上《うえ》に薄《うす》れていた。由来《ゆらい》この倫理道徳《りんりどうとく》の範囲《はんい》を出《で》ない「仁義《じんぎ》」は利害得失《りがいとくしつ》の前《まえ》にはしばしば力《ちから》を失《うしな》うことを示《しめ》している。

人類《じんるい》が真《しん》に神《かみ》の大愛《たいあい》の御光《みひかり》の下《もと》に立《た》つ時《とき》に、その魂《たましい》は清《きよ》められ、温《あたた》められ、はぐくまれ、神《かみ》の子《こ》たることを知《し》る時《とき》に、「四海《しかい》は同胞《どうほう》である」ことを悟《さと》るべきである。更《さら》に神《かみ》の普遍《ふへん》の御力徳《みちから》が宇宙《うちゅう》に充《み》ち満《み》ちており、之《これ》を道《みち》といゝ、この道《みち》が万有《ばんゆう》そのものに顕《けん》現《げん》しているものであることを知《し》る時《とき》に、兄弟同胞《きょうだいどうほう》というよりも、更《さら》に進《すす》んで、「万有《ばんゆう》は本来一体《ほんらいいったい》」であることを覚《さと》るであろう。

そこには自他内外《じたないがい》の分《わか》ちはない。神《かみ》の大愛《たいあい》に包《つつ》まれ、「万有一体《ばんゆういったい》」の真実《しんじつ》を悟《さと》る時《とき》、そこに何《なん》の憎悪《ぞうお》や闘争《とうそう》の厭《いと》うべきものゝ侵入《しんにゅう》や発生《はっせい》の余地《よち》があり得《え》よう。只渾然《ただこんぜん》（＝異なったものがまじり、とけ合っているさま。）たる大和渾一《やまとこんいつ》の世界《せかい》が展開《てんかい》すべきである。

○

併《しか》し世界《せかい》の一大半面《いちだいはんめん》に於《お》いて神《かみ》が否定《ひてい》されている今日《こんにち》に於《お》いて、俄《にわか》に人類《じんるい》をして神《かみ》の御光《みひかり》の下《もと》に立《た》たしむることは出来《でき》ない。されば神《かみ》を知《し》るもの神《かみ》を信《しん》ずるものゝ、真実《しんじつ》に神《かみ》に祈《いの》るということによる外《ほか》はない。真実《しんじつ》に平和《へいわ》を神《かみ》に祈《いの》る心《こころ》そのものが既《すで》に平和《へいわ》の大《だい》なるいしずえをなすものであるが、世界《せかい》の多数《たすう》の人類《じんるい》が神《かみ》の道《みち》を畏《かしこ》み、仁愛《じんあい》の心《こころ》を抱《いだ》き、至誠《しせい》を傾《かたむ》けて日夜《にちや》に神《かみ》に平和《へいわ》を祈《いの》る時《とき》、神《かみ》の大《だい》なる御力《みちから》が無《な》いはずはない。キリストは、「信仰《しんこう》の力《ちから》は山《やま》をもうつすべし」と云《い》い、出口聖師《でぐちせいし》は

○信仰《しんかう》の徳《とく》のつもれば足《あし》びきの　山《やま》もうごかす力出《ちからいで》づとう

とこれを詠《よ》み、また

○信仰《あななひ》の力《ちから》は石《いし》を玉《たま》となし　山《やま》をも海《うみ》に立替《たてかへ》るなり

と示《しめ》されます。

戦時中《せんじちゅう》など如何《いか》に信仰《しんこう》に居《お》るもの、祈《いの》りを捧《ささ》ぐるもの丶上《うえ》に、神《かみ》の大《おお》いなる御力《みちから》が顕《あらわ》れたかを体現《たいげん》せられた人々《ひとびと》は極《きわ》めて多《おお》い。聖師《せいし》はまた

○風水化《ふうすいか》の天災地変《てんさいちへん》も信仰《しんかう》の　徳《とく》しつもれば安《やす》くのがれむ

○天《てん》は裂《さ》け地《ち》は割《わ》る丶とも大愛《たいあい》の　神《かみ》にいだかる身魂《みたま》は安《やす》けし

と詠《うた》い示《しめ》される。

信仰《しんこう》の仕方《しかた》にもいろいろあり、信仰《しんこう》の対照《たいしょう》も色々《いろいろ》ある。神仏《しんぶつ》に高下《こうげ》があり、中《なか》には仮《か》

設神仏《せつしんぶつ》もあるであろう。併《しか》し正《ただ》しい心《こころ》より発《はっ》し、正《ただ》しい祈《いの》りをさゝぐる時《とき》、その信仰《しんこう》は皆絶対《みなぜったい》に方向《ほうこう》づけられるであろう。木《こ》の葉《は》の下《した》をくぐる水《みず》もやがて谷川《たにがわ》に落《お》ち、谷川《たにがわ》の水《みず》は小川《おがわ》に入《い》り、小川《おがわ》の水《みず》は本流《ほんりゅう》に合《がっ》し、本流《ほんりゅう》の水《みず》は遂《つい》に大海《たいかい》に朝宗《ちょうそう》する。

信仰《しんこう》の道《みち》に於《お》いてもこれと同《おな》じでなければならない。されば我等《われら》は普《あまね》く平和《へいわ》を愛《あい》する諸国《しょこく》の民《たみ》が、神《かみ》に仏《ほとけ》に真心《まごころ》を以《もっ》て恒久《こうきゅう》の平和《へいわ》を祈《いの》って止《や》まないことを深《ふか》く希《こ》うものである。先覚《せんかく》の人々《ひとびと》、殊《こと》に「宗教家《しゅうきょうか》がこの祈願《きがん》の精神《せいしん》を普《あまね》く世《よ》にゆきわたらすよう努力《どりょく》することはその重大《じゅうだい》な責務《せきむ》である」べきである。

〇

こゝになお戦争《せんそう》という大《だい》なる災厄《さいやく》の本質的原因《ほんしつてきげんいん》について考《かんが》えなければならない今《いま》一つの事《こと》がある。それは戦争《せんそう》は単《たん》に神《かみ》を離《はな》れ、神《かみ》に真実《しんじつ》に向《むか》っていない当面《とうめん》の人類《じんるい》が、大和《だいわ》の精神《せいしん》を忘《わす》れ、イデオロギーの衝突《しょうとつ》や、利害《りがい》の衝突《しょうとつ》のために惹起《じゃっき》した事件《じけん》というのみの事《こと》ではない。それは神《かみ》をはなれ、神《かみ》に真実《しんじつ》に向《むか》っていなかった古《ふる》き祖先《そせん》より、累代《るいだい》の人《じん》類《るい》が犯《おか》し来《き》たった我良《われよ》しや醜《みにく》い業績《ぎょうせき》の積《つも》り積《つも》った宿業《しゅくごう》のかたまりが戦争《せんそう》という厄難《やくなん》としてふき出《だ》し、爆発《ばくはつ》したものである。

人類《じんるい》が神《かみ》——真神《しんしん》を忘《わす》れ、或《あるい》は真実《しんじつ》に神《かみ》を信《しん》ぜず、神《かみ》の御心《みこころ》にそむき、神《かみ》を涜《どく》し、自《じ》己《こ》を汚《けが》し、世《よ》をそこない傷《きず》つけて来《き》た事《こと》がいかばかりであったかは人類《じんるい》の歴史《れきし》が示《しめ》す所《ところ》である。此《こ》の世《よ》は火宅《かたく》であり、穢土《えど》であり、娑婆《しゃば》即《すなわ》ち苦土《くど》であると仏教《ぶっきょう》は説《と》いてきたが、それ程《ほど》みにくい世界《せかい》ではなかった。

戦争《せんそう》だけではない。この悪《あ》しき積業《せきぎょう》の報《むく》いが諸多《しょた》の災害《さいがい》となって現《あら》われて来《く》るのであって、決《けっ》して偶然《ぐうぜん》でもなければ所謂単《いわゆるたん》なる自然《しぜん》でもない。

風水《ふうすい》の厄難《やくなん》の如《ごと》きも一つに人心《じんしん》の反映《はんえい》である。人心《じんしん》そのもの、社会状態《しゃかいじょうたい》そのものに相応《そうおう》しての神《かみ》の御計《おはか》らい、神《かみ》の摂理《せつり》によるものである。中国《ちゅうごく》の道院《どういん》の扶乩《ふうち》——神示《しんじ》にも

「天道《てんどう》の自然《しぜん》は必《かなら》ず人世《ひとのよ》の運化《うんか》に合《がっ》し、人世《ひとのよ》の運化《うんか》は必《かなら》ず自然《しぜん》に附《ふ》する者《もの》。是又《これまた》主要中《しゅようちゅう》の主要也《しゅようなり》」

とある。まことに一切《いっさい》は神《かみ》の摂理《せつり》によるものであることを知《し》ることは主要中《しゅようちゅう》の主要《しゅよう》でなければならない。聖師《せいし》は

○世《よ》の中《なか》の一切万事《いっさいばんじ》の出来事《できごと》は　神《かみ》のよさしの仕組《しぐみ》と知《し》らずや

と示《しめ》されている。

大風洪水地震疫病飢饉等《おおかぜこうずいじしんえきびょうききんなど》、世人《せじん》は偶然《ぐうぜん》の出来事《できごと》とか、単《たん》なる物理的自然現象《ぶつりてきしぜんげんしょう》とか考《かんが》えるのみで、深《ふか》く省《かえり》み、神《かみ》の御前《みまえ》に恐《おそ》れ畏《かしこ》むことを知《し》らない。そこで戦争《せんそう》の如《ごと》き大厄難《だいやくなん》を招来《しょうらい》した事《こと》についても、そのよからぬ積業《せきぎょう》について先《ま》ず心《こころ》から神《かみ》の御前《みまえ》におわびする事《こと》が必要《ひつよう》である。そしてその上更《うえさら》に平和《へいわ》を来《きた》らせ給《たま》えかしとお祈《いの》りすべきである。

人《ひと》によっては自分《じぶん》は戦争犯罪人《せんそうはんざいにん》では無《な》いと考《かんが》えることも一応正当《いちおうせいとう》であろう。併《しか》し社会《しゃかい》共同体《きょうどうたい》の観念《かんねん》に立《た》つ時《とき》、更《さら》に万物一体観《ばんぶついったいかん》に立《た》ち帰《かえ》る時《とき》、或《あるい》はまた人類《じんるい》の「死生観《しせいかん》」を詳《つまびら》かにして、前生《ぜんせい》の存《そん》することを知《し》る時《とき》に、業《ぎょう》の上《うえ》に於《お》いて無罪《むざい》を主張《しゅちょう》し得《う》る者《もの》がどこに在《あ》り得《え》よう。等《ひと》しく神《かみ》の御前《みまえ》に恐《おそ》れ畏《かしこ》むべきではないか。

戦争防止《せんそうぼうし》、平和樹立《へいわじゅりつ》のためには政治外交教育乃至経済等《せいじがいこうきょういくないしけいざいなど》の上《うえ》に於《お》いても充分《じゅうぶん》の努力《どりょく》が必要《ひつよう》であることは申《もう》すまでもない。

併《しか》しこれらの根本的基本《こんぽんてききほん》となるものは宗教《しゅうきょう》でなければならい。宗教《しゅうきょう》の無《な》き所《ところ》に立派《りっぱ》な政治《せいじ》や、円満《えんまん》な外交《がいこう》や、善美《ぜんび》な教育《きょういく》や、乃至整頓《ないしせいとん》された経済等《けいざいなど》があるはずがない。宗教精神《しゅうきょうせいしん》をぬきにした平和工作《へいわこうさく》は一時押《いちじおさ》えの効《き》き目《め》はあろうが到底戦争《とうていせんそう》という人類《じんるい》の劫病《ごうびょう》を直《なお》せるものではない、何々会議《なになにかいぎ》を幾度開《いくどひら》いてもそれは所詮《しょせん》「空手形《からてがた》」を振出《ふりだ》すことに過《す》ぎない。

万世《ばんせい》の泰平《たいへい》というは最《もっと》も高次《こうじ》の文化《ぶんか》に属《ぞく》するものである。言葉《ことば》をかえていえばそこに地上天国《ちじょうてんごく》が見出《みだ》されなければならない。地上天国高次《ちじょうてんごくこうじ》の文化《ぶんか》の建設《けんせつ》には物心両面《ぶっしんりょうめん》があり、心《こころ》の向《むき》がその第一《だいいち》である。その心《こころ》の開発《かいはつ》がなければ、高次《こうじ》の真文化《しんぶんか》の建設《けんせつ》はあり得《え》ない。輝《かがや》かしい新日本《しんにほん》の建設新世界《けんせつしんせかい》の建設《けんせつ》は畢竟《ひっきょう》（＝つまり。所詮。結局。）「真実《しんじつ》に神《かみ》に帰《かえ》れ」の一言《いとこと》に尽《つ》きる。

「和《わ》を以《もつ》て尊《とうと》しとなす」と「十七条《じょう》の憲法《けんぽう》」に聖徳太子《しょうとくたいし》は記《しる》され、「和平《わへい》を求《もと》める者《もの》は福《ふく》なり、その人《ひと》は神《かみ》の子《こ》と称《しょう》せられる可《べ》ければなり」とキリストに訓《おし》えられた人類《じんるい》は、等《ひと》しく神《かみ》に帰《かえ》り神《かみ》に祈《いの》らねばならない。是《これ》が恒久平和《こうきゅうへいわ》の礎《いしずえ》であり、一切人生《いっさいじんせい》の基《もとい》である。

（筆者は本部講師）

（『愛善苑』「聖師記念特集号」第三十一号・昭和二十三年六月一日号）

二、平和か滅亡か！恒久平和への道（愛善時論）

(一)、平和への意義

世界各国《せかいかっこく》が軍備《ぐんび》をもって対立《たいりつ》している今日《こんにち》、真《まこと》の恒久平和《こうきゅうへいわ》を実現《じつげん》しようなどという考《かんが》えは、現実《げんじつ》を無視《むし》した単《たん》なる理想《りそう》、はるかに遠《とお》い未来《みらい》の美《うつく》しい夢《ゆめ》であろうか。人類《じんるい》幾千年《いくせんねん》の歴史《れきし》は、実《じつ》に戦争《せんそう》の歴史《れきし》であったのである。

しかし、人類《じんるい》はこの「美《うつく》しい夢《ゆめ》」を追《お》って生《い》きて来《き》た、また生《い》きつゝあるのである。しかも、この夢《ゆめ》が「はるかに遠《とお》い未来《みらい》」の美《うつく》しい夢《ゆめ》としておくわけには行《ゆ》かぬ現実《げんじつ》にぶつかったのである。それは今度《こんど》の戦争《せんそう》における原子力《げんしりょく》の出現《しゅつげん》である。もし不幸《ふこう》にして「第三次戦争《だいさんじせんそう》」が起《おこ》るようなことがあるとしたら、恐《おそ》らく人類《じんるい》の三分《さんぶん》の一は滅亡《めつぼう》するであろうとさえ云《い》われている。

侵略的戦争《しんりゃくてきせんそう》は正《ただ》しくないが防御的戦争《ぼうえいてきせんそう》は正《ただ》しいなどという議論《ぎろん》は、今日《こんにち》もはや許《ゆる》されない。「戦争《せんそう》か平和《へいわ》か」と云《い》うより「平和《へいわ》か滅亡《めつぼう》か」という時代《じだい》である。絶対平和《ぜったいへいわ》である。戦争《せんそう》を絶対《ぜったい》に悪《あく》であるとして、これを防《ふせ》ぎまたなくす様《よう》に努力《どりょく》することが、人類《じんるい》の神聖《しんせい》な義務《ぎむ》でなければならぬ。

「真《まこと》の恒久平和《こうきゅうへいわ》」とは、ただ戦争《せんそう》がないというだけの意味《いみ》ではない。一つ間違《まちが》えば戦《せん》争《そう》が起《おこ》るかも知《し》れないと云《い》うのでは、決《けっ》して「真《まこと》の平和《へいわ》」ではない。この世界《せかい》から戦争《せんそう》が根本的《こんぽんてき》になくならなければいけない。それがためには、世界各国《せかいかっこく》が戦争《せんそう》を放棄《ほうき》した暁《あかつき》でなければ、真《まこと》の恒久平和《こうきゅうへいわ》という理論《りろん》は実現《じつげん》できないのである。

人類《じんるい》は果《はた》してそこまで深《ふか》く反省《はんせい》し、自覚《じかく》しているであろうか。「ユネスコ」では「戦《せん》争《そう》は人間《にんげん》の心《こころ》の中《なか》で始《はじ》められるものであるから、平和《へいわ》の防衛《ぼうえい》もまた人間《にんげん》の心《こころ》の中《なか》にうち建《た》てられなければならぬ」と云《い》っているが、これは真理《しんり》である。

およそ世界《せかい》には「有形《ゆうけい》と無形《むけい》」の二つの大《おお》きな障壁《しょうへき》がある。有形《ゆうけい》の障壁《しょうへき》の大《だい》なるものは、「対外的武備《たいがいてきぶび》」（警察的武備《けいさつてきぶび》は別《べつ》）と「国家的領土《こっかてきりょうど》の閉鎖《へいさ》」である。また無形《むけい》の障《しょう》壁《へき》の大《だい》なるものは、「国民《こくみん》および人種間《じんしゅかん》の敵愾心《てきがいしん》であり各宗教間《かくしゅうきょうかん》の排他心《はいたしん》」である。

この世界《せかい》の有形《ゆうけい》の大障壁《だいしょうへき》をとり除《のぞ》くためには先《ま》ず無形《むけい》の障壁《しょうへき》からとり除《のぞ》いてかゝらねばならぬ。有形無形《ゆうけいむけい》の障壁《しょうへき》がとり除《のぞ》かれて人類《じんるい》が一大家族《いちだいかぞく》を形《かたち》ずくる時《とき》、こゝに真《まこと》の恒《こう》久平和《きゅうへいわ》が実現《じつげん》したと云《い》えるであろう。

（二）、新憲法と戦争放棄

『日本国憲法《にほんこくけんぽう》』は第二章《だいにしょう》において明《あき》らかに「戦争放棄《せんそうほうき》」を示《しめ》している。これは侵略的戦争《しんりゃくてきせんそう》はいけないが、「防御的戦争《ぼうえいてきせんそう》はやむを得《え》ないといったようなナマぬるい性質《せいしつ》のもではなく、戦争《せんそう》をしかけられても決《けっ》してこちらは戦争《せんそう》をしない」のである。「絶体無抵抗主義《ぜったいむていこうしゅぎ》」である。

もちろん言論《げんろん》においては、正々堂々《せいせいどうどう》とその正義《せいぎ》を主張《しゅちょう》すべきであるが、一切武力《いっさいぶりょく》を使《つか》わないと云《い》うのである。この日本《にほん》の「戦争放棄《せんそうほうき》」は単《たん》なる理想《りそう》であるとか早計《そうけい》であるとか、世界《せかい》でも色々批評《いろいろひひょう》しているようであるが、「日本《にほん》は事実上戦争《じじつじょうせんそう》を放棄《ほうき》した」のである。

ただ敗戦《はいせん》という大《おお》いなる事実《じじつ》を動機《どうき》として行《おこな》われただけに、批判《ひはん》の対象《たいしょう》となるのはやむを得《え》ないであろうが、その原因動機《げんいんどうき》はどうあろうとも、「戦争《せんそう》を放棄《ほうき》」した日本《にほん》は世《せ》界《かい》に一つの「ヒナ型《がた》」を示《しめ》したものだと云《い》ってよいであろう。日本《にほん》はたしかに世界《せかい》の一つの試金石《しきんせき》である。恒久平和《こうきゅうへいわ》は美《うつく》しい夢《ゆめ》に過《す》ぎないのか、それとも実現《じつげん》し得《う》る夢《ゆめ》なのかは、我々《われわれ》日本国民《にほんこくみん》の心《こころ》がまえと努力《どりょく》如何《いか》にかゝっているものである。

新憲法《しんけんぽう》が布《し》かれてから「民主主義《みんしゅしゅぎ》の思想《しそう》」はかなり広《ひろ》く普及《ふきゅう》されたようであるが、「平和思想《へいわしそう》の自覚《じかく》」はそれほどでもないことは事実《じじつ》である。「マがよければ日本《にほん》は今一《いまいち》度軍備《どぐんび》をもって独立国《どくりつこく》としての対面《たいめん》を保《たも》ちたい」と云《い》うような考《かんが》えを抱《いだ》く人《ひと》は全然《ぜんぜん》ないであろうか。或《あるい》は自暴自棄《じぼうじき》して日本《にほん》の将来《しょうらい》に何《なん》らの希望《きぼう》も光明《こうみょう》も認《みと》めなくなったような人《ひと》はいないであろうか。もしそういう考《かんが》えを持《も》っている人々《ひとびと》がいるとしたら、それは大《だい》なる誤《あやま》りである。

新憲法《しんけんぽう》の絶対平和《ぜったいへいわ》の精神《せいしん》を生《い》かすためには、どうしても宗 教的信念《しゅうきょうてきしんねん》によって裏付《うらづ》けられなければならないのである。

(三)、神誓神約の時

幾千年来待望《いくせんねんらいたいぼう》されていた地上天国《ちじょうてんごく》が実現《じつげん》されなかったゝめに、人々《ひとびと》はよくその根本原《こんぽんげん》因《いん》を宗教《しゅうきょう》の堕落《だらく》と人類《じんるい》の無自覚《むじかく》に帰《き》する。今度《こんど》の戦争《せんそう》にしても宗教《しゅうきょう》の無力《むりょく》は暴露《ばくろ》された。現代日本《げんだいにほん》の無神論的傾向《むしんろんてきけいこう》はたしかに「既成宗教《きせいしゅうきょう》の罪《つみ》である」と云《い》われてもいたし方《かた》がない。

しかし、一方《いっぽう》「時《とき》の力《ちから》」ということを考《かんが》えて見《み》る必要《ひつよう》がある。如何《いか》に夜中《よなか》に昼《ひる》を望《のぞ》んで見《み》たところで、或《あ》る時間《じかん》が過《す》ぎなければ夜《よ》は明《あ》けないのである。冬《ふゆ》の真最中《まっさいちゅう》に春《はる》は来《こ》ないのである。天《てん》の時節《じせつ》は如何《いかん》ともすることは出来《でき》ないのである。これまでの時代《じだい》は、人盛《ひとさか》んにして天《てん》に勝《か》つという時代《じだい》、いわば未完成《みかんせい》の時代《じだい》であったのである。悪人《あくにん》がはびこって善人《ぜんにん》が影《かげ》をかくす時代《じだい》、老子《ろうし》の所謂大道《いわゆるだいどう》すたれて仁義《じんぎ》が云々《うんぬん》される時代《じだい》であったのである。しかし、天運循環《てんうんじゅんかん》の神律《しんりつ》により、世界《せかい》の夜《よ》が明《あ》けて善悪《ぜんあく》の立《た》てわけがハッキリする時代《じだい》が来《き》たのである。「一箪《いったん》は世界《せかい》が混悪《こんあく》の時代《じだい》を経《へ》て然《しか》る後《のち》に善美《ぜんび》の時代《じだい》が来《く》る」ということは、各宗教《かくしゅうきょう》の教典《きょうてん》がこれを予言警告《よげんけいこく》しているところである。その「神《しん》誓神約《せいしんやく》」の実行《じっこう》される時代《じだい》が来《き》たのである。幾千年《いくせんねん》の長《なが》い間《あいだ》、真《まこと》の恒久平和《こうきゅうへいわ》が実現《じつげん》されなかったのもまた止《や》むを得《え》ないと云《い》わねばならぬ。
出口《でぐち》の聖師《せいし》の歌《うた》に

○時《とき》は今天地《いまあめつち》ひらく神代《かみよ》かも　神《かみ》の御声《みこゑ》の鳴《な》りなり止《や》まず
○三千歳《みちとせ》の神《かみ》の経綸《しぐみ》の御光《おんひか》り　あまねく輝《かが》やうときは来《き》にけり
○三千歳《みちとせ》の神《かみ》の経綸《しぐみ》もなり〳〵ぬ　神国《みくに》の地上《ちじやう》にたつ日《ひ》は近《ちか》めり

と示《しめ》されているゆえんである。

(四)、宗教本来の使命

人間《にんげん》の心《こころ》がどうしたら善《よ》くなるか。人間《にんげん》がどうしたら改造《かいぞう》されるか――これは人類《じんるい》の課題《かだい》である。こゝに世界《せかい》の有形《ゆうけい》の障壁《しょうへき》をとり除《のぞ》く前《まえ》に先《ま》ず無形《むけい》の障壁《しょうへき》、人種《じんしゅ》、国民《こくみん》または各宗教間《かくしゅうきょうかん》にある排他心《はいたしん》をとり除《のぞ》かなければならぬ。キリストは「天国《てんごく》はなんじらの心《こころ》の内《うち》にあり」といゝ、仏陀《ぶつだ》は「慈悲《じひ》の心《こころ》を十方世界《じっぽうせかい》にひろめて限界《げんかい》を設《もう》けるな」と教《おし》え、アブデュルバハーは「世界《せかい》の平和《へいわ》は人々《ひとびと》の心《こころ》の内《うち》に建《た》てられねばならぬ」と諭《さと》した。出口聖師《でぐちせいし》の示教《しきょう》にも、「先《ま》ず世界人類《せかいじんるい》の和合《わごう》をもってみろくの世実現《よじつげん》の絶対的条件《ぜったいてきじょうけん》」とされている。

もちろん、政治的《せいじてき》、経済的《けいざいてき》の条件《じょうけん》がそなわらずして、たゞ精神的《せいしんてき》の改善《かいぜん》のみによって、真《まこと》の平和《へいわ》が招来《しょうらい》されようとは、決《けっ》して考《かんが》えていない。しかし、人間《にんげん》がもっと教育《きょういく》され啓発《けいはつ》され文化的《ぶんかてき》に高《たか》められることが根本条件《こんぽんじょうけん》であることを確信《かくしん》するものである。人間《にんげん》は結局教育《けっきょくきょういく》の動物《どうぶつ》である。もしも人間《にんげん》が生《うま》れおちて全然教育《ぜんぜんきょういく》を受《う》けなかったとしたら、シェークスピアの戯曲《ぎきょく》『レムペスト』に出《で》てくるキャリバンと大《たい》して異《こと》なるところはないであろう。

教育《きょういく》の目的《もくてき》は真《まこと》の人間《にんげん》をつくることである。こゝに宗教《しゅうきょう》は重大《じゅうだい》な役目《やくめ》を持《も》っているもので、今《いま》の時代《じだい》の欠陥《けっかん》は宗教心《しゅうきょうしん》の欠除《けつじょ》であると云《い》っても過言《かごん》でない。ところがその宗教事態《しゅうきょうじたい》がダラクして本来《ほんらい》の使命《しめい》を果《はた》さないなら、現代《げんだい》の宗教《しゅうきょう》はおそらく永久《えいきゅう》に非難《ひなん》と攻撃《こうげき》の対象《たいしょう》となるであろう。宗教《しゅうきょう》は速《すみや》かに「万教同根《ばんきょうどうこん》」の真理《しんり》に立《た》って宗派《しゅうは》根性《こんじょう》を一掃《いっそう》し、真《しん》に更生《こうせい》して本来《ほんらい》の使命《しめい》に生《い》きる秋《とき》である。

（五）、強力な平和運動を起せ

国際情勢《こくさいじょうせい》、社会情勢《しゃかいじょうせい》の上《うえ》から見《み》ても、重大《じゅうだい》な時期《じき》に迫《せま》っていることは明《あき》らかである。人類《じんるい》がいつまでも「自己中心《じこちゅうしん》」、「自国中心《じこくちゅうしん》」の偏狭《へんきょう》な思想《しそう》に堕《だ》して目《め》ざめることがないならば、世界《せかい》は再《ふたた》び厳《きび》しい大試練《だいしれん》を受《う》けずにはすまないであろう。社会《しゃかい》がよくならないのに、自分一人《じぶんひとり》がよくなる筈《はず》はないのである。世界《せかい》がよくならないのに、自分《じぶん》の国《くに》だけがよくなる筈《はず》はないのである。

人心《じんしん》の中《なか》の障壁《しょうへき》をなす根元《こんげん》は偏狭《へんきょう》な自我心《じがしん》である。この自我心《じがしん》を根《ね》こそぎにするためには「せねばするようにする」という不可抗《ふかこう》な神力《しんりき》の発現《はつげん》を必要《ひつよう》とするのであろう。けれども、人間《にんげん》としても出来《でき》る限《かぎ》りの根絶《こんぜつ》に努力《どりょく》しなくてはならぬ。こゝに各自《かくじ》が自分自《じぶんじ》身《しん》を内《うち》に深《ふか》くかえりみて、先《ま》ず自分《じぶん》を立直《たてなお》すことが最《もっと》も必要《ひつよう》となってくるのである。
○立替《たてかへ》を世人《よびと》のことゝな思《おも》いそ　立替《たてかへ》するはおのが身魂《みたま》ぞ
出口聖師《でぐちせいし》のこの歌《うた》は金錐のするどさをもって我々《われわれ》の胸《むね》に響《ひび》いてくるように思《おも》われる。

それで我々《われわれ》は、先《ま》ず平和《へいわ》の祈《いの》りに徹《てっ》し、次《つぎ》の如《ごと》き聖師《せいし》の救世主義《きゅうせいしゅぎ》に習《なら》って強力《きょうりょく》な平和《へいわ》運動《うんどう》を展開《てんかい》すべきであると信《しん》ずる。
一、慈眼《じがん》わが身《み》を反省《はんせい》して、罪悪《ざいあく》の淵《ふち》に自身《じしん》を沈没《ちんぼつ》せしめぬこと
二、慈眼《じがん》わが一家《いっか》をかえり見《み》て、もって常《つね》に平和《へいわ》と幸福《こうふく》を増進《ぞうしん》せしむること
三、慈眼《じがん》わが一国《いっこく》を愛《あい》して、国利民福《こくりみんぷく》の大精神《だいせいしん》を発揮《はっき》し実行《じっこう》せしむること
四、慈眼宇宙人類《じがんうちゅうじんるい》を愛善《あいぜん》して、内外東西《ないがいとうざい》の別《べつ》なく、福利《ふくり》せしめんとするの大精神《だいせいしん》を発揮《はっき》すること
五、慈眼一切《じがんいっさい》の蒼生万類《そうせいばんるい》を見《み》て、現世《げんせ》の汚濁《おだく》を脱却《だっきゃく》せしめ、永遠無窮《えいえんむきゅう》の大光明界《だいこうみょうかい》に入《い》らしめ、永遠無窮《えいえんむきゅう》の大光明界《だいこうみょうかい》に入《い》らしめること

六、天神《てんじん》の愛善《あいぜん》と信真《しんしん》とを理解《りかい》せしめて、不老不死《ふろうふし》なる天国《てんごく》または霊界《れいかい》に安住《あんじゅう》し復活《ふっかつ》せんと焦慮《しょうりょ》すること（5頁に同文あり。）

（『愛善苑』第三十三号・昭和二十三年九月一日号）

三、新日本建設を目指す宗教と世相

出口伊佐男

今日《こんにち》の世相《せそう》は心《こころ》ある人々《ひとびと》にとっては、まことに憂慮《ゆうりょ》すべきものがあることは事実《じじつ》であります。家庭《かてい》に、街頭《がいとう》に、汽車《きしゃ》や電車《でんしゃ》の中《なか》に、日々《ひび》見《み》たり聞《き》いたりすることから考《かんが》えても、これでよいのか、これが「平和日本建設《へいわにほんけんせつ》を目《め》ざす日本《にほん》の姿《すがた》なのか」と暗《くら》い気持《きも》ちにされることがあります。新聞《しんぶん》を読《よ》みましても、歎《なげ》かざるを得《え》ない世相《せそう》を深《ふか》く感《かん》じるものがあります。

ある有名《ゆうめい》な政治家《せいじか》に「日本《にほん》の将来《しょうらい》はどうなるでしょうか」と尋《たず》ねたところ、「革命《かくめい》と暴動《ぼうどう》を起《お》こして日本人《にほんじん》が日本《にほん》を亡《ほろ》ぼして行《い》くのであろう」と答《こた》えたということであります。

そこには何《なん》ら「新日本建設《しんにほんけんせつ》」の構想《こうそう》もなく、希望《きぼう》も光明《こうみょう》もなかったということで、日《に》本《ほん》がこのまゝ進《すす》むなら、そうとしか思《おも》われないような世相《せそう》である、とも云《い》えます。

しかし、世《よ》の中《なか》は暗《くら》い方面《ほうめん》ばかり見《み》て、物《もの》ごとを考《かんが》えたり云《い》ったりすることは誤《あやま》りで、明《あか》るい方面《ほうめん》もあるのです。私《わたくし》どもは人生《じんせい》に、社会《しゃかい》に、希望《きぼう》と光明《こうみょう》を見出《みだ》して進《すす》んで行《い》きたいと思《おも》うのです。道義《どうぎ》がすたれ、思想《しそう》が悪化《あっか》したということも確《たし》かなことですが、一面昔《いちめんむかし》より世《よ》の中《なか》は進歩《しんぽ》し善《よ》くなっていることも事実《じじつ》です。

ギャングだ、暴力沙汰《ぼうりょくざた》だ、人殺《ひとごろ》しだという新聞記事《しんぶんきじ》を見《み》ますと、如何《いか》にも世《よ》の末《すえ》だという風《ふう》にも思《おも》われますが、昔《むかし》はもっとひどかったこともあるのです。「人権尊重《じんけんそんちょう》」と云《い》うようなことは殆《ほとん》ど顧《かえり》みられなかったと云《い》ってもよいくらいです。

○

青年《せいねん》の風潮《ふうちょう》についても、しばく問題《もんだい》になるのでありますが、これは無理《むり》からぬ同情《どうじょう》すべき点《てん》があります。これまで「封建主義《ほうけんしゅぎ》」、「過激《かげき》な国家主義《こっかしゅぎ》」の中《なか》に教育《きょういく》されていた者《もの》が敗戦《はいせん》という厳粛《げんしゅく》な事実《じじつ》にぶつかってたちまち民主主義《みんしゅしゅぎ》、自由主義《じゆうしゅぎ》の中《なか》に投《な》げ込《こ》まれたのですから、自分達《じぶんたち》はいゝ加減《かげん》なことを教《おし》えられ指導《しどう》されていたのだという反《はん》感《かん》と惑《まよ》いから、魂《たましい》のよりどころを失《うしな》って、その日暮《ひぐ》らしの享楽《きょうらく》を求《もと》めるようになるのであろうと思《おも》います。

しかし、この青年層《せいねんそう》の風潮《ふうちょう》も暗《くら》い方面《ほうめん》でなく明《あか》るい方面《ほうめん》を見《み》ると、むしろ心強《こころづよ》く喜《よろこ》ぶべき傾向《けいこう》になっているということが云《い》えましょう。

例《たと》えば青年層《せいねんそう》に哲学《てつがく》の書物《しょもつ》が盛《さか》んに読《よ》まれるということです。これは迷《まよ》いと虚脱《きょだつ》の中《なか》から青年達《せいねんたち》が新《あたら》しい世界観人生観《せかいかんじんせいかん》を見出《みだ》して生《い》きようとしているからです。青年時代《せいねんじだい》は誰《だれ》しも純真《じゅんしん》で、真剣《しんけん》に人生《じんせい》の問題《もんだい》を考《かんが》え真理《しんり》を求《もと》めようとするものです。この新《あたら》しい哲《てつ》学《がく》を求《もと》める心《こころ》はやがて「新《あたら》しい論理《ろんり》」を求《もと》めることになるのです。

善悪《ぜんあく》の標準《ひょうじゅん》についても、青年達《せいねんたち》は今《いま》までの修身書《しゅうしんしょ》や論理学《ろんりがく》で教《おそ》わっていたものだけで満足《まんぞく》し安心《あんしん》することが出来《でき》なくなってきたのです。社会《しゃかい》の色々矛盾《いろいろむじゅん》したことを実際《じっさい》に見《み》たり聞《き》いたりするにつけ、今《いま》まで学校《がっこう》で教《おそ》わったり聞《き》かされたりしたことに疑問《ぎもん》を持《も》ちはじめて来《き》たのです。そこでどうしても新《あたら》しい論理《ろんり》を求《もと》めることになります。更《さら》にこの心《こころ》が深《ふか》く進《すす》められて行《ゆ》くならば宗教《しゅうきょう》にまで行《ゆ》かなければ徹底《てってい》いたしません。こういう意味《いみ》において、現代《げんだい》の青年層《せいねんそう》に哲学《てつがく》の書物《しょもつ》が盛《さか》んに読《よ》まれるということは、真理《しんり》へ宗教《しゅうきょう》へと向《む》かいつゝあることを示《しめ》すものであり喜《よろこ》ぶべき傾向《けいこう》であると思《おも》うのです。

そこで今日《こんにち》のような世相《せそう》において新《あたら》しい方向《ほうこう》を指《さ》し示《しめ》し希望《きぼう》と光明《こうみょう》を与《あた》える宗教《しゅうきょう》が重大《じゅうだい》な役割《やくわり》を持《も》つことになる。人類《じんるい》の解放《かいほう》はすべての民衆《みんしゅう》が、平等《びょうどう》の機会《きかい》を与《あた》えられる民主的《みんしゅてき》で進歩的《しんぽてき》な教育《きょういく》によってのみとげられる、ということは何人《なにびと》も認《みと》めるところであろうと思《おも》われますが、この「民主的《みんしゅてき》で進歩的《しんぽてき》な教育《きょういく》」において、「宗教的真理《しゅうきょうてきしんり》に基《もと》づく教育《きょういく》が最《もっと》も大切《たいせつ》である」と云《い》うことを忘《わす》れてはなりません。

○

教育《きょういく》の目的《もくてき》は「真《まこと》の人間《にんげん》をつくること」であります。ところがこれまでの教育《きょういく》は余《あま》りに「智育《ちいく》」にのみ偏して「徳育《とくいく》」という方面《ほうめん》がおろそかにされ勝《か》ちであった。勿論《もちろん》知識《ちしき》を与《あた》えることは大切《たいせつ》ですが、知識《ちしき》のみを与《あた》えたら、それで真《しん》の人間《にんげん》がつくれると考《かんが》えることは大《おお》きな錯覚《さっかく》です。**「教育愈々普及《きょういくいよいよふきゅう》され却《かえ》って不徳《ふとく》の人々《ひとびと》が多《おお》く発生《はっせい》し、宗教《しゅうきょう》いよいよ盛《さか》んにして迷信《めいしん》の暗雲《あんうん》におゝわれ、法律《ほうりつ》の制定愈々多《せいていいよいよおお》くして罪人益々多《つみびとますますおお》く、経済《けいざい》学盛《がくさか》んに唱道《しょうどう》されて財界《ざいかい》の不安日《ふあんひ》に月《つき》に加《くわ》わる」**というのでは、何《なに》か根本的《こんぽんてき》なものを忘《わす》れまた欠《か》いている証拠《しょうこ》です。

即《すなわ》ち神《かみ》を忘《わす》れ宗教的真理《しゅうきょうてきしんり》を欠《か》いているからです。神《かみ》を知《し》り、宗教的真理《しゅうきょうてきしんり》に生《い》きるならば、宗教的情操《しゅうきょうてきじょうそう》が培《つちか》われ豊《ゆた》かになりますから、その場合《ばあい》には社会《しゃかい》に大《おお》きな影響《えいきょう》を及《およ》ぼし光明《こうみょう》を与《あた》えることになります。

宗教的真理《しゅうきょうてきしんり》と申《もう》しましても、人間《にんげん》の頭《あたま》で考《かんが》えた宗教《しゅうきょう》すなわち「人造宗教《じんぞうしゅうきょう》」の教《おしえ》と云《い》うことではなく「宇宙《うちゅう》の真理《しんり》」、「天地《てんち》の大道《だいどう》」ということです。

この「道《みち》」が明《あき》らかになり実行《じっこう》されるなら、国《くに》に天災地変《てんさいちへん》なく、人畜《じんちく》に病災《びょうさい》なく、政治上《せいじじょう》のみにくい争《あらそ》いは跡《あと》を絶《た》ち、戦乱《せんらん》は起《お》こらず、人《ひと》に盗《ぬす》み心《こころ》なく、社会的《しゃかいてき》の不平《ふへい》もなくなるのです。「生死往来《せいしおうらい》」の真理《しんり》は実《じつ》に月日《つきひ》の如《ごと》く明《あき》らかになりますから、男《おとこ》も女《おんな》も老《おい》も若《わか》きも共《とも》に各自天賦《かくじてんぷ》の霊能《れいのう》を発揮《はっき》して、人生《じんせい》の天職《てんしょく》を全《まっと》うし、天賦《てんぷ》の幸福《こうふく》を楽《たの》しんで、天国的生活《てんごくてきせいかつ》をいとなむようになるのです。これが宗教的《しゅうきょうてき》にいう地上天国《ちじょうてんごく》ミロクの世実現《よじつげん》の時《とき》であります。

出口聖師《でぐちせいし》は歌《うた》でこのように詠《よ》んでいます。

○末《すゑ》の世《よ》と人《ひと》はなげけど道《みち》をゆく　われにはミロクの神世《かみよ》なりけり

○とこやみの世《よ》に住《す》みながら光明《くわうみやう》の　世界《せかい》に生《い》くる愛善《あいぜん》の道《みち》

これは現代《げんだい》の如《ごと》き世相《せそう》の中《なか》において、而《しか》も生《い》きる道《みち》のあることを示《しめ》したものです。すなわち宗教的真理《しゅうきょうてきしんり》に生《い》き、現実的生活《げんじつてきせいかつ》の中《なか》に尊《とうと》い宗教《しゅうきょう》の光《ひか》りを見出《みだ》すことが出来《でき》ます。

宗教的教育《しゅうきょうてききょういく》の必要《ひつよう》なこと現代《げんだい》の如《ごと》きはないのです。宗教家《しゅうきょうか》はもちろん、教育家《きょういくか》も家庭《かてい》の人《ひと》たちも家庭教育《かていきょういく》に誠心《せいしん》をもってその子弟《してい》の教育《きょういく》に当《あ》たるべきです。それがためには、教育《きょういく》し指導《しどう》する人々《ひとびと》が先《ま》ず正《ただ》しき宗教的信念《しゅうきょうてきしんねん》をもつことです。

そして正《ただ》しき神《かみ》に対《たい》する考《かん》え方《かた》、正《ただ》しき宗教《しゅうきょう》に対《たい》する観方《みかた》から教《おし》えてゆくことが大《たい》切《せつ》です。今日《こんにち》まで神《かみ》を否定《ひてい》し、宗教《しゅうきょう》を否定《ひてい》する傾向《けいこう》にあったのは、正《ただ》しい神《かみ》の観念《かんねん》、正《ただ》しい信仰《しんこう》が国民《こくみん》に植《う》えつけられていなかったからであります。それは丁度《ちょうど》、黒雲《くろくも》におおわれているために太陽《たいよう》が存在《そんざい》しないのだと云《い》っているようなもので、黒雲《くろくも》におおわれていようとも、太陽《たいよう》は存在《そんざい》するのです。雲《くも》が晴《は》れゝば太陽《たいよう》は晃々《こうこう》と輝《かがや》くのを仰《あお》ぐことが出来《でき》ます。誤《あやま》られた神《かみ》に対《たい》する考《かん》えや、誤《あやま》られた宗教《しゅうきょう》に対《たい》する観方《みかた》が黒雲《くろくも》となって、現代《げんだい》の思想界《しそうかい》の太陽《たいよう》をおおいかくしているのです。宗教教育《しゅうきょうきょういく》は宗教家《しゅうきょうか》のみに任《まか》しておくと云《い》うことなく、家庭《かてい》においては両親《りょうしん》、学校《がっこう》においては教育家《きょういくか》が正《ただ》しき宗教的信《しゅうきょうてきしん》念《ねん》をもって子弟《してい》の教育《きょういく》に当《あた》らねばなりません。

今日学校《こんにちがっこう》においては、一宗一派《いっしゅういっぱ》にとらわれた宗教《しゅうきょう》を学生生徒《がくせいせいと》に教《おし》えることは許《ゆる》されていませんが、これは当然《とうぜん》なことで、信仰《しんこう》というものは強《し》いるものでもなく、強《し》いられるべき性質《せいしつ》のものでもありません。しかし、教育家自身《きょういくかじしん》が正《ただ》しき宗教的感化《しゅうきょうてきかんか》を及《およ》ぼすことは、決《けっ》して差支《さしつか》えないというよりも、これは大《おお》いに進《すす》んで実行《じっこう》すべきだと思《おも》うのです。

要《よう》するに宗教的光《しゅうきょうてきひか》りと香《かお》りが社会《しゃかい》にとけ入《い》り情操豊《じょうそうゆた》かな人達《ひとたち》が益々多《ますますおお》くなることにより、社会《しゃかい》はいよ〳〵善化《ぜんか》され美化《びか》されてくるのです。それ故《ゆえ》、いつの時代《じだい》においても殊《こと》に現代世相《げんだいせそう》においては宗教《しゅうきょう》が最《もっと》も力強《ちからつよ》く働《はたら》きかけ世《よ》の人《ひと》たちの魂《たましい》に大《だい》なる光《りかり》と希《き》望《ぼう》を与《あた》えなくてはならぬと思《おも》います。（昭和二十三年九月十九日・神道の時間に放送。）

（『愛善苑』第三十四号　昭和二十三年十月一日号）

第七編　宗教ならざる宗教

一、民主思想と愛善精神

(一)、民主主義の心髄

「民主主義《みんしゅしゅぎ》の意義《いぎ》」は極《きわ》めて広《ひろ》く用《もち》いられ、民衆的傾向《みんしゅうてきけいこう》があらゆる分野《ぶんや》に実現《じつげん》されようとしているが、ここでは主《しゅ》として「愛善運動《あいぜんうんどう》」において「民主主義《みんしゅしゅぎ》」を如何《いか》に吾々《われわれ》は受取《うけと》るべきかについて論《ろん》じて見《み》たい。

これまで民主的理想《みんしゅてきりそう》の最《もっと》も偉大《いだい》な表現《ひょうげん》の一つとなっているのは一八六三年《ねん》十一月《がつ》十九日《か》、ペンシルヴアニヤのゲッティスブルグにおいて合衆国《がっしゅうこく》の大統領《だいとうりょう》アブラハム・リンカーンの行《おこな》った演説《えんぜつ》である。彼《かれ》の演説《えんぜつ》は南北戦争《なんぼくせんそう》の死者《ししゃ》の「追悼式《ついとうしき》」で行《おこな》われたものではあるが、彼《かれ》の言葉《ことば》は今日《こんにち》もなお「民主的政治教育《みんしゅてきせいじきょういく》の心髄《しんずい》」をなすもので、彼《かれ》の演《えん》説《ぜつ》は真《まこと》の自由《じゆう》と平等《びょうどう》を主張《しゅちょう》し、死守《ししゅ》した偉大《いだい》な言葉《ことば》である。

彼《かれ》は「神《かみ》の下《もと》にアメリカ国民《こくみん》が新《あら》たに自由《じゆう》を生《う》み出《だ》すべきものであり、すべての人々《ひとびと》は平等《びょうどう》に造《つく》られており」「人民《じんみん》の、人民《じんみん》による、人民《じんみん》のための政治《せいじ》は地上《ちじょう》から滅《ほろ》びるべきものではない」ことを述《の》べて、これがために飽《あ》くまでも献身《けんしん》すべきことを強調《きょうちょう》したのです。

リンカーンの演説《えんぜつ》は極《きわ》めて短《みじか》いものであるが、「民主主義《みんしゅしゅぎ》」の心髄《しんずい》はこれにつくされていると云《い》って過言《かごん》ではありません。

(二)、新秩序の建設

リンカーンの「自由《じゆう》」とは「すべての人々《ひとびと》は平等《びょうどう》に造《つく》られている」という命題《めいだい》に立《た》って「神《かみ》の下《もと》に」(アンダー　ゴッド)新《あらた》に自由《じゆう》を生《う》み出《だ》すために献身《けんしん》すべきを主張《しゅちょう》したものでここに注目《ちゅうもく》せねばなりません。彼《かれ》の「自由平等《じゆうびょうどう》」は宗教的信念《しゅうきょうてきしんねん》なくして真《まこと》に理《り》解《かい》し得《え》られるものではない。

「愛善苑主意書《あいぜんえんしゅいしょ》」には「そも〱宇宙《うちゅう》の本源《ほんげん》は神《かみ》であります。神《かみ》の愛《あい》は万有《ばんゆう》にあまね

く一切《いっさい》を生《い》かし育《そだ》てゝいます。人類《じんるい》は等《ひと》しく神《かみ》の子《こ》であり四海《しかい》は同胞《どうほう》であります」と示《しめ》されている。神《かみ》の下《もと》に人類《じんるい》が一大家族《いちだいかぞく》を形《かたち》づくっている思想及《しそうおよ》び生活《せいかつ》こそ真《まこと》に美《うつく》しい民《みん》主主義《しゅしゅぎ》の実現《じつげん》される世界《せかい》です。

　エスペラントの創始者《そうししゃ》ザメンホフの言葉《ことば》をかりていえば、**「人類《じんるい》は一つのモデルによって創造《そうぞう》された兄弟達《きょうだいたち》、すべての平等《びょうどう》な精神《せいしん》、平等《びょうどう》な能力《のうりょく》、平等《びょうどう》な理想《りそう》、平等《びょうどう》な神《かみ》をその心《こころ》の中《なか》にもっている兄弟達《きょうだいたち》」**なのです。

　しかるに、現在《げんざい》の姿《すがた》は果《はた》してどうであろうか。これを宗教界《しゅうきょうかい》だけについて見《み》ると、あたかも多《おお》くの大名《だいみょう》小名《しょうみょう》があって、土地《とち》と人民《じんみん》とを私有化《しゆうか》して互《たが》いに覇《は》を争《あらそ》っていた「封建時代《ほうけんじだい》」の有様《ありさま》と少《すこ》しも異《こと》なるところがないではないか。これは各宗各派《かくしゅうかくは》が大《だい》本源《ほんげん》を知悉《ちしつ》せずして、各自《かくじ》が大本源《だいほんげん》の分派《ぶんぱ》たることを自覚《じかく》しないためである。

　この思想界《しそうかい》の封建主義《ほうけんしゅぎ》が打破《だは》せられて、大本源《だいほんげん》に帰一《きいつ》せられる時《とき》はじめて新秩序《しんちつじょ》が建《けん》設《せつ》せられる時《とき》である。

「愛善苑《あいぜんえん》」の主張《しゅちょう》する「万教同根《ばんきょうどうこん》」の真理《しんり》は、凡《すべ》ての宗教《しゅうきょう》は同根《どうこん》であるから各宗各《かくしゅうかく》派《は》が信者《しんじゃ》を私有化《しゆうか》し、信者《しんじゃ》は自分《じぶん》の好《す》きな宗教《しゅうきょう》を信《しん》じて居《お》ればそれで良《よ》いと云《い》った生《なま》ぬるいものではなく、宗教界《しゅうきょうかい》の「封建主義《ほうけんしゅぎ》を打破《だは》」して、**「宇宙《うちゅう》の大本源《だいほんげん》たる主神《すしん》に帰《き》一《いつ》」**し、各自本来《かくじほんらい》の使命《しめい》に還《かえ》れということを意味《いみ》する。

（三）、真理による理解

「民主主義《みんしゅしゅぎ》の原理《げんり》」は、神《かみ》より出《い》ずる真理《しんり》によって理解《りかい》すべきものである。「人民《じんみん》の、人民《じんみん》による人民《じんみん》のための政治《せいじ》」ということは、ともすれば**「多数決《たすうけつ》によって凡《すべ》てを解《かい》決《けつ》するものであるかの如《ごと》く考《かんが》えられるが多数《たすう》必《かなら》ずしも正《ただ》しとは言《い》い得《え》ないのである。」**「衆愚《しゅうぐ》」という語《ご》さえあるので、「公論《こうろん》」によって解決《かいけつ》するべきである。「公論《こうろん》」とは公《こう》正《せい》な議論《ぎろん》の意義《いぎ》で、一人《ひとり》二人《ふたり》の考《かんが》えでも「公論《こうろん》」は「公論《こうろん》」ではないであろうか。

カーライルは「自由平等《じゆうびょうどう》を唱《とな》えて偉人《いじん》の権威《けんい》を敬《けい》せざる世《よ》は、侏儒《しゅじゅ》の群塊に過《す》ぎず」、

「真理《しんり》は喝采《かっさい》にあらず、投票《とうひょう》により計《はか》り得《う》べきものにあらず」と喝破《かっぱ》したのは正《ただ》しい。議会政治《ぎかいせいじ》は多数意思《たすういし》の支配《しはい》を意味《いみ》するのであろうが、反対党《はんたいとう》の主張《しゅちょう》であっても、「公正《こうせい》」だと信《しん》じたならこれに賛同協《さんどうきょう》力《りょく》するぐらいの雅量《がりょう》（＝広く、おおらかな度量。）がなくてはならぬ。

「真《まこと》の民主社会《みんしゅしゃかい》」では、めい〱が健全《けんぜん》な判断力《はんだんりょく》をもち、自分《じぶん》の考《かんが》えをハッキリ表現《ひょうげん》することが出来《でき》るまで向上《こうじょう》し、また聡明《そうめい》さをもたねばならぬ。自分《じぶん》の意志《いし》がはっきりせず、真理《しんり》に照《て》らして判断《はんだん》することをしないで、人《ひと》の言葉《ことば》で直《す》ぐフラ〱と動《うご》き、甘言《かんげん》につられ、自分《じぶん》の思《おも》うようにならぬからと云《い》って卑劣《ひれつ》な行動《こうどう》に出《で》たり乱暴《らんぼう》したりする。こんなことでは、もし日本《にほん》に進駐軍《しんちゅうぐん》がいないとしたら、国民《こくみん》は健全《けんぜん》な民主主義《みんしゅしゅぎ》を行《おこな》うどころか、おそらく暴動《ぼうどう》を起《お》こすモブの国《くに》と化《か》してしまうであろう。

自由《じゆう》とか平等《びょうどう》とか云《い》うことも、真《まこと》の意義《いぎ》が理解《りかい》されずに、行動《こうどう》に移《うつ》されたならば、気《き》ちがいに刃物《はもの》を持《も》たすようなもので、これくらい危険《きけん》なことはない。人間《にんげん》は内面的《ないめんてき》には

意志《いし》の自由《じゆう》を与《あた》えられているが、社会的《しゃかいてき》には絶対《ぜったい》の自由《じゆう》などということはあり得《え》ない。日本《にほん》にしても、「ポツダム宣言《せんげん》」の履行《りこう》という線《せん》に沿《そ》わずして自由《じゆう》も何《なに》もあったものではない。また如何《いか》なる善事《ぜんじ》にしても、自由《じゆう》であるからといって勝手《かって》にふるまうならば、社会《しゃかい》の秩序《ちつじょ》を混乱《こんらん》せしめることになる。平等《びょうどう》と云《い》うことも、クソもミソも一緒《いっしょ》にするような悪平等《あくびょうどう》を意味《いみ》するものではない。**神《かみ》は一面《いちめん》平等《びょうどう》の愛《あい》であると同時《どうじ》に他面《ためん》差別《さべつ》の威力《いりょく》である。「平等《びょうどう》の中《なか》に差別《さべつ》があり、差別《さべつ》の中《なか》に平等《びょうどう》のある」のが、宇宙《うちゅう》の姿《すがた》である。**

(四)、人権尊重の根拠

新憲法《しんけんぽう》にはゴーモンを禁《きん》じる規定《きてい》が設《もう》けられているが、人権尊重《じんけんそんちょう》ということは、民主的思想《みんしゅてきしそう》の大切《たいせつ》な要素《ようそ》である。

しかし、これも宗教的信念《しゅうきょうてきしんねん》に裏《うら》づけられてこそ、はじめてその精神《せいしん》が徹底《てってい》するので、もしそうでないならば、こんな当然《とうぜん》なことを麗麗《れいれい》（＝はっきりと人目に立つさま。）と憲法《けんぽう》の中《なか》に規定《きてい》しておくと云《い》うのは、日本《にほん》の文化《ぶんか》がまだ如何《いか》に低《ひく》いかを示《しめ》すようなものである。近代的自《きんだいてきじ》覚《かく》は云《い》うまでもなく人間《にんげん》の尊厳《そんげん》、自覚《じかく》を元《もと》にしているのであるが、その根本原因《こんぽんげんいん》は、あまりに偏《へん》した神中心《かみちゅうしん》の思想《しそう》に対《たい》する人間中心《にんげんちゅうしん》の思想《しそう》から起《お》こっているのである。

言葉《ことば》をかえて云《い》えば、誤《あやま》られた神観《しんかん》に基《もと》づく神中心《かみちゅうしん》の思想《しそう》に対《たい》する反動《はんどう》である。かの宗教改革《しゅうきょうかいかく》は明《あき》らかに神中心《かみちゅうしん》ではあるけれども、その信仰《しんこう》を人間《にんげん》の自覚《じかく》に求《もと》め、信仰《しんこう》の自由《じゆう》と云《い》うことが宗教改革《しゅうきょうかいかく》の旗印《はたじるし》になったのである。

出口聖師《でぐちせいし》は

「神《かみ》を敬愛《けいあい》する如《ごと》く、すべての人《ひと》を敬愛《けいあい》し、また、自己《じこ》を敬愛《けいあい》すべし」

と云《い》われているが、これまでは神《かみ》と人《ひと》とが、離《はな》ればなれになっていたのである。そこに神中心《かみちゅうしん》の思想《しそう》、人間中心《にんげんちゅうしん》の思想《しそう》という対立《たいりつ》を生《しょう》じたので「神人一体《しんじんいったい》」であることを忘《わす》れていたのである。

人間《にんげん》を尊敬《そんけい》し愛《あい》することが神《かみ》を尊敬《そんけい》し愛《あい》することであり、人間《にんげん》を愛《あい》せず侮《あなど》り粗末《そまつ》にすることは、神《かみ》を愛《あい》せず侮《あなど》り粗末《そまつ》にすることに気《き》づかなかったのである。同時《どうじ》に自分自身《じぶんじしん》を愛《あい》せず侮《あなど》り粗末《そまつ》にすることは、神《かみ》を愛《あい》せず侮《あなど》り粗末《そまつ》にすることであるということを知《し》らなかった。端的《たんてき》に云《い》えば、人《ひと》が「神《かみ》の子《こ》」であるという自覚《じかく》に達《たっ》していなかった。この宗教的自覚《しゅうきょうてきじかく》に立《た》たず、人間性《にんげんせい》の尊重《そんちょう》や権利義務《けんりぎむ》を云々《うんぬん》しても、それは皮相的《ひそうてき》な見解《けんかい》であって真精神《まことせいしん》に触《ふ》れたものではない。

(五)、結び

真《まこと》に「民主主義《みんしゅしゅぎ》」が実現《じつげん》されるためには、人々《ひとびと》は、少《すく》なくとも日本《にほん》においては、もっと教育《きょういく》せられ啓蒙《けいもう》され文化的水準《ぶんかてきすいじゅん》が高《たか》められねばならぬ。我々《われわれ》から云《い》えば、もっと勉強《べんきょう》し努力《どりょく》し働《はたら》かねばならぬ。

今日《こんにち》の人心《じんしん》は、実行《じっこう》の伴《ともな》わない学者《がくしゃ》の理論《りろん》や、自分等《じぶんら》の不平《ふへい》の代弁者《だいべんしゃ》のおしゃべりにはもう厭《あ》きれはてゝいる。そうかといって見《み》えすいた政治家《せいじか》の権謀術数《けんぼうじゅつすう》には、なおさらウンザリしているのである。我々《われわれ》は大真理《だいしんり》に基《もと》づく道《みち》を一歩々々《いっぽいっぽ》勇敢《ゆうかん》に進《すす》んで行《ゆ》けばよいのである。これが日本《にほん》を立直《たてなお》し、やがて世界《せかい》の平和《へいわ》に貢献《こうけん》する所以《ゆえん》である。

（『愛善苑』第三十五号　昭和二十三年十一月一日発行）

二、宗教の社会的自覚

(一)、世界の動向とわれわれの関心

今次《こんじ》の世界大戦終了《せかいたいせんしゅうりょう》より三年目《ねんめ》のこの年《とし》（１９４８年《ねん》）は早《はや》くも今《いま》や過《す》ぎ去《さ》ろうとしている。戦後《せんご》における二大勢力《だいせいりょく》の対立《たいりつ》が本年度《ほんねんど》に於《お》いても世界動勢《せかいどうせい》の主流《しゅりゅう》をなしているのであるが、この情勢《じょうせい》は当分継続《とうぶんけいぞく》するであろうことは論議《ろんぎ》の余地《よち》がない。

マーシャルプラン（＝ヨーロッパ復興計画。）をめぐる西欧《せいおう》コミンフォルム（＝共産党・労働者党情報局。ヨーロッパ九カ国の共産党がマーシャルプランに反抗して相互協力の強化を目的に作った情報交換・活動調整機関。１９４７～１９５６。）の反攻《はんこう》と相俟《あいまじ》ってベルリン問題《もんだい》の深刻化《しんこくか》

となり、更《さら》に中国《ちゅうごく》、満州《まんしゅう》における中共《ちゅうきょう》の積極果敢《せっきょくかかん》な攻勢《こうせい》、朝鮮《ちょうせん》における南北両政権《なんぼくりょうせいけん》の対立《たいりつ》、あるいはビルマその他《た》、東《ひがし》アジヤに対《たい》するソ連勢力《れんせいりょく》の浸透《しんとう》に対《たい》し、アメリカは「日本《にほん》の経済的自立促進《けいざいてきじりつそくしん》」に拍車《はくしゃ》をかけ、また対華援助《たいかえんじょ》の積極化等《せっきょくかなど》をもってこれに対処《たいしょ》するなど、米《べい》ソ国際拮抗《こくさいきっこう》（＝勢力・力がほぼ等しく、相対抗して互いに屈しないこと。）は西《にし》（ドイツ）から東《ひがし》に発展《はってん》、拡《かく》大《だい》したかを思《おも》わせるものがある。

十月《がつ》に入《はい》り、第《だい》三回国連総会《かいこくれんそうかい》の幕《まく》が開《ひら》かれ、ベルリン問題《もんだい》を中心《ちゅうしん》に開会《かいかい》の当初《とうしょ》から波《は》瀾《らん》を呈《てい》し、会議《かいぎ》の前途《ぜんと》は頗《すこぶ》る困難視《こんなんし》されるに至《いた》った。

然《しか》しながら、これら複雑微妙《ふくざつびみょう》な世界情勢《せかいじょうせい》のかげには、いずれの国《くに》も、少《すく》なくとも、新《あたら》しい世界《せかい》の秩序《ちつじょ》と平和《へいわ》の実現《じつげん》を前提《ぜんてい》とし、企画《きかく》していることは間違《まちが》いのない事実《じじつ》であらねばならないと固《かた》く信《しん》ずる。

この反面《はんめん》において「ユネスコ運動《うんどう》」をはじめ、「世界連邦会議《せかいれんぽうかいぎ》」やアムステルダムに於《お》ける「世界宗 教会議《せかいしゅうきょうかいぎ》」など、人類共通《じんるいきょうつう》の最高理想《さいこうりそう》の達成《たっせい》に大小幾多《だいしょういくた》の熱烈《ねつれつ》な活動《かつどう》と貢献《こうけん》が間断《かんだん》なく続《つづ》けられていることも、我々《われわれ》は見逃《みのが》してはならない関心事《かんしんごと》である。

かくして近代世界《きんだいせかい》は人類幾千年来《じんるいいくせんねんらい》の宿願《しゅくがん》たる「平和《へいわ》と幸福《こうふく》」への達成《たっせい》に一段《いちだん》の努力《どりょく》が捧《ささ》げられていることを思《おも》うとき、新《あたら》しい憲法《けんぽう》で戦争《せんそう》を永久《えいきゅう》に否定《ひてい》し、人類共通《じんるいきょうつう》の理想《りそう》実現《じつげん》を誓《ちか》った日本及《にほんおよ》び日本人《にほんじん》、日本《にほん》の宗教人《しゅうきょうじん》は、徒《いたずら》に安価《あんか》な陶酔《とうすい》と自己満足《じこまんぞく》をもって独善安居《どくぜんあんきょ》することが許《ゆる》されるであろうか。

（二）、愛善世界完成の段階

我々《われわれ》にとって、この年《とし》は実《じつ》に大試練《だいしれん》をなめさせられた一年《ねん》であった。即《すなわ》ち本年《ほんねん》（昭和《しょうわ》二十三年《ねん》）当初《とうしょ》、一月《がつ》十九日《にち》、初代苑主《しょだいえんしゅ》・出口王仁三郎聖師《でぐちおにさぶろうせいし》の昇天《しょうてん》に遭遇《そうぐう》したのである。まさに晴天《せいてん》のへきれきであった。驚《おどろ》きと悲《かな》しみに打《う》ちのめされながら、間《ま》もなく起《た》ち直《なお》り二代苑主《だいえんしゅ》（＝出口すみ子。）のもとに、新《あら》たな前進《ぜんしん》を続《つづ》けることになったのであるが、これと同時《どうじ》に我々《われわれ》が、今一度《いまいちど》信仰《しんこう》の在《あ》り方《かた》やその宗教活動《しゅうきょうかつどう》の上《うえ》に真剣《しんけん》な自省《じせい》と痛烈《つうれつ》な再検《さいけん》討《とう》の必要《ひつよう》を痛感《つうかん》させせられたのである。

ここで一言《いとこと》しておきたいことは、「愛善苑《あいぜんえん》」の教統《きょうとう》は二代苑主《だいえんしゅ》が継承《けいしょう》したことは前述《ぜんじゅつ》した通《とお》りであるが、この場合《ばあい》我々《われわれ》の覚証《かくしょう》として二代苑主《だいえんしゅ》は開祖《かいそ》、聖師《せいし》両教祖《りょうきょうそ》の道統《どうとう》と理想《りそう》を大成《たいせい》すべき使命《しめい》をもつ存在《そんざい》である。即《すなわ》ち「愛善《あいぜん》の道《みち》」による理想世界《りそうせかい》の実現《じつげん》を大成《たい》する段階《だんかい》に立到《たちいた》ったという意味《いみ》において、我々《われわれ》が今《いま》こそ真剣《しんけん》に自《みずか》らの使命《しめい》と責任《せきにん》を痛感《つう》させられたと云《い》う所以《ゆえん》もここにある。

まず、我々《われわれ》は現代社会《げんだいしゃかい》において、特《とく》に敗戦後《はいせんご》のわが国《くに》の社会状態《しゃかいじょうたい》をみて、果《はた》して宗教《しゅう》《きょう》が一体何《いったいなに》を担当《たんとう》し、如何《いか》なる社会的責任《しゃかいてきせきにん》をなし得《え》たかを考察《こうさつ》する時《とき》、思《おも》い半《なか》ばに過《す》ぐるものが多々《たた》ある。

元来宗教《がんらいしゅうきょう》は魂《たましい》とか死《し》とか生命《せいめい》とかを対象《たいしょう》とするもので、社会生活《しゃかいせいかつ》や人間《にんげん》の必要《ひつよう》とする物質的方面《ぶっしつてきほうめん》に関与《かんよ》するものでないと云《い》った考《かんが》え方《かた》や傾向《けいこう》が支配《しはい》していた。原則的《げんそくてき》には間違《まちが》っていないが、なお今日《こんにち》でもかなりその傾向《けいこう》が残《のこ》っている。

最近《さいきん》、ある公開《こうかい》の討論会《とうろんかい》に宗教家《しゅうきょうか》と社会学者《しゃかいがくしゃ》が揃《そろ》った席《せき》で、その社会学者《しゃかいがくしゃ》は「**今後《こんご》、社会《しゃかい》の秩序《ちつじょ》（階級《かいきゅう》社会《しゃかい》の意《い》）や人間生活《にんげんせいかつ》やあらゆる社会的諸問題《しゃかいてきしょもんだい》は社会科学《しゃかいかがく》の立場《たちば》において処理《しょり》し解決《かいけつ》して行《い》くだろうから、宗教家《しゅうきょうか》は永遠《えいえん》の生命《せいめい》や個人《こじん》の悟《さと》りの道《みち》について大《おお》いに精進《しょうじん》しておればよろしい**」と云《い》った意味《いみ》の発言《はつげん》をしていたのであるが、宗教《しゅうきょう》が所謂在来《いわゆるざいらい》のまゝの存在《そんざい》であるとするなら、少《すく》なくとも宗教《しゅうきょう》の社会的意義《しゃかいてきいぎ》は喪失《そうしつ》せられ、その意味《いみ》において、この社会学者《しゃかいがくしゃ》の意見《いけん》は、一応正《いちおうただ》しく、また、妥当適切《だとうてきせつ》だと云《い》うことが出来《でき》るであろう。

（三）、理想は一つ、問題は手段

然《しか》しながら、カントからヘーゲルに至《いた》る一連《いちれん》のいわゆる「主観論《しゅかんろん》」（唯心論《ゆいしんろん》を含《ふく》む古《こ》典的観念論《てんてきかんねんろん》）から、生物《せいぶつ》としての人間《にんげん》の歴史《れきし》に基《もと》づく実証的唯物論《じっしょうてきゆいぶつろん》に進《すす》んで、さらに人《にん》間《げん》の心《こころ》には唯物的環境《ゆいぶつてきかんきょう》によって善《ぜん》ともなれば悪《あく》ともなるのだから、生産力《せいさんりょく》の発達《はったつ》によって人間相互《にんげんそうご》の精神関係《せいしんかんけい》（実《じつ》は生産関係《せいさんかんけい》）が生《うま》れると立証《りっしょう》したマルクスの考《かんが》え方《かた》も結局《けっきょく》においては理想《りそう》（共産主義《きょうさんしゅぎ》）社会《しゃかい》の建設《けんせつ》を理想《りそう》としているに他《ほか》ならないのである。

宗教《しゅうきょう》は神《かみ》の国建設《くにけんせつ》を理想《りそう》とするのであるが、先《さき》にも述《の》べたように、我々《われわれ》は「宗教《しゅうきょう》が社会的関心《しゃかいてきかんしん》とその働《はたら》きかけを忘《わす》れたならば、既《すで》に現代宗教《げんだいしゅうきょう》としての存在《そんざい》の意義《いぎ》も価値《かち》も命脈《めいみゃく》もない」ことを指摘《してき》した。

所謂社会主義者達《いわゆるしゃかいしゅぎしゃたち》が云《い》う搾取《さくしゅ》と階級闘争《かいきゅうとうそう》の根絶《こんぜつ》された世界《せかい》が何時実現《いつじつげん》するかは知《し》る由《よし》もないが、そこで問題《もんだい》となるのは理想《りそう》を如何《いか》にして実現《じつげん》するかということである。即《すなわ》ちそれへの到達過程《とうたつかてい》における意図《いと》、および手段《しゅだん》、方法《ほうほう》、如何《いかん》という一点《いってん》である。

言葉《ことば》を代《か》えて云《い》えば、世界《せかい》の人々《ひとびと》が互《たが》いに理解《りかい》し合《あ》い助《たす》け合《あ》い、愛《あい》し合《あ》いながら、階級《かいきゅう》を超《こ》え、民族《みんぞく》を超《こ》え、国境《こっきょう》を超《こ》えて、よりよき理想世界《りそうせかい》の建設《けんせつ》に協力《きょうりょく》してゆくことが可能《かのう》ならばこれに過《す》ぎた幸《さいわ》いはない。こゝに現代《げんだい》における宗教活動《しゅうきょうかつどう》の必要《ひつよう》が生《うま》れて来《く》るのである。

人間生活《にんげんせいかつ》というものは、とかく単純《たんじゅん》な法則《ほうそく》や合理主義《ごうりしゅぎ》や系数《けいすう》だけで維持《いじ》できるものではない。例《たと》えばそれが「観念論《かんねんろん》」の名《な》を冠せられたとしてもヘーゲルが「自然弁証法《しぜんべんしょうろん》」に於《お》いて「矛盾対立《むじゅんたいりつ》が生成発展《せいせいはってん》の原動力《げんどうりょく》」だと云《い》ったことは正《ただ》しい。即《すなわ》ち「正《せい》と反《はん》」の矛盾《むじゅん》の次《つぎ》に「合《ごう》」が成《な》って発展《はってん》するということは万有進化《ばんゆうしんか》の原則《げんそく》である。宗教《しゅうきょう》はこの進化《しんか》の原動力《げんどうりょく》を神《かみ》とし、自然科学《しぜんかがく》は原子核《げんしかく》の追求《ついきゅう》によって「合《ごう》」の正体《しょうたい》をつきとめようとしている。

(四)、結語

出口聖師《でぐちせいし》はかつて「ここは(愛善苑《あいぜんえん》)宗教《しゅうきょう》ならざる宗教《しゅうきょう》」と云《い》われたことがある。その意味《いみ》は、宗教《しゅうきょう》こそは天地人一切《てんちじんいっさい》に関《かん》する根本《こんぽん》の真理《しんり》を開示《かいじ》し、神《かみ》の意志《いし》によって人心《じんしん》を導《みちび》き、民《たみ》をおさめ一切《いっさい》の万有《ばんゆう》を安息《あんそく》せしめるものであるから、天文《てんもん》、地文《ちもん》、政治《せいじ》、教育《きょういく》、芸術《げいじゅつ》、その他《た》ありとあらゆるものに対《たい》し、根本的解決《こんぽんてきかいけつ》を与《あた》えるものでなければならぬ。即《すなわ》ち在来《ざいらい》の宗教《しゅうきょう》が兎角現実界《とかくげんじつかい》と垂離《すいり》する傾向《けいこう》を戒《いまし》められたものである。我々《われわれ》は先《さき》に指摘《してき》したごとく、生《い》きた人間社会《にんげんしゃかい》を度外視《どがいし》し、または軽視《けいし》するような宗《しゅう》教《きょう》であってはならないということ丶更《さら》に大切《たいせつ》なことは、その教理《きょうり》は人為的《じんいてき》なものでなく、神《かみ》そのもの丶宇宙真理《うちゅうしんり》でなければならないということにある。従《したが》って宇宙真理《うちゅうしんり》としての「愛善《あいぜん》の道《みち》」は「宗教的真理《しゅうきょうてきしんり》であると同時《どうじ》に科学的真理《かがくてきしんり》」でもあり得《う》る。だから我々《われわれ》は「宗教《しゅうきょう》ならざる宗教《しゅうきょう》」と云《い》う自覚《じかく》のもとに、あらゆる文化《ぶんか》や宗教《しゅうきょう》と融合提《ゆうごうてい》携《けい》しながら一刻《いっこく》も速《すみ》やかに地球天国《ちきゅうてんごく》の樹立《じゅりつ》とその完成《かんせい》を期待《きたい》する。

この意味《いみ》において我々《われわれ》は前記社会学者《ぜんきしゃかいがくしゃ》から社会《しゃかい》のことは社会科学《しゃかいかがく》に委《まか》しておけと云《い》われた在来《ざいらい》そのま丶の宗教《しゅうきょう》であってはならないと覚悟《かくご》する故《ゆえ》に「愛善苑《あいぜんえん》」の社会的自覚《しゃかいてきじかく》と立場《たちば》を最《もっと》も重大視《じゅうだいし》する所以《ゆえん》である。

（『愛善苑』第三十六号　昭和二十三年十二月一日発行）

第八編　愛善苑の世界的使命

新日本建設と愛善苑

出口伊佐男著（小冊子）

（「瑞光社」昭和二十三年十二月二十五日発行）

愛善苑主意書

人類《じんるい》は今《いま》や新《あたら》しい天地《てんち》を迎《むか》えようとしています。科学《かがく》の進歩《しんぽ》は物質文明《ぶっしつぶんめい》のいちじるしい発達《はったつ》をもたらしましたが、また、戦争《せんそう》のわざわいをいよ〳〵大《だい》ならしめ、人心《じんしん》をしてますます不安《ふあん》ならしめました。ここに人類《じんるい》は深《ふか》く反省《はんせい》すると共《とも》にその本性《ほんせい》に目《め》ざめ、世《せ》界恒久平和《かいこうきゅうへいわ》の実現《じつげん》に向《むか》って進《すす》みはじめました。

そも〳〵宇宙《うちゅう》の本源《ほんげん》は神《かみ》であります。神《かみ》の愛《あい》は万有《ばんゆう》にあまねく一さいを生《い》かし育《そだ》てゝいます。人類《じんるい》はひとしく神《かみ》の子《こ》であり四海《しかい》は同胞《どうほう》であります。この本義《ほんぎ》に立《た》ちかえり、あらゆるへだてを超《こ》えて神《かみ》の心《こころ》を心《こころ》とする愛善《あいぜん》の世界《せかい》を実現《じつげん》することは、万人霊性《ばんじんれいせい》のおのずからなる願《ねが》いであり人類最高《じんるいさいこう》の理想《りそう》であります。

この霊性《れいせい》をひらき人類《じんるい》をその本然《ほんぜん》にみちびき永遠《えいえん》の生命《いのち》をあたえるものは真《まこと》の宗教《しゅうきょう》であります。宗教《しゅうきょう》が新《あたら》しい文化《ぶんか》の根源《こんげん》となり政治《せいじ》、経済《けいざい》、教育《きょういく》、芸術《げいじゅつ》など文化全般《ぶんかぜんぱん》の中《なか》にとけ入《い》り、人類社会《じんるいしゃかい》の生活《せいかつ》が愛善化《あいぜんか》するとき、はじめて高度《こうど》の文化《ぶんか》、永遠《えいえん》の平和《へいわ》は打《う》ちたてられるのであります。

われらはここに人類愛善《じんるいあいぜん》の大義《たいぎ》を発揚《はつよう》し、万教同根《ばんきょうどうこん》の真理《しんり》にもとづき、ひろく相《あい》たずさえて万民和楽《ばんみんわらく》の地上天国《ちじょうてんごく》を実現《じつげん》しようとするものであります。

昭和二十一年十二月八日　（『愛善苑』第九号　昭和二十二年一月一日）

【愛善苑教旨】

神《かみ》は万物普遍《ばんぶつふへん》の霊《れい》にして人《ひと》は天地経綸《てんちけいりん》の主体《しゅたい》なり

神人合一《しんじんごういつ》してここに無限《むげん》の権力《けんりょく》を発揮《はっき》す

【愛善苑三大学則】
天地《てんち》の真象《しんしょう》を観察《かんさつ》して真神《しんしん》の体《たい》を思考《しこう》すべし
万有《ばんゆう》の運化《うんか》の毫差《ごうさ》なきを視《み》て真神《しんしん》の力《ちから》を思考《しこう》すべし
活物《かつぶつ》の心性《しんせい》を覚悟《かくご》して真神《しんしん》の霊魂《れいこん》を思考《しこう》すべし

【はしがき】

平和《へいわ》と真理《しんり》に対《たい》して激《はげ》しい情熱《じょうねつ》を持《も》つ人々《ひとびと》、新《あたら》しい宗教《しゅうきょう》――宗教《しゅうきょう》ならざる真《まこと》の宗教《しゅうきょう》「愛善苑《あいぜんえん》」を知《し》ろうとする人々《ひとびと》に本書《ほんしょ》をおくる。

本書《ほんしょ》は過般北海道《かはんほっかいどう》における出口伊佐男《でぐちいさお》氏の講演要旨《こうえんようし》の筆録《ひつろく》である。従《したが》って極《きわ》めて平易《へいい》にして概説的《がいせつてき》なることを免《まぬが》れないが、読者《どくしゃ》はその平易《へいい》な言葉《ことば》の奥《おく》にある深《ふか》き真理《しんり》を未読《みどく》されたい。尚進《なおすす》んで瑞月文庫《づいげつぶんこ》によって教《おしえ》の心髄《しんずい》を極《きわ》められんことをお勧《すす》めする。

（愛善苑宣伝部）

諸言

「新日本《しんにほん》の建設《けんせつ》」に対《たい》し、「愛善苑《あいぜんえん》」の提唱者《ていしょうしゃ》出口王仁三郎聖師《でぐちおにさぶろうせいし》は、これを如何《いか》に考《かんが》え、また如何《いか》なる見通《みとお》しを持《も》っていたのか。それに関《かん》し、「愛善苑《あいぜんえん》」は現在《げんざい》いかなる運《うん》動《どう》をなしつゝあるかについて申《もう》し述《の》べたい。

一、大本事件の真相

(一)、事件の動機と理由

出口王仁三郎《でぐちおにさぶろう》と云《い》えば、一時天下《いちじてんか》の耳目《じもく》を聳動《しょうどう》せしめた彼《か》の「大本事件《おほもとじけん》」を思《おも》い起《お》こされることでしょう。当局《とうきょく》の徹底的弾圧《てっていてきだんあつ》については、当時《とうじ》の新聞雑誌《しんぶんざっし》の報道等《ほうどうとう》により、一般《いっぱん》に知《し》れわたっておりますが、その事件《じけん》の真相《しんそう》については、あまり知《し》られておらない様子《ようす》です。新日本《しんにほん》の建設《けんせつ》について所見《しょけん》を申《もう》し述《の》べるにあたり、私達《わたしたち》の立場《たちば》を明《あき》らかに致《いた》すため、まず初《はじ》めに事件《じけん》の釈明《しゃくめい》をいたしておきます。
「大本事件《おほもとじけん》」は昭和《しょうわ》十年《ねん》十二月《がつ》八日《か》未明《みめい》、全国一斉《ぜんこくいっせい》の検挙《けんきょ》に始《はじ》まりました。当時当局《とうじとうきょく》は「大本《おほもと》を地上《ちじょう》より払拭《ふっしょく》し根絶《こんぜつ》せしめる」と声明《せいめい》いたしましたが、まさにその声明《せいめい》のごとく、本部《ほんぶ》における数《すう》十棟《とう》の建物《たてもの》はことごとく破壊《はかい》せられ、土地《とち》約《やく》六万坪《まんつぼ》も当局《とうきょく》の手《て》により他《ほか》にゆずり渡《わた》され全国各地《ぜんこくかくち》における大本関係《おほもとかんけい》の主要《しゅよう》なる施設《しせつ》、別院《べついん》数《すう》十ケ所《しょ》の建物《たてもの》も取《と》りこわされてしまいました。同時《どうじ》に大本《おほもと》は「解散命令《かいさんめいれい》」を受《う》け、重要《じゅうよう》な役職員《やくしょくいん》はすべて身柄《みがら》を拘禁《こうきん》せられ、次《つ》いでそれぞれ起訴《きそ》せられたのです。

　この事件《じけん》は「治安維持法違反《ちあんいじほういはん》」ならびに「不敬事件《ふけいじけん》」でありまして、「国体変革《こくたいへんかく》の陰謀《いんぼう》をたくらんでいる」との疑《うたが》いをもって起《お》こされたものであります。なぜこんな事件《じけん》が起《お》きたかと申《もう》せば、大本《おほもと》はかねて「世《よ》の立替立直《たてかえたてなお》し」を叫《さけ》んでおりました。それは大本《おほもと》開祖出口《かいそでぐち》なお子刀自《ことじ》が、明治《めいじ》二十五年《ねん》以来《いらい》二十七年間《ねんかん》にわたり、神霊感応《しんれいかんのう》のまに〳〵『筆先《ふでさき》』なるものを書《か》かれましたがその『筆先《ふでさき》』には、

「今《いま》や人類《じんるい》の多《おお》くは、神《かみ》を忘《わす》れ神《かみ》を見失《みうしな》っている、そのために人間《にんげん》がけものゝような心《こころ》となり、われよし、強《つよ》いものがちの世《よ》になってしまった、これでは此《こ》の世《よ》は亡《ほろ》びるよりほかはない、一日《いちにち》も早《はや》くこれを立替立直《たてかえたてなお》さねばならぬ、すみやかに神《かみ》に目《め》ざめ、神《かみ》の心《こころ》に立《た》ち帰《かえ》れ、これが遅《おく》れゝば遅《おく》れただけ、人類《じんるい》は大《おお》いなる苦難《くなん》を受《う》けねばならぬ」と人類《じんるい》に対《たい》し、また日本《にほん》および世界《せかい》の将来《しょうらい》について一大警告《いちだいけいこく》を発《はっ》し、神《かみ》の教《おしえ》を示《しめ》されているのです。

開祖《かいそ》の教《おしえ》を受《う》けとって大本《おほもと》の教《おしえ》を大成《たいせい》されたのが「愛善苑《あいぜんえん》」において聖師《せいし》と呼《よ》ぶ、王《お》仁三郎先生《にさぶろうせんせい》でありました。

その後大本《ごおほもと》は次第《しだい》に発展《はってん》しましたが、聖師《せいし》は満州事変《まんしゅうじへん》（昭和《しょうわ》6年《ねん》9月《がつ》18日《にち》）後《ご》の我国《わがこく》情《じょう》を坐視《ざし》することができず、決然起《けつぜんた》って「神《かみ》にめざめよ」との精神的一大革新運動《せいしんてきいちだいかくしんうんどう》を起《おこ》されたのであります。有名無名《ゆうめいむめい》の人《ひと》たちがこの運動《うんどう》に馳《は》せ集《あつ》まり、その賛同者《さんどうしゃ》はたちまちにして百万《ひゃくまん》、二百万《ひゃくまん》となり、ついに三百万《ひゃくまん》になんくとする非常《ひじょう》な勢《いきお》いとなりました。

これが当局《とうきょく》をいたく刺戟《しげき》し、私《わたくし》どもの「立替立直《たてかえたてなお》し」の叫《さけ》びを臆測《おくそく》して、やがて革《かく》命的運動《めいてきうんどう》に発展《はってん》するのではないかと考《かんが》え始《はじ》めたようです。

時《とき》あたかもイタリーにはムッソリーニあり、ドイツにはヒットラーあり、はじめはその存在《そんざい》すら認《みと》められなかったほどのものが、メキメキ勢《いきお》いを得《え》て、ついに一国《いっこく》を左右《さゆう》するに至《いた》った時《とき》であります。

我国《わがくに》においても、昭和《しょうわ》九年《ねん》、十年《ねん》と申《もう》せば、「二・二六事件《じけん》」の直前《ちょくぜん》であって思想《しそう》がもっとも先鋭化《せんえいか》し、何《なに》か事《こと》の起《おこ》りそうな気配《けはい》がしきりに感《かん》じられた時代《じだい》です。何《なに》しろ出口王仁三郎《でぐちおにさぶろう》と云《い》えば、宗教家《しゅうきょうか》としての型《かた》を超脱《ちょうだつ》した人物《じんぶつ》である。もしこの運動《うんどう》が切《き》りかえられて政治化《せいじか》したならば、宗教的信念《しゅうきょうてきしんねん》と情熱《じょうねつ》とをもっている団体《だんたい》であるだけに、どんなことをしでかすかも知《し》れぬ、今《いま》のうちに徹底的《てっていてき》に弾圧《だんあつ》すべしと当局《とうきょく》は決意《けつい》したようです。

それには理由《りゆう》が立《た》たねばならない、この理由《りゆう》を造《つく》るのに当局《とうきょく》は実《じつ》に苦心《くしん》したのです。まず多年《たねん》にわたって書《か》かれた聖師《せいし》の文献《ぶんけん》から片言隻句《へんげんせっく》をよせ集《あつ》め、それをさまざまに組《く》み合《あわ》せ、明《あき》らかには書《か》いていないが、その主張《しゅちょう》し理想《りそう》とするところを実現《じつげん》せんとするには国体《こくたい》を変革《へんかく》せなければ出来《でき》ないであろう、王仁三郎《おにさぶろう》は国体《こくたい》を変革《へんかく》し、自《みずか》ら日本《にほん》の統治者《とうちしゃ》たらんとしているのである、との理由《りゆう》を付《つ》けたのです。

このようにまず弾圧《だんあつ》の方針《ほうしん》が決《き》まって後《のち》、理由《りゆう》をつけて引《ひ》き起《お》こされた事件《じけん》でありまして、大本本来《おおもとほんらい》の教義《きょうぎ》ではなく云《い》わば当局《とうきょく》より見《み》た大本教義《おおもときょうぎ》を私《わたくし》どもに認《みと》めさすべく、暴行強圧様々《ぼうこうきょうあつさまざま》な手段《しゅだん》により、事件《じけん》として成立《せいりつ》せしめたものです。

（二）、有罪と無罪

「大本事件《おおもとじけん》」として起訴《きそ》せられたものは五十余名《よめい》でしたが、京都地方裁判所《きょうとちほうさいばんしょ》における第一審《だいいっしん》では、ことごとく有罪《ゆうざい》の判決《はんけつ》を受《う》けたのです。

すなわち聖師《せいし》は無期《むき》、私《わたくし》は十五年《ねん》、その他最高幹部《たさいこうかんぶ》は十三年以下《ねんいか》、三年《ねん》に至《いた》るまでの懲役《ちょうえき》を申《もう》し渡《わた》されたのです。私《わたし》どもは勿論《もちろん》これを不服《ふふく》として控訴致《こうそいた》しました。大阪《おおさか》控訴院《こうそいん》においては、あらためて厳《きび》しい真理《しんり》の結果《けっか》、「治安維持法違反事件《ちあんいじほういはんじけん》」は全部無罪《ぜんぶむざい》、一部数名《いちぶすうめい》の者《もの》は「不敬罪《ふけいざい》」で懲役《ちょうえき》五年以下《ねんいか》の判決《はんけつ》を受《う》けたのです。

その無罪理由《むざいりゆう》とするところは、検事《けんじ》は大本《おほもと》の教義《きょうぎ》に対《たい》し、特殊《とくしゅ》の政治的意図《せいじてきいと》ありと解釈《かいしゃく》しているけれども、ことごとくこれ宗教的精神《しゅうきょうてきせいしん》の現《あら》われであって、何《なん》ら検事《けんじ》の云《い》うごとき証拠《しょうこ》となるべきものはないと云《い》うのです。検事《けんじ》は直《ただ》ちに上告《じょうこく》し、控訴院《こうそいん》の保釈決定《ほしゃくけってい》に対《たい》しても反対《はんたい》いたしました。

何故《なにゆえ》、検事《けんじ》が保釈《ほしゃく》にまで反対《はんたい》したかと申《もう》せば、昭和《しょうわ》十二（１９３７）年《ねん》の「日華事変《にっかじへん》」以来《いらい》、内外《ないがい》の情勢目《じょうせいめ》まぐるしく変転《へんてん》したために、かねて大本《おほもと》が叫《さけ》び王仁《おに》さんの云《い》うていた通《とお》りになった。大本《おほもと》の「予言《よげん》は的中《てきちゅう》した」との声《こえ》が、世間《せけん》に高《たか》くなって来《き》たのです。それのみならず、第《だい》二審《しん》の判決《はんけつ》のあった昭和《しょうわ》十七（１９４２）年《ねん》の八月《がつ》といえば、戦《たたか》いまさに厳《きび》しい様相《ようそう》を呈《てい》し来《きた》った時《とき》、問題《もんだい》の出口王仁三郎《でぐちおにさぶろう》およびその一族《いちぞく》を開放《かいほう》すれば、どんなことを云《い》い出《だ》し、いかなる活動《かつどう》を始《はじ》めるかも知《し》れぬ。大審院《だいしんいん》における最後《さいご》の判決《はんけつ》あるまで、保釈《ほしゃく》とすることは宜《よろ》しくないと云《い》うのが、検事《けんじ》の主張《しゅちょう》であったようです。

これに対《たい》し弁護人団《べんごにんだん》は立《た》ち上《あ》がりました。既《すで》に第《だい》二審《しん》の判決《はんけつ》まで永《なが》い年月《としつき》を拘置所《こうちしょ》に過《す》ごさせた、今《いま》や無罪《むざい》の言渡《いいわた》しを受《う》けている、ことに王仁三郎《おにさぶろう》は齢《よわい》七十を超《こ》しているのに、これ以上《いじょう》身柄《みがら》を拘禁《こうきん》することは人権蹂躙《じんけんじゅうりん》も甚《はなは》だしい、と司法大臣《しほうだいじん》、検事総長《けんじそうちょう》に談判《だんぱん》したのです。その結果《けっか》、検事総長《けんじそうちょう》から大阪《おおさか》の検事長《けんじちょう》に指示《しじ》があって、聖師《せいし》と、その夫人《ふじん》である現在《げんざい》の苑主《えんしゅ》・出口《でぐち》すみ子刀自《ことじ》と私《わたくし》とは、七ケ年《ねん》におよぶ未決《みけつ》の生活《せいかつ》から、自宅《じたく》に帰《かえ》ることが出来《でき》たのです。

さて拘置所《こうちしょ》を出《で》ましても（＝昭和17年8月7日出所。）、社会的活動《しゃかいてきかつどう》をしてはならぬ、また過去《かこ》の関係者《けいしゃ》との面会《めんかい》も遠慮《えんりょ》せよ、と厳重《げんじゅう》なる監視《かんし》のもと、私《わたくし》どもは田園生活《でんえんせいかつ》をしつゝ、最後《さいご》の判決《はんけつ》を待《ま》ったのです。

ところが聖師《せいし》は、もとより自己《じこ》の信念真情《しんねんしんじょう》を、何《なに》はばかるところもなくズバく云《い》ってのけ、また実行力《じっこうりょく》のきわめて旺盛《おうせい》な、積極的《せっきょくてき》な性格《せいかく》の人《ひと》でありましたので、社会《しゃかい》的活動《てきかつどう》は封《ふう》じられて出来《でき》ないとしても、まず戦争《せんそう》の見通《みとお》しについて、**「この戦争《せんそう》は敗《ま》けるに決《き》まって居《い》る**」と云《い》い出《だ》されました。戦争《せんそう》は遂《つい》にその見通《みとお》しのとおり、終《お》わりを告《つ》げたのです。

(三)、事件の解決

その終戦《しゅうせん》の翌月《よくつき》すなわち昭和《しょうわ》二十（1945）年《ねん》九月《がつ》八日《か》、大審院《だいしんいん》において「大本事件《おほもとじけん》」に対《たい》し、最後《さいご》の判決《はんけつ》がありました。かくて聖師《せいし》はじめ関係者一同《かんけいしゃいちどう》、事件始《じけんはじ》まって以来《いらい》十ケ年《ねん》にして、晴天白日《せいてんはくじつ》の身《み》となることが出来《でき》ました。

この十年《ねん》の間《あいだ》に戦《たたか》いは初《はじ》まり、そして終《お》わりをつげていたのです。その間《あいだ》私《わたくし》どもは、いかに活動《かつどう》したくてもそれが許《ゆる》されず、いよく〳〵自由《じゆう》の身《み》となったときは、すでに日本《にほん》は戦《たたか》いに破《やぶ》れて、みじめな姿《すがた》となり果《は》てゝいました。

事件《じけん》が解決《かいけつ》しますと、新聞記者《しんぶんきしゃ》が次々《つぎつぎ》にたずねて来《き》ました。おそらく近代《きんだい》において、大本《おほもと》の弾圧《だんあつ》ほど大《おお》がかりな事件《じけん》はなかった、事件《じけん》に関《かん》する当局《とうきょく》の不当《ふとう》なる処置《しょち》を究明《きゅうめい》し、これを新聞紙上《しんぶんしじょう》に発表《はっぴょう》したい、との申《もう》し入《い》れであります。私《わたくし》どもはこれを、ことごとくおことわりしました。

その理由《りゆう》は、事件解決《じけんかいけつ》の直後弁護人《ちょくごべんごにん》が集《あつ》まり、事件《じけん》に関《かん》する賠償《ばいしょう》、および刑事補償《けいじほしょう》の請求《せいきゅう》について協議《きょうぎ》して居《お》りました席《せき》に、ふと聖師《せいし》が顔《かお》を出《だ》され「何《なん》の相談《そうだん》か」とたずねられましたので、それに答《こた》えますと、

「**そんなケチなことはよせ。こんどの事件《じけん》は神様《かみさま》の摂理《せつり》だ、わしはありがたいと思《おも》っている。今《いま》さら過《す》ぎ去《さ》ったことをかれこれ云《い》い、当局《とうきょく》の不当《ふとう》を鳴《な》らしてみても何《なん》になる**」と申《もう》されたのです。この聖師《せいし》のご意志《いし》を体《たい》して、新聞記者《しんぶんきしゃ》の申《もう》し出《で》をおことわり致《いた》した

のです。

　すると新聞記者《しんぶんきしゃ》は話題《わだい》を変《か》えて、日本《にほん》の将来《しょうらい》に対《たい》する見通《みとお》しを質問《しつもん》し始《はじ》めるのです。大本《おほもと》とか出口王仁三郎《でぐちおにさぶろう》とか云《い》えば、世間《せけん》ではすぐ「予言《よげん》」と結《むす》びつけて、大本《おほもと》はこれまで、預言《よげん》せんがための予言《よげん》をしたのではないのです。すみやかに神《かみ》にめざめなければ、日本《にほん》の前途《ぜんと》、世界《せかい》の将来《しょうらい》には悲惨《ひさん》な事態《じたい》が立《た》ち至《いた》るであろうと叫《さけ》んだのです。そして日《に》本《ほん》のためにこれを悲《かな》しみ、国民《こくみん》として深《ふか》くその責任《せきにん》を感《かん》じるのです。

　それは「神《かみ》の警告《けいこく》」に対《たい》する、われらの自覚《じかく》と努力《どりょく》が足《た》りなかったと云《い》うことです。とかく「予言《よげん》」にのみたよる心《こころ》は、人《ひと》としての最善《さいぜん》の道《みち》をつくさぬものです。日本《にほん》の将来《しょうらい》についても、これを徒《いたずら》らに「予言《よげん》」に求《もと》めるべきではなく、国民今日《こくみんこんにち》の心《こころ》がまえと努力《どりょく》いかんが、日本《にほん》の運命《うんめい》を左右《さゆう》するであろうと、新聞記者《しんぶんきしゃ》に答《こた》えたのです。

二、日本立直しの道

(一)、民主主義

さて、日本《にほん》は如何《いか》にして「立直《たてなお》し」されるべきか、「新日本建設《しんにほんけんせつ》」の根本方針《こんぽんほうしん》は、「ポツダム宣言受託《せんげんじゅたく》」による終戦《しゅうせん》と同時《どうじ》に決定《けってい》しておるのです。それは「民主主義的平和日本《みんしゅしゅぎてきへいわにほん》の建設《けんせつ》」であり、「高度文化国家《こうどぶんかこっか》の建設《けんせつ》」です。

「民主主義《みんしゅしゅぎ》」と申《もう》しましても、左《ひだり》に偏《へん》した民主主義《みんしゅしゅぎ》、右《みぎ》に偏《へん》した民主主義《みんしゅしゅぎ》、その他《た》その国々人々《くにぐにひとびと》によって、民主主義《みんしゅしゅぎ》の受《う》け取《と》り方《かた》に相当《そうとう》の相違《そうい》があります。日本《にほん》の根本方針《こんぽんほうしん》は、すでに決定《けってい》いたしておりまして、国民《こくみん》が民主主義《みんしゅしゅぎ》をどう受《う》けとり、どう生《い》かすかによって、日本《にほん》の将来《しょうらい》は決定《けってい》するのです。近来盛《きんらいさか》んに「民主主義《みんしゅしゅぎ》」が口《くち》にせられておりますが、国民《こくみん》の一人《ひとり》く<ruby>が、果《はた》してその真精神《しんせいしん》を真剣《しんけん》に検討《けんとう》し把握《はあく》しているか否《いな》かについては、疑《うたが》いなきを得《え》ぬのです。

私《わたくし》は「民主主義的高度《みんしゅしゅぎてきこうど》の文化国家《ぶんかこっか》」というその「文化《ぶんか》」のうちにおいて、「宗教《しゅうきょう》」は最《もっと》も重要《じゅうよう》なる位置《いち》を占《し》めているものと信《しん》じ、宗教的立場《しゅうきょうてきたちば》から、「民主主義《みんしゅしゅぎ》」についてこれを述《の》べてみたいと存《ぞん》じます。

「民主主義《みんしゅしゅぎ》」の先進国《せんしんこく》と申《もう》せば、まずアメリカを指《さ》すべきでありましょう。そのアメリカにおいて、第《だい》十六代《だい》の大統領《だいとうりょう》アブラハム・リンカーンは民主主義政治《みんしゅしゅぎせいじ》に定義《ていぎ》を下《くだ》し、特《とく》に「アンダー　ゴッド」すなわち「神《かみ》のもとに」と前提《ぜんてい》し、「神《かみ》の下《もと》に――人民《じんみん》の、人民《じんみん》による、人民《じんみん》のための政治《せいじ》」と申《もう》しておるのです。

わが国民《こくみん》の中《なか》には、「民主主義《みんしゅしゅぎ》」によって「主権《しゅけん》が国民《こくみん》に存《そん》する」ことになった以上《いじょう》、国民《こくみん》の上《うえ》には最早《もはや》おそるべき存在《そんざい》は何《なに》もないと考《かんが》えている人《ひと》が多《おお》いようであるが、リンカーンは「民主政治《みんしゅせいじ》」の上《うえ》に、仰《あお》ぐべき存在《そんざい》として「神《かみ》」を認《みと》めているのです。

「神《かみ》の下《もと》に」とは如何《いか》なる意《い》であるか、私《わたくし》はこれを「神《かみ》の御心《みこころ》に基《もと》いて」と解《かい》しておりります。神《かみ》の御心《みこころ》は「真理《しんり》」と「愛《あい》」そのものでありましょう。真理《しんり》に従《したが》うことを「正《せい》義《ぎ》」と申《もう》します。「民主政治《みんしゅせいじ》」は「愛《あい》と正義《せいぎ》」に基《もと》づくものでなければなりません。

如何《いか》に国民多数《こくみんたすう》によって選出《せんしゅつ》せられた代表者達《だいひょうしゃたち》でありましても、もし私心《ししん》を有《ゆう》し、或《ある》いは一党一派《いっとういっぱ》に偏《へん》した考《かんが》えのみをもって政治《せいじ》が行《おこな》われたならば、それは公正《こうせい》な政治《せいじ》とは云《い》われません。真《しん》に国民《こくみん》の代表《だいひょう》として私心《ししん》を去《さ》り、神《かみ》の心《こころ》を心《こころ》とする正《ただ》しい政治《せいじ》が行《おこな》われてこそ、「民主政治《みんしゅせいじ》」と云《い》うべきでありましょう。

また「民主政治《みんしゅせいじ》」は、憲法《けんぽう》や法律《ほうりつ》の条文《じょうぶん》に基《もと》づいて行《おこな》われるとしても、これを行《おこな》う人《ひと》に温《あたた》かい愛《あい》の心《こころ》がなかったならば、形式《けいしき》のみの冷《つめ》たい政治《せいじ》になってしまうのです。民主《みんしゅ》政治《せいじ》は生《い》きた政治《せいじ》、血《ち》のかよった温《あたた》かい政治《せいじ》であらねばなりません。

私《わたくし》どもは宗教的立場《しゅうきょうてきたちば》から「民主政治《みんしゅせいじ》」の根本理念《こんぽんりねん》は、「愛《あい》と正義《せいぎ》」とに根《ね》ざすべきものと考《かんが》え、且《か》つ主張《しゅちょう》するのです。

(二)、生存と自由

「民主主義政治《みんしゅしゅぎせいじ》」においては「人民《じんみん》の基本的権利《きほんてきけんり》」を強調《きょうちょう》し、わが憲法《けんぽう》の第《だい》十三条《じょう》にもこれが明記《めいき》されております。これについてもアメリカの「独立宣言《どくりつせんげん》」には、**「人間《にんげん》は造物主《ぞうぶつしゅ》より、ある譲《ゆず》るべからざる権利《けんり》を与《あた》えられている、生存《せいぞん》、自由《じゆう》および幸福《こうふく》の追求《ついきゅう》はこの権利《けんり》に属《ぞく》する」とありまして、こうした「基本的人権《きほんてきじんけん》は神《かみ》より与《あた》えられた」と解《かい》しているのです。**

第一《だいいち》に「生存《せいぞん》について」考《かんが》えて見《み》ますと、人間《にんげん》は自分《じぶん》の力《ちから》で働《はたら》いて生《い》きているのだと考《かんが》えがちですが、肝腎《かんじん》の生命《いのち》は人間自《にんげんみずか》らの力《ちから》によって造《つく》り出《だ》しているのではありません。「万物《ばんぶつ》の生命《いのち》の本源《ほんげん》は「神《かみ》」である」と信《しん》ずる宗教的立場《しゅうきょうてきたちば》からすれば、「生存《せいぞん》の権利《けんり》は「神《かみ》」より与《あた》えられている」と考《かんが》えるべきが当然《とうぜん》であります。

従《したが》って、人間《にんげん》は単《たん》に生《い》きてさえ居《お》ればよいと云《い》うべきではなく、神《かみ》の愛《あい》のもと「神《かみ》の子《こ》」として、平和《へいわ》と幸福《こうふく》の中《なか》に生《い》かさして頂《いただ》くべきものです。「民主主義《みんしゅしゅぎ》」における「人間尊重《にんげんそんちょう》の精神《せいしん》」は、「人《ひと》は神《かみ》の子《こ》」であるという宗教的自覚《しゅうきょうてきじかく》によって、一層《いっそう》これが徹底《てってい》するのです。

神《かみ》を敬愛《けいあい》するとゝもに人《ひと》を敬愛《けいあい》し、わが身《み》をまた敬愛《けいあい》する、この宗教的精神《しゅうきょうてきせいしん》から、「神の子《かみのこ》」として自重《じちょう》するとゝもに、他《た》に対《たい》しても基本的人権《きほんてきじんけん》を尊重《そんちょう》するものでなければなりません。身勝手《みがって》な考《かんが》えから自己《じこ》の権利《けんり》のみを主張《しゅちょう》しているときは、とかく他《た》の権利《けんり》を侵《おか》しているものです。神《かみ》の愛《あい》はすべてのものを恵《めぐ》み生《い》かし給《たも》うものであることを忘《わす》れてはならないのです。

◇

次《つぎ》は自由《じゆう》でありますが、これも身勝手《みがって》な自由《じゆう》ではなく、「神《かみ》」より与《あた》えられた「道義《どうぎ》」に基《もと》づく自由《じゆう》でなければなりません。国民《こくみん》は圧政《あっせい》のもとから解放《かいほう》せられ、国民自《こくみんみずか》らの意志《いし》によって法律《ほうりつ》を定《さだ》め、自《みずか》らを律《りつ》して行《ゆ》くことゝなりましたが、それだけにまた責任《せきにん》を感《かん》じなければならぬのです。この「自由《じゆう》の権利《けんり》は公共《こうきょう》の福祉《ふくし》に反《はん》しないかぎり」と憲法第十三条《けんぽうだいじょう》にも明記《めいき》されています。

もし人間《にんげん》が自由《じゆう》の名《な》のもとに、わがまゝ勝手《かって》な行動《こうどう》をすると致《いた》しますならば法律《ほうりつ》はこれを取《と》り締《し》まるために、更《さら》に細微《さいび》にわたらねばならなくなります。その結果《けっか》、国民自《こくみんみずか》らが法律《ほうりつ》によってくゝりつけられ、手《て》も足《あし》も出《だ》せぬ不自由《じゆう》な世《よ》の中《なか》になってしまうのです。

聖師《せいし》は

○心身《しんしん》は自己《じこ》の自由《じゆう》と云《い》いながら　神《かみ》によらずば真《まこと》の自由《じいう》なし

と申《もう》して居《お》られますが、神《かみ》による、神《かみ》の御心《みこころ》にかなった自由《じゆう》、人間性《にんげんせい》の美《うつく》しさを現《あら》わし他《た》を尊重《そんちょう》し合《あ》う自由《じゆう》であるならば、そこに真《しん》の自由《じゆう》の世界《せかい》は出現《しゅつげん》するのです。

完全《かんぜん》なる自治《じち》はここにあるので、**「単《たん》に自《みずか》ら治《おさ》めるのみでなく、おのずから治《おさ》まる自治《じ》にまで進《すす》むこと」**を理由《りゆう》としなければなりません。平和《へいわ》な家庭《かてい》を見《み》ましても、そこには斯《か》くすべからずと云《い》うような条文《じょうぶん》やオキテはありません。親子《おやこ》、夫婦《ふうふ》、兄弟《きょうだい》お互《たが》いに相愛《そうあい》し相信《あいしん》じることにより、家庭《かてい》が円満《えんまん》に治《おさ》まっているのです。

この美《うつく》しい姿《すがた》が、やがて村々町々《むらむらまちまち》に、社会《しゃかい》に国家《こっか》に現《あら》われることが理想《りそう》であります。

人々《ひとびと》の魂《たましい》の中《なか》に、美《うつく》しい愛《あい》と信《しん》の心《こころ》を培《つちか》うためには、宗教《しゅうきょう》の力《ちから》を特《とく》に必要《ひつよう》と感《かん》じるのです。

更《さら》に「幸福《こうふく》の追求《ついきゅう》」にしても、神《かみ》より与《あた》えられたと云《い》う宗教的《しゅうきょうてき》な理念《りねん》から、常《つね》に道義《どうぎ》に基《もと》づいてこそ、万民《ばんみん》が真《まこと》の幸福《こうふく》を得《う》ることができるのです。

(三)、平和主義

「新日本建設《しんにほんけんせつ》」の根本原則《こんぽんげんそく》は、「民主主義《みんしゅしゅぎ》」と共《とも》に「平和主義《へいわしゅぎ》の確立《かくりつ》」です。日本《にほん》は「新憲法《しんけんぽう》」において「戦争《せんそう》を永久《えいきゅう》に放棄《ほうき》」し、且《か》つそれより先《さき》「武装《ぶそう》は解除《かいじょ》」せられましたが、もし他国《たこく》から侵略《しんりゃく》せられた場合《ばあい》、或《あるい》は他《ほか》から戦場化《せんじょうか》された場合《ばあい》は如何《いか》にすべきか、これは重大《じゅうだい》なる現実的問題《げんじつてきもんだい》です。それに絶対平和《ぜったいへいわ》に対《たい》する国民《こくみん》の強固《きょうこ》な信念《しんねん》と、国際正義《こくさいせいぎ》に訴《うった》えるよりほか道《みち》はありません。

今日《こんにち》その国際正義《こくさいせいぎ》が確立《かくりつ》しているでしょうか。現在《げんざい》では「国際連合《こくさいれんごう》」において、世界《せかい》の秩序《ちつじょ》と平和《へいわ》を維持《いじ》すべく努力《どりょく》されておりますが、果《はた》してこれにより「世界恒久平和《せかいこうきゅうへいわ》」が得《え》られるや否《いな》や、常《つね》に重大《じゅうだい》なる関心《かんしん》を持《も》たずにおれないのです。

「国際連合《こくさいれんごう》」には「ユネスコ」という「教育科学文化機構《きょういくかがくぶんかきこう》」が設《もう》けられ、わが国《くに》においても主要都市《しゅようとし》には「ユネスコ協力会《きょうりょくかい》」が作《つく》られつゝありまして、「戦争防止《せんそうぼうし》」、「世界《せかい》平和《へいわ》」の運動《うんどう》が熱心《ねっしん》に展開《てんかい》されております。

この「ユネスコ」では「戦争《せんそう》は人々《ひとびと》の心《こころ》の中《なか》より始《はじ》まる」と申《もう》して居《お》ります。仮《かり》に国《くに》と国《くに》とが戦争《せんそう》しようとしましても、その国民《こくみん》に全然戦《ぜんぜんたたか》う意思《いし》がないならば、戦争《せんそう》は行《おこな》うことが出来《でき》ないのです。平和《へいわ》に関《かん》する国際的条約《こくさいてきじょうやく》は過去《かこ》において幾度《いくど》となく締結《ていけつ》せられましたが、やがて国際情勢《こくさいじょうせい》の推移《すいい》とゝもに、それらの条約《じょうやく》は打《う》ち破《やぶ》られて戦争《せんそう》が行《おこな》われて来《き》たのです。

それよりも「人類《じんるい》の魂《たましい》の中《なか》から、戦争《せんそう》しようとする心《こころ》を取《と》り去《さ》り、平和《へいわ》の世界《せかい》を招来《しょうらい》したい」との着眼《ちゃくがん》によって、ユネスコ運動《うんどう》は始《はじ》められたのですが、この理想《りそう》を実現《じつげん》することは容易《ようい》な業《わざ》ではなく、どうしてもこれには宗教的信念《しゅうきょうてきしんねん》と力《ちから》を必要《ひつよう》とするのです。

一方《いっぽう》ジュネーブに本部《ほんぶ》を置《お》く「世界政府樹立《せかいせいふじゅりつ》の運動《うんどう》」があります。「国際連合《こくさいれんごう》」は、とかくその国《くに》の代表《だいひょう》という立場《たちば》に捉《とら》われがちであるから、それよりもそれぞれの国民《こくみん》であると同時《どうじ》に、「世界《せかい》の人民《じんみん》である」という意識《いしき》に立《た》つ人々《ひとびと》をもって、世界政府《せかいせいふ》を組《そ》織《しき》するか、国際連合《こくさいれんごう》の憲章《けんしょう》を改《あらた》めて、これに真《まこと》の立法権《りっぽうけん》、行政権《ぎょうせいけん》を与《あた》え、「世界連邦政《せかいれんぽうせい》府《ふ》」の如《ごと》きものにするかという運動《うんどう》でありまして、「戦争《せんそう》なき世界《せかい》の実現《じつげん》を理想《りそう》とするもの」です。この運動《うんどう》が進《すす》んで、もしその国々《くにぐに》の国民《こくみん》の半数以上《はんすういじょう》が賛成《さんせい》し、これがその国《くに》の「世論《せろん》」となるならば、国家《こっか》がいかに戦争《せんそう》しようとしても戦争《せんそう》は出来《でき》なくなるというのです。

アインシュタイン博士《はかせ》はこの運動《うんどう》の熱心《ねっしん》なる一人《ひとり》でありまして、その勧《すす》めにより、我《わが》国内《こくない》にもこの運動《うんどう》が始《はじ》まりました。

またアメリカにおいては、「一つの世界《せかい》」という運動《うんどう》が行《おこな》われておりますが、現実《げんじつ》の世界《せかい》はまさに二つの大《おお》きな勢力《せいりょく》が対立《たいりつ》し、第二次大戦《だいじたいせん》が終《お》わって安堵《あんど》の胸《むね》をなでおろす暇《ひま》もなく、何《なん》となく国際情勢《こくさいじょうせい》の険悪《けんあく》が感《かん》じられているのです。

(四)、宗教と平和

こうした中《なか》に世界《せかい》の心《こころ》ある宗教家達《しゅうきょうかたち》は立《た》ち上《あが》りました。「宗教《しゅうきょう》の目的《もくてき》は平和《へいわ》」であります。宗教《しゅうきょう》の力《ちから》によって戦争《せんそう》を防止《ぼうし》し得《え》なかった過去《かこ》を懺悔《ざんげ》し、将来《しょうらい》はどうかして平和《へいわ》を維持《いじ》したいという宗教的信念《しゅうきょうてきしんねん》からの運動《うんどう》が起《お》きて来《き》たのです。

我国《わがくに》においても宗教家《しゅうきょうか》が深《ふか》く反省自覚《はんせいじかく》し、昭和二十二年《しょうわにじゅうにねん》二月京都《がつきょうと》において「国際宗教同志会《こくさいしゅうきょうどうしかい》」なるものを設《もう》けました。これは国際的《こくさいてき》かつ超宗派的結合《ちょうしゅうはてきけつごう》でありまして、宗教的精神《しゅうきょうてきせいしん》に基《もと》づく「平和日本《へいわにほん》」、「文化日本《ぶんかにほん》」を建設《けんせつ》し、世界平和《せかいへいわ》のために貢献《こうけん》する目的《もくてき》をもって発会《はっかい》したものです。各宗各派《かくしゅうかくは》の主《しゅ》なる人々《ひとびと》によって組織《そしき》され、これには外国《がいこく》の宗教人《しゅうきょうじん》も次々《つぎつぎ》と共鳴《きょうめい》して会員《かいいん》となっております。

先頃《さきごろ》アメリカの神学校《しんがっこう》の学長《がくちょう》ダブニー博士《はかせ》、および外国伝道協会《がいこくでんどうきょうかい》のシーベリー博士《はかせ》を招《まね》いて、「国際宗教同志会《こくさいしゅうきょうどうしかい》」を開催《かいさい》しましたところ、同志会《どうしかい》の「主旨《しゅし》」に深《ふか》く感銘《かんめい》され直《ただ》ちに入会《にゅうかい》し、世界各地《せかいかくち》を巡遊《じゅんゆう》されるに際《さい》し、ヨーロッパにアメリカにこの運動《うんどう》の「主《しゅ》旨《し》」を伝《つた》え、協力《きょうりょく》したいと語《かた》られました。

宗教的精神《しゅうきょうてきせいしん》から申《もう》しますと、世界《せかい》の人民《じんみん》は皆《みな》「神《かみ》の子《こ》」であり、神《かみ》のもとに「兄弟《きょうだい》」であります。その兄弟《きょうだい》が敵《てき》として互《たが》いに憎《にく》み、戦《たたか》うことは人道《じんどう》に反《はん》し、神《かみ》に対《たい》し同胞《どうほう》」であります。その兄弟が敵として互いに憎み、

て最《もっと》も大《だい》なる罪悪《ざいあく》です。これについて聖師《せいし》は

○国《くに》と国《くに》の戦《いくさ》はすれど地《ち》の上《うへ》の　人《ひと》は残《のこ》らず同胞《はらから》なるも
○隔《へだ》てなき光《ひかり》のもとに住《す》みながら　わけへだてする世人心《よびとごころ》よ
○限《かぎ》りなきこの天地《あめつち》を狭《せま》くする　人《ひと》の心《こころ》の憐《あわ》れなるかな

と詠《よ》まれています。

「民主的平和《みんしゅてきへいわ》」を建設《けんせつ》するためには、国民《こくみん》の宗教《しゅうきょう》に対《たい》する正《ただ》しき理解《りかい》と、強固《きょうこ》なる

宗教的信念《しゅうきょうてきしんねん》とによらなければならいことは、既《すで》に申《もう》し述《の》べた通《とお》りであります。それとゝもに「国際平和《こくさいへいわ》なくして、日本《にほん》の平和《へいわ》は維持《いじ》し得《え》られない」ことを知《し》らねばなりません。私達《わたしたち》は常《つね》に宇宙万有《うちゅうばんゆう》とゝもに呼吸《こきゅう》しています。心《こころ》の障壁《しょうへき》を去《さ》って、宗教的《しゅうきょうてき》な信《しん》念《ねん》と情熱《じょうねつ》とにより広《ひろ》く相《あい》たずさえ、恒久平和《こうきゅうへいわ》の実現《じつげん》に向《むか》って進《すす》もうではありませんか。

三、新時代の宗教

(一)、宗教界の現状

終戦後国民《しゅうせんごこくみん》は一時虚脱状態《いちじきょだつじょうたい》にありましたが、その後《ご》魂《たましい》のよりどころ、魂《たましい》の光《ひかり》を宗《しゅう》教《きょう》に求《もと》めるもの次第《しだい》に多《おお》く、特《とく》に青年層《せいねんそう》にこれを見《み》るのです。あらゆる悪条件《あくじょうけん》に克《か》ち障害《しょうがい》を乗《の》り越《こ》えて、「理想的新日本《りそうてきしんにほん》を建設《けんせつ》」するには、偉大《いだい》なる宗教的活動《しゅうきょうてきかつどう》が必要《ひつよう》であり、宗教《しゅうきょう》の力《ちから》により国民《こくみん》を奮起《ふんき》せしむるならば、国家《こっか》の前途《ぜんと》に光明《こうみょう》を見出《みだ》すであろうとの声《こえ》は、識者《しきしゃ》の間《あいだ》からしばしば聞《き》かされるところです。

戦後《せんご》日本《にほん》の食糧事情調査団長《しょくりょうじじょうちょうさだんちょう》として来朝《らいちょう》されたアメリカ元大統領《もとだいとうりょう》のフーバー氏《し》は、日本《にほん》の事情《じじょう》を観察《かんさつ》して「日本《にほん》に食糧《しょくりょう》を与《あた》えることは最《もっと》も急務《きゅうむ》であるが、それにもまして肝要《かんよう》なのは日本《にほん》の国民《こくみん》に宗教《しゅうきょう》を与《あた》えることである」と述《の》べられたそうです。如何《いか》に宗教《しゅうきょう》に対《たい》する期待《きたい》の大《だい》なるかを知《し》らねばなりません。

「文化国家《ぶんかこっか》」をもって自他《じた》ともに認《にん》ずる欧米諸国《おうべいしょこく》においては、宗教《しゅうきょう》を非常《ひじょう》に尊重《そんちょう》しておりまして、ことにアメリカ等《など》では、「私《わたし》は無神論者《むしんろんしゃ》である」などと云《い》えば、私《わたし》は馬鹿《ばか》であるという以上《いじょう》に、自分《じぶん》を侮辱《ぶじょく》する言葉《ことば》となると聞《き》いていますが、わが国《くに》では「無神《むしん》論者《ろんしゃ》」とか「唯物論者《ゆいぶつろんしゃ》」とかいうことを、あたかも文化人《ぶんかじん》の誇《ほこ》りのごとく考《かんが》えられているのです。

日本《にほん》では何故《なぜ》宗教《しゅうきょう》が斯《か》くも軽《かろ》んじられ、一般人《いっぱんじん》から魅力《みりょく》を失《うしな》った無力《むりょく》な存在《そんざい》になってしまったのか、その原因《げんいん》を考《かんが》えてみると、宗教《しゅうきょう》によっては、あまり難《むずか》しい哲理哲学《てつりてつがく》にのみ走《はし》り、「情熱《じょうねつ》のない実践性《じっせんせい》の乏《とぼ》しい観念的《かんねんてき》なもの」であったり、或《ある》いはただ「未《み》来《らい》にのみとらわれ、生《せい》を軽《かろ》んじ死《し》を重《おも》んずる」ことなどが指摘《してき》されるのです。

占領軍《せんりょうぐん》の宗教担当者《しゅうきょうたんとうしゃ》も、**「日本《にほん》の宗教《しゅうきょう》は生《い》きた人間《にんげん》より死《し》んだ人間《にんげん》に、より多《おお》くの興味《きょうみ》を感《かん》じるようだ」**と申《もう》しております。

先日《せんじつ》私《わたくし》が札幌《さっぽろ》の軍政部民間教育情報課《ぐんせいぶみんかんきょういくじょうほうか》を訪問《ほうもん》した際《さい》にも、**「日本《にほん》の宗教《しゅうきょう》は亡《な》くなった人《ひと》の事《こと》にとらわれ過《す》ぎてはいないか。これだけ生《い》きた人間《にんげん》が悩《なや》み苦《くる》しんでいるのに、それを救《すく》おうとも教《おし》え導《みちび》こうともせぬように見受《みう》ける」**と申《もう》されましたが、私《わたくし》もまた同感《どうかん》であるとお答《こた》えしたことであります。

事実日本《じじつにほん》の宗教《しゅうきょう》は、永《なが》い伝統《でんとう》のために古《ふる》いカラを生《しょう》じ、宗祖《しゅうそ》、教祖《きょうそ》が火《ひ》のような宗《しゅう》教的信念《きょうてきしんねん》をもって開《ひら》かれた教《おしえ》も、今《いま》ではそのカラの維持《いじ》にのみとらわれ、実社会《じっしゃかい》に対《たい》する救済《きゅうさい》とか教化《きょうか》とか云《い》うことには、ほとんど手《て》も出《だ》せない状態《じょうたい》です。このような現《げん》状《じょう》に対《たい》し、各宗各派《かくしゅうかくは》とも深《ふか》く反省《はんせい》し、宗教本来《しゅうきょうほんらい》の使命《しめい》に立《た》ち返《かえ》るべく、更《さら》に教団《きょうだん》の民主化《みんしゅか》のために努力《どりょく》しておりますが、なかなか「古《ふる》いカラや封建性《ほうけんせい》は一朝《いっちょう》にして改《あらた》め難《がた》く苦《くる》しんでいる」のです。

(二)、宗教と生活

新時代《しんじだい》の日本《にほん》における宗教《しゅうきょう》は、いかにあるべきでしょうか。それは宗教《しゅうきょう》と生活《せいかつ》の一体化《いったいか》された、現実《げんじつ》と遊離《ゆうり》することなき宗教《しゅうきょう》、「宗教《しゅうきょう》がそのまゝ生活《せいかつ》であり、生活《せいかつ》が又《また》そのまゝ宗教《しゅうきょう》」でなければなりません。これについて聖師《せいし》は

○朝夕《あさゆう》に汗《あせ》して働《はたら》くなりはひの　中《なか》にこもれる宗教《しゅうけう》の光《ひかり》

と申《もう》されていますが、祈《いの》りはそのまゝ実践《じっせん》となり生活《せいかつ》とならなければならないのです。例《たと》えば百姓《ひゃくしょう》は神《かみ》に祈《いの》り大地《だいち》に感謝《かんしゃ》し、宗教的愛《しゅうきょうてきあい》の心《こころ》をもって作物《さくもつ》を育《そだ》て、いわゆる「信農一如《しんのういちにょ》」であらねばならない、また商人《しょうにん》としての使命《しめい》に生《い》き、真実《しんじつ》の心《こころ》、親切《しんせつ》な心《こころ》をもって商道《しょうどう》に励《はげ》み、事務所《じむしょ》、工場《こうじょう》に勤《つと》める者《もの》、皆《みな》それぞれ宗教《しゅうきょう》により人生《じんせい》の意義《いぎ》

使命《しめい》を悟《さと》って、自分《じぶん》の仕事《しごと》にそれを活《い》かし魂《たましい》を打込《うちこ》んでゆく、その仕事《しごと》の中《なか》に宗教《しゅうきょう》の光《ひかり》を見出《みいだ》さなければなりません。宗教《しゅうきょう》は生活《せいかつ》の原動力《げんどうりょく》となり、すべてのものに真生命《しんせいめい》を与《あた》えるものです。

これまでの宗教《しゅうきょう》は、ともすれば個人的救済《こじんてききゅうさい》にとどまり、自分《じぶん》さえ救《すく》われゝばよいとして他《た》を顧《かえり》みない傾向《けいこう》がありましたが、今後《こんご》は大《おお》いに「社会性《しゃかいせい》」をもち、社会化《しゃかいか》されて行《ゆ》かねばなりません。その人《ひと》の信仰《しんこう》によっておのずと家《いえ》の中《なか》が良《よ》くなり、更《さら》に社会《しゃかい》が良《よ》くなってゆくべきものであります。従《したが》って教団自体《きょうだんじたい》の活動《かつどう》も、社会的《しゃかいてき》に進出《しんしゅつ》されねばならぬと思《おも》います。

○

次《つぎ》に宗教《しゅうきょう》と科学《かがく》との関係《かんけい》でありますが、科学《かがく》が発達《はったつ》してゆくに従《したが》い、神秘《しんぴ》の扉《とびら》は次《し》第《だい》に開《ひら》かれて、宗教《しゅうきょう》の世界《せかい》が狭《せま》くなり、ついに宗教《しゅうきょう》が認《みと》められない時代《じだい》が来《く》るのではないかと考《かんが》える人《ひと》もあるようです。

しかし私《わたくし》は決《けっ》してそのようなものではないと信《しん》じます。何故《なぜ》ならば、いかに科学《かがく》が進《すす》んでも科学《かがく》の力《ちから》では解決《かいけつ》のつかぬ世界《せかい》があります。今日《こんにち》の如《ごと》く著《いちじる》しく学問《がくもん》が進《すす》み、知育体育《ちいくたいいく》は盛《さか》んになりましても、教育《きょういく》の力《ちから》だけで、人間《にんげん》の魂《たましい》を生《い》かし育《そだ》てることは難《むずか》しく、また科学《かがく》の力《ちから》ばかりで真《しん》の平和《へいわ》はもたらされません。科学《かがく》は元来善《がんらいぜん》でも悪《あく》でもない、云《い》わば道具《どうぐ》のごときものです。

その用《もち》い方《かた》いかんによって、人類《じんるい》は発展《はってん》もすれば破滅《はめつ》もする。良《よ》く用《もち》いるか悪《わる》く用《もち》いるかは人《ひと》の魂《たましい》にありまして、その魂《たましい》の美《うつく》しさを導《みちび》き出《だ》すものは宗教《しゅうきょう》です。偉大《いだい》なる科学者《かがくしゃ》ほど宇宙《うちゅう》の神秘《しんぴ》の奥《おく》に神《かみ》を見出《みいだ》し、熱烈《ねつれつ》なる信仰《しんこう》をもつものです。宗教《しゅうきょう》と科学《かがく》とが、あたかも精神《せいしん》と肉体《にくたい》との関係《かんけい》のごとく相調和《あいちょうわ》し、各々《おのおの》の力《ちから》を発揮《はっき》してゆくとき、人類高度《じんるいこうど》の文化《ぶんか》、理想《りそう》の世界《せかい》は建設《けんせつ》せられるのです。新《あたら》しい時代《じだい》の宗教《しゅうきょう》は科学《かがく》を生《い》かすものでなければなりません。

更《さら》に又将来《またしょうらい》ある宗教《しゅうきょう》は、芸術《げいじゅつ》を生《い》かし、輝《かがや》かしい芸術《げいじゅつ》を生《う》むものでなければならぬと丶もに、日本民族《にほんみんぞく》のみにしか信《しん》じられないようなものであってはなりません。国際性《こくさいせい》を持《も》たぬ宗教《しゅうきょう》では、宗教本来《しゅうきょうほんらい》の使命《しめい》たる平和《へいわ》への貢献《こうけん》は出来《でき》がたいのです。真理《しんり》は全人類《ぜんじんるい》に共通《きょうつう》するものであり、宗教《しゅうきょう》は元来世界性《がんらいせかいせい》を有《ゆう》するべきものであります。

(三)、万教同根

世界《せかい》にはいろいろの宗教《しゅうきょう》がありますが、宗教《しゅうきょう》の本質《ほんしつ》を備《そな》えているかぎり、いずれも真理《しんり》と愛《あい》とに根《ね》ざしたものであると信《しん》じます。そして人間《にんげん》をして本然《ほんぜん》の心《こころ》、本然《ほんぜん》の姿《すがた》に立《た》ちかえらしめ、永遠《えいえん》の生命《いのち》に導《みちび》くものです。ただその説《と》き方《かた》や形式《けいしき》が、時代《じだい》に応《おう》じ、民族《みんぞく》に応《おう》じ、処《ところ》に応《おう》じて、或《ある》いは積極的《せっきょくてき》に、或《ある》いは大乗的《だいじょうてき》に小乗的《しょうじょうてき》にと、異《こと》なってはおりましても、それぞれその宗教《しゅうきょう》の真諦《しんたい》を理解《りかい》し、信仰《しんこう》に徹《てっ》するならば、到達《とうたつ》する境地《きょうち》は一つであり、すべての教《おしえ》は根《ね》を同《おな》じくするものであると信《しん》じます。これを「愛善苑《あいぜんえん》」では「万教同根《ばんきょうどうこん》」と申《もう》しているのです。

自分《じぶん》の信《しん》じる宗教《しゅうきょう》が最善《さいぜん》のものであると信《しん》じることは、信仰《しんこう》として当然《とうぜん》のことでありますが、わが宗教《しゅうきょう》のみが絶対《ぜったい》の神《かみ》の救《すく》いであって、他《た》の宗教《しゅうきょう》では救《すく》われないとし、他《た》をいたずらに否定《ひてい》し排撃《はいげき》するがごときは、独善偏狭《どくぜんへんきょう》であり、これらの人々《ひとびと》は、いずれの宗教《しゅうきょう》もみな真理《しんり》の一面《いちめん》を現《あら》わすものであることを知《し》らぬものです。

私《わたくし》どもは「新日本建設《しんにほんけんせつ》」のため、現代日本《げんだいにほん》の宗教《しゅうきょう》は一大革新《いちだいかくしん》を要《よう》すると信《しん》じます。すべての宗教《しゅうきょう》は「万教同根《ばんきょうどうこん》」の精神《せいしん》にもとずき、手《て》をたずさえて、宗教《しゅうきょう》としての共《きょう》同使命《どうしめい》を達成《たっせい》すべく、奮起《ふんき》せねばならぬと切望《せつぼう》するものです。

以上新時代《いじょうしんじだい》の宗教《しゅうきょう》のあり方《かた》につき述《の》べました。

四、愛善苑の新発足

大本《おほもと》は当局弾圧《とうきょくだんあつ》による事件《じけん》のため古《ふる》いカラは木《こ》ッ葉《ぱ》みじんに粉砕《ふんさい》され、一時《いちじ》その姿《すがた》を地上《ちじょう》から没《ぼっ》して満《まん》十年《ねん》いばらの道《みち》を歩《あゆ》みつゞけて来《き》ましたが、すでに維持《いじ》すべき旧殻のなくなったことが、幸《さいわ》いとなり、事件解決《じけんかいけつ》とゝもに、新時代《しんじだい》における活《い》きた宗教《しゅうきょう》たるべく、昭和《しょうわ》二十一年《ねん》二月《がつ》七日《か》、名《な》も新《あら》たに「愛善苑《あいぜんえん》」として、教団《きょうだん》を結成《けっせい》いたしました。

すなわち宗教《しゅうきょう》の生活化《せいかつか》を実現《じつげん》し、社会性《しゃかいせい》、国際性《こくさいせい》をもつ宗教《しゅうきょう》、科学《かがく》を尊重《そんちょう》し科学《かがく》を活《い》かす宗教《しゅうきょう》たるべく、しかして又宗教的光《またしゅうきょうてきひか》りと高《たか》き香《かお》りを、芸術《げいじゅつ》その他《た》あらゆる文化《ぶんか》の中《なか》にとけ入《い》らしめ、高度《こうど》の文化《ぶんか》、人類永遠《じんるいえいえん》の平和《へいわ》を実現《じつげん》することを理想《りそう》として、「新発足《しんはっそく》」したのです。

(一)、神観

「愛善苑《あいぜんえん》」は如何《いか》なる神《かみ》を信仰《しんこう》の対象《たいしょう》としているか、それは「宇宙《うちゅう》の本源《ほんげん》たる主神《すしん》」であります。神《かみ》について聖師《せいし》は

「宇宙《うちゅう》の本源《ほんげん》は活動力《かつどうりょく》にして即《すなわ》ち神《かみ》なり」

と教《おし》えられています。人間《にんげん》はじめ天地万物《てんちばんぶつ》はことごとく活動力《かつどうりょく》の現《あら》われであり、その活《かっ》動力《どうりょく》の本源《ほんげん》は宇宙《うちゅう》の本源《ほんげん》であって、それが神《かみ》であるというのです。各宗各派《かくしゅうかくは》において、神《かみ》と云《い》い、仏《ほとけ》と称《しょう》し、或《ある》いは天《てん》にまします父《ちち》なる神《かみ》と称《とな》えられておりますのも、直接《ちょくせつ》間接《かんせつ》みな宇宙《うちゅう》の本源《ほんげん》たる神《かみ》に帰《き》するものだと思《おも》います。

これについて聖師《せいし》は

○地《ち》の上《うへ》にあまたの国《くに》はありながら　信《しん》ずる神《かみ》は一つなりけり

と詠《よ》まれております。いかに国籍《こくせき》、民族《みんぞく》、宗教等《しゅうきょうなど》ことなっていましても、全人類《ぜんじんるい》の信《しん》じ仰《あお》ぐべき神《かみ》は、宇宙《うちゅう》の本源《ほんげん》たる神《かみ》であらねばならないとの意《い》であります。平和《へいわ》と幸福《こうふく》に充《み》ちた地上天国《ちじょうてんごく》の建設《けんせつ》は、万人《まんにん》の理想《りそう》とするところであり、その実現《じつげん》のためには、世《せ》界《かい》の各国《かっこく》が進《すす》んで武装《ぶそう》を解《と》く時《とき》が来《こ》なくてはなりません。

例《たと》え武装《ぶそう》は全廃《ぜんぱい》されても、人類《じんるい》の魂《たましい》を最《もっと》も強《つよ》く支配《しはい》するところの宗教《しゅうきょう》が、その神観《しんかん》において、絶対《ぜったい》に両立《りょうりつ》することを許《ゆる》さぬものであるならば、それが宗教間《しゅうきょうかん》の争《あらそ》いとなることは当然《とうぜん》であります。この争《あらそ》いは、人類《じんるい》の平和《へいわ》を破《やぶ》る実《じつ》に深刻《しんこく》なものがあるであろうと思《おも》われます。いずれの宗教《しゅうきょう》も宇宙《うちゅう》の本源《ほんげん》たる神《かみ》に帰一《きいつ》し、「万有《ばんゆう》の本源《ほんげん》は一《ひと》つ」であるとの神観《しんかん》に立《た》ち返《かえ》らねば、この世《よ》に真《しん》の平和《へいわ》はもたらされません。私《わたくし》どもが強《つよ》く「万教同根《ばんきょうどうこん》」を呼《よ》びかける所以《ゆえん》はここにあるのです。

この世《よ》には物質《ぶっしつ》と名《な》づけ物質《ぶっしつ》として取扱《とりあつか》い得《う》るものと、物質《ぶっしつ》として取扱《とりあつか》いがたいものとがあります。すなわち数理数学《すうりすうがく》で解決《かいけつ》のつくものを「物質《ぶっしつ》」と名《な》づけ、数理数学《すうりすうがく》では解決《かいけつ》のつきがたいものを私《わたくし》どもは「霊《れい》」と称《しょう》しています。

例《たと》えば人間《にんげん》の心《こころ》の本体《ほんたい》、生命《せいめい》の実体《じったい》のごときは数理数学《すうりすうがく》では割《わ》り切《き》れません。生命《せいめい》の現象《げんしょう》、生命《せいめい》の働《はたら》きは科学的《かがくてき》に究《きわ》め明《あき》らかにすることが出来《でき》ましても、生命《せいめい》の実体《じったい》は霊《れい》でありますから、如何《いか》に動物《どうぶつ》の肉体《にくたい》を解剖《かいぼう》し、或《ある》いはレントゲンにかけて見《み》ても、その実体《じったい》をつかみ出《だ》すことは出来《でき》ないのです。

この生命《せいめい》すなわち霊《れい》の本源《ほんげん》は神《かみ》であり、神《かみ》は宇宙《うちゅう》の大元霊《だいげんれい》です。この神《かみ》から発《はっ》し来《きた》たる霊線《れいせん》の結《むす》び集《あつ》まったものを「霊魂《れいこん》」と称《しょう》し、やがてそれに個性《こせい》を生《しょう》じます。これらの霊魂《れいこん》のうち特《とく》に精妙《せいみょう》なる霊《れい》、すなわち人間《にんげん》の霊魂《れいこん》のごときを「精霊《せいれい》」と云《い》うのです。

(二)、人生観

人間《にんげん》の精霊《せいれい》は神《かみ》の分霊《わけみたま》でありますが故《ゆえ》に、「人《ひと》は神《かみ》の子《こ》」であるというのです。いかなる人《ひと》にしましても自分《じぶん》の思《おも》い付《つ》きや、わが計《はか》らいでこの世《よ》に生《うま》れ来《き》た者《もの》はありません。いつとなく生《うま》れさせられていた、即《すなわ》ち総《すべ》ての条件《じょうけん》が具備《ぐび》したとき生命力《せいめいりょく》によって生《うま》れて来《き》たものです。人間《にんげん》は何《なん》のために生《うま》れて来《き》たかは、生命力《せいめいりょく》の本源《ほんげん》であり、生命《いのち》を与《あた》えられた神に聞《き》かねば明《あき》らかになりません。果《は》たして神はいかなる御心《みこころ》から人類《じんるい》を生《う》み出《だ》されたのでありましょうか。聖師《せいし》はこれについて

○たまちはふ神《かみ》の心《こころ》は垂乳根《たらちね》の　親《おや》の心《こころ》と一つなりけり

と詠《よ》まれています。子《こ》をもつ親《おや》としては、どの子《こ》もみな可愛《かわい》い、いずれも立派《りっぱ》に育《そだ》って

一人前《いちにんまえ》の人《ひと》となり、平和《へいわ》な幸福《こうふく》な家庭《かてい》を持《も》ってくれるようにと願《ねが》うのが親心《おやごころ》であります。その親心《おやごころ》を高《たか》め広《ひろ》くしたのが人類《じんるい》に対《たい》する神《かみ》の心《こころ》であります。

宇宙《うちゅう》の本源《ほんげん》たる神《かみ》は日本《にほん》の国民《こくみん》とか、或《ある》いはアジヤ民族《みんぞく》とか、特定《とくてい》の民族《みんぞく》だけを愛《あい》するような偏頗《へんぱ》な愛《あい》の持主《もちぬし》ではありません。全人類《ぜんじんるい》を神《かみ》の子《こ》として愛《あい》し、全人類《ぜんじんるい》の平和《へいわ》と幸福《こうふく》とを望《のぞ》ませ給《たも》う誠《まこと》の神《かみ》であります。この神《かみ》の御心《みこころ》を心《こころ》として、「神《かみ》の理想《りそう》を実現《じつげん》するのが人生《じんせい》の真目的《しんもくてき》」であります。

○人生《じんせい》の真目的《しんもくてき》は地《ち》の上《うへ》に　無窮《むきゅう》の天国《てんごく》たつるにありけり

そのためには各々《おのおの》の天分職分《てんぶんしょくぶん》を、世《よ》のため人《ひと》のために生《い》かすことによって、宗教的地上天国《しゅうきょうてきちじょうてんごく》みろくの世《よ》が出現《しゅつげん》するのです。きわみなく栄《さか》ゆる平和《へいわ》にして幸福《こうふく》たる天国《てんごく》の姿《すがた》をこの地上《ちじょう》に実現《じつげん》する、そこに人生《じんせい》の真目的《しんもくてき》があり、その理想《りそう》を実現《じつげん》するためには、まず第一《だいいち》に神《かみ》に目《め》ざめ、神《かみ》の心《こころ》に立《た》ちかえらねばなりません。

(三)、日本の将来

「愛善苑《あいぜんえん》」は発足以来《はっそくいらい》、未《ま》だ日《ひ》が浅《あさ》いのですが、幸《さいわい》にして全国的《ぜんこくてき》に非常《ひじょう》な勢《いきお》いで発展《はってん》し宗教《しゅうきょう》の新《あたら》しい進《すす》み方《かた》として、宗教界《しゅうきょうかい》その他一般《たいっぱん》から深《ふか》い関心《かんしん》を寄《よ》せられています。従《したが》って本部《ほんぶ》を訪《おと》ずれる方《かた》が続々《ぞくぞく》としていますが、わけて新聞記者《しんぶんきしゃ》は特殊《とくしゅ》の興味《きょうみ》を感《かん》じているようです。一昨年《さくねん》六月《がつ》、西本願寺《にしほんがんじ》の門主大谷光照氏《もんしゅおおたにこうしょうし》が聖師《せいし》を訪《たず》ねて見《み》えられたとき、何《なに》しろ一方《いっぽう》は西本願寺《にしほんがんじ》の門主《もんしゅ》であり、一方《いっぽう》は問題《もんだい》の人《ひと》、王仁三郎先生《おにさぶろうせんせい》であるというので、新聞記者《しんぶんきしゃ》が馳《は》せつけ、その会談《かいだん》の席《せき》に加《くわ》わったのです。そのとき新聞記者《しんぶんきしゃ》は聖師《せいし》に向《むか》って、

「自分《じぶん》は最近南方《さいきんなんぽう》から帰《かえ》って来《き》たのですが、日本《にほん》の姿《すがた》を見《み》て実《じつ》に驚《おどろ》きました。果《はた》して日《に》本《ほん》は立《た》ち直《なお》り得《う》るでしょうか」

と尋《たず》ねました。今日《こんにち》こそ日本《にほん》の前途《ぜんと》に何《なん》となく明《あか》るい感《かん》じを持《もち》はじめましたが、一昨年《さくねん》と云《い》えば終戦《しゅうせん》の翌年《よくねん》で、全《まった》く悲観《ひかん》の説《せつ》をなす者《もの》が大多数《だいたすう》であった頃《ころ》です。聖師《せいし》は記者《きしゃ》に

対《たい》して

「日本《にほん》の立直《たてなお》しは大丈夫《だいじょうぶ》です」

と答《こたえ》ました。これが日本《にほん》の前途《ぜんと》に対《たい》する聖師《せいし》の見通《みとお》しであり、信念《しんねん》であったのです。但《ただ》し日本《にほん》が良《よ》くなるまでには、国民《こくみん》は苦難《くなん》の道《みち》を歩《あゆ》まなければならず、第一《だいいち》、国民《こくみん》の魂《たましい》が改《あらた》まらなければならぬことを、それに付《つ》け加《くわ》えました。

新聞記者《しんぶんきしゃ》は更《さら》に

「日本《にほん》がこんな無茶苦茶《むちゃくちゃ》な状態《じょうたい》になった根本原因《こんぽんげんいん》はどこにあるのでしょうか」

と尋《たず》ねましたところ、きわめて無造作《むぞうさ》に

「それは皆《みな》がわれよしだからだ」

と答《こた》えたのです。国民《こくみん》の心《こころ》がまえ生活態度《せいかつたいど》が、自分《じぶん》さえよければ他《た》はどうなってもかまわぬという。まったく他《た》を顧《かえり》みない利己主義《りこしゅぎ》、吾《われ》よしであったことが、日本《にほん》をして遂《つい》に斯《か》くならしめたというのです。至《いた》って簡単《かんたん》な回答《かいとう》ではありますが、これには深《ふか》い味《あじ》わうべきものがあります。国民《こくみん》の心構《こころがま》えが改《あらた》まるならば、日本《にほん》の前途《ぜんと》は洋々《ようよう》たるとの意《い》でありまして、聖師《せいし》は日本国民《にほんこくみん》はこれを成《な》しとぐると信《しん》じ、これを期待《きたい》し、日本《にほん》の将来《しょうらい》を大丈夫《だいじょうぶ》と明言《めいげん》したのです。

五、愛善生活運動

私《わたくし》どもは聖師《せいし》の遺志《いし》をついで、「新日本建設《しんにほんけんせつ》」のためにお役《やく》に立《た》つべく、ここに「愛《あい》善生活運動《ぜんせいかつうんどう》」と「生産増強運動《せいさんぞうきょううんどう》」との二大運動《うんどう》を提唱《ていしょう》し、全国的《ぜんこくてき》にこの運動《うんどう》を展開《てんかい》しつゝあります。

(一)、愛善と愛悪

「愛善生活運動《あいぜんせいかつうんどう》」とは何《なに》か。愛善《あいぜん》とは愛《あい》と善《ぜん》、または善《ぜん》を愛《あい》する意味《いみ》も含《ふく》んでいますが、ここに云《い》う愛善《あいぜん》の意義《いぎ》は、愛《あい》にも善《ぜん》と悪《あく》とがある。愛《あい》の悪《あく》とは自分或《じぶんある》いは自分《じぶん》らのみを愛《あい》するのあまり、他《ほか》に迷惑《めいわく》を及《およ》ぼすごとき、偏狭《へんきょう》にして排他的《はいたてき》な利己主義的《りこしゅぎてき》なものを指《さ》し、愛《あい》の善《ぜん》とは神性《しんせい》から出《で》た愛《あい》を指《さ》すのです。

近代特《きんだいとく》に人間性《にんげんせい》ということが盛《さか》んに称《とな》えられていますが、人間性《にんげんせい》にも肉体的《にくたいてき》、本能的《ほんのうてき》なものと、その人間性《にんげんせい》の奥底《おくそこ》に流《なが》れる、美《うつく》しい清《きよ》らかな真実《しんじつ》なものとがあります。この両面《りょうめん》を持《も》っているのが人間《にんげん》です。この美《うつく》しい面《めん》を「愛善《あいぜん》」と云《い》い、醜《みにく》い面《めん》を「愛悪《あいあく》」と称《しょう》します。どちらを主《しゅ》にして行動《こうどう》するかで善《ぜん》ともなり悪《あく》ともなるのです。お互《たが》いに我《われ》よしの愛悪生活《あいあくせいかつ》を謹《つつし》み、我《われ》よし、人《ひと》もよし、万人《ばんにん》ともに生《い》き、万人《ばんにん》ともに楽《たの》しむという美《うつく》しい生活態度《せいかつたいど》に改《あらた》めることを「愛善生活《あいぜんせいかつ》の第一段階《だいいちだんかい》」としています。

「愛善生活《あいぜんせいかつ》」、云《い》うは易《やす》いことでありますが、さて実践《じっせん》となると、難《むずか》しいものです。これが単《たん》なる理論運動《りろんうんどう》ではこの目的《もくてき》は達《たっ》し難《がた》い、私《わたくし》どもは宗教《しゅうきょう》の力《ちから》によって、「愛善生《あいぜんせい》活運動《かつうんどう》」を徹底《てってい》してゆくべく努力《どりょく》しているのです。

「愛善苑《あいぜんえん》」では、愛善《あいぜん》の霊性《れいせい》が主《しゅ》となって肉体《にくたい》がこれに従《したが》うのを霊主体従《れいしゅたいじゅう》（善《ぜん》）と云《い》い、肉体的本能的《にくたいてきほんのうてき》な愛悪《あいあく》が主《しゅ》となって、霊性《れいせい》をおおい隠《かく》しているのを体主霊従《たいしゅれいじゅう》（悪《あく》）と称《しょう》します。

これを社会的《しゃかいてき》に云《い》うならば、私利私欲《しりしよく》にのみ捉《とら》われるのを悪《あく》と云《い》い、人《ひと》のため、世《よ》のため公《おおやけ》のためにする行《おこな》いを善《ぜん》と云《い》うのです。

私《わたくし》どもは決《けっ》して現実《げんじつ》を無視《むし》し軽《かろ》んずるものではありません。肉体《にくたい》を持《も》つ人間《にんげん》としては、絶対《ぜったい》の善《ぜん》もなければ絶対《ぜったい》の悪《あく》もないのです。ただ霊《れい》と体《たい》とを円満《えんまん》に調和《ちょうわ》し、精神的《せいしんてき》にも生《い》き、肉体的《にくたいてき》にも生《い》きる道《みち》を主張《しゅちょう》するのです。

宗教《しゅうきょう》は決《けっ》して霊《れい》にのみ生《い》きよというのではありません。温《あたた》かい血《ち》の通《かよ》った、のびのびとした人間《にんげん》を造《つく》るのが、宗教《しゅうきょう》の目的《もくてき》であると考《かんが》えます。

(二)、宗教心

宗教《しゅうきょう》においては神《かみ》を覚《さと》ることが根本《こんぽん》であります。しかるに近代人《きんだいじん》は、神《かみ》が人間《にんげん》を造《つく》ったのではなく、人間《にんげん》の頭《あたま》で神《かみ》を造《つく》ったのだと云《い》います。しかし私《わたくし》どもの信仰《しんこう》する神《かみ》は、宇宙《うちゅう》の大生命《だいせいめい》であり、活動力《かつどうりょく》の本源《ほんげん》です。この神《かみ》を離《はな》れて万物《ばんぶつ》の生命《せいめい》はありません。それにしても、殊更《ことさら》にこれを神《かみ》と云《い》わなくてもよいではないかと云《い》う疑問《ぎもん》が起《おこ》るでありましょう。

人間《にんげん》には智性《ちせい》とゝもに感情《かんじょう》と云《い》うものがあります。私《わたくし》どもが自分《じぶん》の力《ちから》で、どうにもならない場面《ばめん》に立《た》ち入《い》りますと、所謂叶《いわゆるかな》わぬ時《とき》の神《かみ》だのみと云《い》うか、偉大《いだい》なる力《ちから》を求《もと》め、それにたよりすがろうとする心《こころ》が起《お》きて来《く》るものです。

船《ふね》が沈没《ちんぼつ》して海《うみ》の中《なか》に放《ほう》り出《だ》されたときとか、空襲下《くうしゅうか》にあるときとか、或《あるい》は可愛《かわい》い子《こ》が医者《いしゃ》から見《み》はなされたとき、人間力《にんげんりょく》ではどうすることも出来《でき》なくなった場合《ばあい》は、理屈《りくつ》を越《こ》えた感情《かんじょう》から、人間以上《にんげんいじょう》の力《ちから》を求《もと》め、祈《いの》り、たよらずにはおれなくなるものです。これは人間《にんげん》の行《ゆ》きつまったときの気《き》まぐれな心《こころ》、人間《にんげん》の弱点《じゃくてん》というべきではありません。

日頃何事《ひごろなにごと》でも人間《にんげん》の力《ちから》で出来《でき》ると思《おも》い高《たか》ぶっていた心《こころ》、すなわち慢心《まんしん》の雲《くも》が破《やぶ》れて、人間本然《にんげんほんぜん》の心《こころ》に立《た》ち返《かえ》ったものです。丁度小《ちょうどち》さな子供《こども》が、理屈《りくつ》を越《こ》えて母《はは》を慕《した》い寄《よ》るごとく、私《わたくし》どもの生命《せいめい》の本源《ほんげん》を神《かみ》として求《もと》めずには居《お》れなくなるのです。この神《かみ》を慕《した》う心《こころ》、即《すなわ》ち宗教心《しゅうきょうしん》は、総《すべ》ての人《ひと》の魂《たましい》の奥《おく》にあるものです。それならば行《ゆ》き詰《つま》らないと宗教心《しゅうきょうしん》は起《おこ》らないかと申《もう》しますと、決《けっ》してそうではありません。平生《へいぜい》の心構《こころがま》えによって、誰《だれ》にでも宗教《しゅうきょう》は得《え》られるのです。聖師《せいし》は

○神《かみ》を恋《こ》ひ人《ひと》を恋《こ》ふるは惟神《かむながら》　神《かみ》の授《さづ》けし心《こころ》なりけり

と詠《よ》まれています。私《わたくし》どもが神《かみ》を慕《した》い、人《ひと》をなつかしく思《おも》うのは、神《かみ》の与《あた》えたもうた自《おのずから》なる真情《しんじょう》からなのです。

(三)、祈りと感謝

宗教心《しゅうきょうしん》は総《すべ》ての人々《ひとびと》の心《こころ》にあります。どうすれば宗教心《しゅうきょうしん》に目《め》ざめることが出来《でき》るか。

ただ神《かみ》を信《しん》ぜよと申《もう》したところで、それではしば〱迷信《めいしん》に陥《おちい》ることがあります。神《かみ》についても理性《りせい》において納得出来《なっとくでき》ぬ点《てん》があれば、どこまでも究明《きゅうめい》せなくてはなりません。しかし理論的究明《りろんてききゅうめい》では、神《かみ》の方向《ほうこう》だけが判《わか》るというものです。それから先《さき》は実践《じっせん》であり、我魂《わがたましい》に体験《たいけん》することです。神《かみ》はもとより物質《ぶっしつ》ではありません。霊的存在《れいてきそんざい》であります。それ故《ゆえ》に我々《われわれ》の霊的感覚《れいてきかんかく》によって悟《さと》るより他《ほか》に道《みち》はありません。

それには、神《かみ》に呼《よ》び掛《か》けることで、呼《よ》びかけるとは神《かみ》に祈《いの》ることであり、念《ねん》ずることです。清《きよ》らかな誠《まこと》の心《こころ》、真剣《しんけん》な心《こころ》で祈《いの》るならば、神我々《かみわれわれ》にあり、との境地《きょうち》に進《すす》み、我《わが》魂《たましい》にヒシ〱と神《かみ》の実在《じつざい》を体験《たいけん》せしめられます。聖師《せいし》はこの境地《きょうち》を

○見《み》るを得《え》ず聞《き》く声《こゑ》もなき神《かみ》の前《まえ》に　祈《いの》る心《こころ》は神《かみ》なりにけり

と詠《よ》まれています。私《わたくし》どもは祈《いの》りによって、常《つね》に神《かみ》とゝもにあるべきであります。では神《かみ》に祈《いの》ってさえしておればよいか、それではまだ誠《まこと》とは云《い》えません。祈《いの》りの心《こころ》をそのまゝ実践実行《じっせんじっこう》する、祈《いの》りと生活《せいかつ》がそのまゝ一体化《いったいか》するのでなければならないのです。聖《せい》

師《し》は

○心《こころ》だに誠《まこと》の道《みち》に叶《かな》うとも　行《おこな》ひせずば神《かみ》は守《まも》らじ

と詠《よ》まれています。世間《せけん》には、「心《こころ》だに誠《まこと》の道《みち》に叶《かな》いなば祈《いの》らずとても神《かみ》は守《まも》らん」と云《い》う歌《うた》がありますが、これには祈《いの》ろうとしない我執《がしゅう》があり、心《こころ》だにと云《い》うところに実践《じっせん》が忘《わす》れられています。聖師《せいし》は常《つね》に「口《くち》と心《こころ》と行《おこな》いと三つつそろった誠《まこと》でなければならぬ」と説《と》かれ私《わたくし》どもを導《みちび》かれたのです。

祈《いの》りには感謝《かんしゃ》の心《こころ》が伴《ともな》わなければなりません。信仰《しんこう》は進《すす》むに従《したが》って、おのずから感《かん》謝《しゃ》の心《こころ》が湧《わ》き出《い》ずるもので、神《かみ》は感謝《かんしゃ》の心《こころ》ある人《ひと》の魂《たましい》にのぞませたまい、それによってまた信仰《しんこう》は進《すす》むものです。

宗教的《しゅうきょうてき》に申《もう》せば、生命《いのち》の本質《ほんしつ》は愛《あい》であります。生命《いのち》の本源《ほんげん》たる神《かみ》は愛《あい》の本源《ほんげん》であり、宇宙《うちゅう》の活動力《かつどうりょく》は、神《かみ》の愛《あい》の発現《はつげん》です。故《ゆえ》に「神《かみ》は愛《あい》なり力《ちから》なり」と云《い》われるのです。この道理《どうり》を判《わか》らせて頂《いただ》きますと、「人間《にんげん》はじめ草木鳥獣《そうもくちょうじゅう》は、すべて神《かみ》の生命《いのち》の現《あら》われである」と悟《さと》ることが出来《でき》ます。わけて「人《ひと》は神《かみ》の愛《あい》の結晶《けっしょう》」です。

○見《み》わたせば野《の》にも山《やま》にも皇神《すめかみ》の　恵《めぐ》みの花《はな》は咲《さ》き充《み》ちにけり

○一輪《いちりん》の草花《くさばな》にさえ天地《あめつち》の　恵《めぐみ》の露《つゆ》はうるほふものを

○天地《あめつち》の花《はな》と生《うま》れし人《ひと》の身《み》の　神《かみ》の恵《めぐ》みを受《う》けざらめやも

○訪《と》う人《ひと》もなくて淋《さび》しき一つ家《や》の　軒《のき》にも月《つき》の光《ひかり》は充《み》ちぬる

かく神《かみ》の恵《めぐ》み幸《さいわ》いを日々《ひび》に感謝《かんしゃ》して暮《くら》す心《こころ》、それは神《かみ》とゝもにある生活《せいかつ》です。

(四)、信仰の力

宗教《しゅうきょう》とか信仰《しんこう》とか申《もう》しますと、病気《びょうき》が治《なお》るだろうか、商売《しょうばい》が繁昌《はんじょう》するだろうかと、すぐ御利益的《ごりやくてき》おかげを考《かんが》える人《ひと》があります。宗教《しゅうきょう》は魂《たましい》に大《おお》きな光《ひか》りを与《あた》え、力《ちから》を与《あた》えるものでして、これが本当《ほんとう》の神徳《おかげ》です。信仰《しんこう》さえしておれば、病気《びょうき》も災難《さいなん》も絶対《ぜったい》に逃《のが》れるというようなものではありません。信仰《しんこう》の力《ちから》によって奇蹟的体験《きせきてきたいけん》を得《え》られることは事《じ》実《じつ》であります。しかし、いかに神様《かみさま》を拝《おが》んでいても、人間《にんげん》の肉体《にくたい》は、あまりに無理《むり》を重《かさ》ねれば病気《びょうき》になるのは当然《とうぜん》です。

あの人《ひと》は信心《しんじん》していながら、何《なん》で不幸《ふこう》が続《つづ》くのだろうと云《い》われている人《ひと》もあります。不幸《ふこう》や災難《さいなん》には様々《さまざま》の原因《げんいん》があるものです。注意《ちゅうい》や努力《どりょく》が足《た》りなかったとか、或《あるい》は過去《かこ》の罪障《ざいしょう》、因縁因果《いんねんいんが》によるものとか、縦《たて》にも横《よこ》にも理由《りゆう》のあることであります。また人類《じんるい》社会《しゃかい》は一個《いっこ》の人体《じんたい》のごときものであり、人間《にんげん》はその細胞《さいぼう》のようなものです。一細胞《さいぼう》の煩《わずら》いは、やがて全身《ぜんしん》に影響《えいきょう》するごとく、一部《いちぶ》の人《ひと》の不心得《ふこころえ》や、過《あやま》ちは、社会《しゃかい》に直接《ちょくせつ》に禍《わざわい》し、それが思《おも》わぬ方向《ほうこう》に響《ひび》いてくることがあります。そのような訳《わけ》で、例《たと》え病気《びょうき》になったり、如何《いか》なる災厄《さいやく》に遭《あ》うことがありましても、宗教《しゅうきょう》に生《い》きる人達《ひとたち》は、その信仰《しんこう》の力《ちから》によって、大難《だいなん》を小難《しょうなん》に免《まぬが》れることもありましょうし、又《また》それに打《う》ち克《か》ち、或《あるい》は反《はん》省《せい》し或《あるい》は感謝《かんしゃ》し、却《かえ》ってそこに一段《いちだん》と大《おお》きな神徳《しんとく》を、我魂《わがたましい》に得《う》ることが出来《でき》るものです。

聖師《せいし》は永《なが》い生涯《しょうがい》において、いく度《ど》も逆境《ぎゃっきょう》に立《た》たれましたが、その度《たび》ごとに逆境《ぎゃっきょう》を乗《の》り越《こ》えて、飛躍《ひやく》、発展《はってん》を重《かさ》ねて来《こ》られました。

○逆境《ぎゃっきょう》に立《た》つ身《み》は大《だい》なる順境《じゅんきょう》に　向《むか》えるものとひたに進《すす》めよ

と聖師《せいし》はかく詠《うた》われていますが、それはそのまゝ聖師《せいし》の信念《しんねん》であり、体験《たいけん》でありました。逆境《ぎゃっきょう》に立《た》ったときは、既《すで》にどん底《ぞこ》であり、もうそれから先《さ》きは上《あが》るより他《ほか》に道《みち》はないのです。だめだと悲観《ひかん》し、弱《よわ》い精神《せいしん》であったならば、いつまでもドン底《ぞこ》より上《あが》ることは出来《でき》ません。

○思《おも》はざること次々《つぎつぎ》に起《おこ》れども　善意《ぜんい》にとれば力《ちから》とぞなる

人生《じんせい》には色々思《いろいろおも》わぬ出来事《できごと》がありますが、善意《ぜんい》にとって奮《ふる》い立《た》つならば、よりよき運《うん》命《めい》を次第《しだい》に開《ひら》いて行《ゆ》くことが出来《でき》るのです。魂《たましい》に大《おお》いなる力《ちから》と光《ひか》りと歓《よろこ》びと、更《さら》に感《かん》謝《しゃ》の心《こころ》や、大《だい》なる希望《きぼう》を与《あた》えるのが、「真《まこと》の宗教《しゅうきょう》」です。

○苦《くる》しみも又《また》たのもしく思《おも》はるる　神《かみ》の大道《おほぢ》を歩《あゆ》む身《み》にして

○暗黒《あんこく》の世《よ》なりと云《い》へど神《かみ》にある　身《み》はやすらけし心《こころ》は明《あか》し

信仰《しんこう》ある人《ひと》は、このように積極的《せっきょくてき》に生《い》きることができ、苦《くる》しみをも又頼《またたの》もしく世《よ》を渡《わた》ることが出来《でき》るのです。

私達《わたしたち》が未決生活中《みけつせいかつちゅう》お世話《せわ》になった大阪拘置所《おおさかこうちしょ》の教誨師《きょうかいし》が、先頃訪《さきごろたず》ねて見《み》えましたので、三十年《ねん》に亘《わた》る教誨師《きょうかいし》としての感想談《かんそうだん》を聞《き》きましたが、その時《とき》、社会的《しゃかいてき》に地位《ちい》もあり有名《ゆうめい》な人《ひと》であっても、拘置所《こうちしょ》に入《はい》って来《く》ると、品格《ひんかく》が落《お》ちてしまって、実《じつ》にみじめな姿《すがた》になってしまうものであるが、そこに行《ゆ》くと、宗教的信念《しゅうきょうてきしんねん》に生《い》きている人《ひと》は全《まった》く違《ちが》っていると、しみじみ話《はな》されたことであります。自分《じぶん》で作《つく》った信念《しんねん》は強固《きょうこ》なようであっても、大《おお》きな事態《じたい》に直面《ちょくめん》すると、もろくも崩《くず》れてしまうのです。これに反《はん》し宗教《しゅうきょう》から得《え》た信念《しんねん》は、逆境《ぎゃっきょう》に立《た》った時程《ときほど》、却《かえ》って実《じつ》に強《つよ》い力《ちから》を現《あら》わすもので、ここに宗教《しゅうきょう》の偉大《いだい》な力《ちから》を感《かん》じさせられます。

未決《みけつ》七ケ年《ねん》の生活《せいかつ》において、聖師《せいし》は世間《せけん》におられた時《とき》と少《すこ》しも変《か》わらぬ様子《ようす》でありましたし、現《げん》・苑主《えんしゅ》は婦人《ふじん》の身《み》でありながら、いつ見《み》てもニコニコと、朗《ほが》らかにして居《お》られ、いまだにそのことを皆《みな》に噂《うわさ》していると教誨師《きょうかいし》は語《かた》っておられました。

○信仰《しんかう》の力《ちから》は石《いし》を玉《たま》となし　山《やま》をも海《うみ》に立《た》て替《か》へるなり

信仰《しんこう》にはそれほどの力《ちから》が生《しょう》じるというのです。私《わたくし》どもは真《まこと》の信仰《しんこう》に生《い》き、如何《いか》なる苦難《くなん》があろうとも、不動《ふどう》の信念《しんねん》を持《も》って、新日本《しんにほん》の建設《けんせつ》を成《な》しとげなければなりません。

(五)、生死と勤労観

宗教《しゅうきょう》は生死《せいし》の問題《もんだい》を解決《かいけつ》するものであります。私《わたし》どもはいかに望《のぞ》んでも、幾百年《いくひゃくねん》、幾千年《いくせんねん》の肉体的生命《にくたいてきせいめい》を保《たも》つことは出来《でき》ません。しかし魂《たましい》の生命《いのち》は永遠《えいえん》であります。永《えい》遠《えん》の生命《いのち》を信《しん》ずる者《もの》には、人生《じんせい》の意義《いぎ》が更《さら》に徹底《てってい》し、人生《じんせい》を心《こころ》から楽《たの》しむことが出来《でき》るのです。聖師《せいし》は

○永《えい》ごふに生《い》くる生命《いのち》を悟《さと》りてゆ　世《よ》の憂《う》きなやみ楽《たの》しくなりけり

と詠《よ》まれているのです。

まことに人生《じんせい》には、楽《たの》しみもあれば苦《くる》しみもあります。その苦《くる》しみを知《し》ることが、また楽《たの》しみを知《し》ることになるのであります。凡人《ぼんじん》は小苦小楽《しょうくしょうらく》に居《お》り、使命《しめい》の大《だい》なるものほど大苦大楽《だいくだいらく》に居《お》るので、大《だい》なる苦《くる》しみの中《なか》に、より大《だい》なる楽《たの》しみのあることを知《し》らねばなりません。

○苦《くる》しみし覚《おぼ》えさえなき人《ひと》の身《み》は　世《よ》にながらえて楽《たの》しみもなし

人間《にんげん》は生《うま》れながらにして、働《はたら》かなければならぬようになっています。働《はたら》くことを苦《く》であるとするならば、人生《じんせい》は苦《く》でありましょう。しかし人間《にんげん》の肉体《にくたい》と魂《たましい》は、これを働《はたら》かせることによって、進歩発達《しんぽはったつ》するものです。

○人《ひと》の身《み》と心《こころ》は用《もち》ふるたびごとに　進歩発達《しんぽはったつ》するものぞかし

もし心身《しんしん》ともに、これを働《はたら》かせないでおいたならば、全《まった》く役《やく》に立《た》たない人間《にんげん》になってしまいます。勤労《きんろう》を尊《とうと》び、勤労《きんろう》を楽《たの》しむところに、生《い》きた宗教《しゅうきょう》があり、「人生《じんせい》の意義《いぎ》」

があるのです。

聖師《せいし》は悪《わる》いことをするのは、勿論罪悪《もちろんざいあく》であるが、しなければならない事《こと》、良《よ》い事《こと》をせぬのも罪悪《ざいあく》であるという積極的《せっきょくてき》な罪悪観《ざいあくかん》を持《も》たれていました。

○うつし世《よ》の勤《つと》め怠《おこた》る曲人《まがびと》は　神《かみ》の御国《みくに》の罪人《つみびと》となるも

○目《め》をぬすみ宝《たから》を盗《ぬす》み日《ひ》を盗《ぬす》む　人《ひと》こそ神《かみ》の罪人《つみびと》と知《し》れ

人《ひと》の目《め》を盗《ぬす》み、宝《たから》を盗《ぬす》むことは罪悪《ざいあく》であることは申《もう》すまでもありませんが、日《ひ》を盗《ぬす》む、つまり働《はたら》けば働《はたら》ける人《ひと》が時《とき》を空《むな》しくし、いたずらに遊《あそ》んで過《す》ごすのではなく、神《かみ》とゝもに生《い》き、神《かみ》とゝもに働《はたら》くのが、人生《じんせい》の勤《つと》めであり喜《よろこ》びであると信《しん》ずるのです。

(六)、楽天的生活

「愛善生活《あいぜんせいかつ》」は、また神《かみ》とゝもに楽《たの》しむ楽天的生活《らくてんてきせいかつ》です。「楽天《らくてん》とは天命《てんめい》を楽《たの》しむ」即《すなわ》ち神《かみ》の御胸《みむね》に従《したが》って、最善《さいぜん》を尽《つく》すを楽《たの》しみとするものです。

宗教《しゅうきょう》の中《なか》には、色々《いろいろ》な戒律《かいりつ》を設《もう》けているものがあります。これも人《ひと》を導《みちび》く方法《ほうほう》ではありますが、あまりに厳《きび》しく戒律《かいりつ》でくゝりつけられては窮屈《きゅうくつ》です。戒律《かいりつ》に捉《とら》われては、ノビノビした魂《たましい》の成長《せいちょう》は得《え》られません。「愛善苑《あいぜんえん》」には人為的《じんいてき》の戒律《かいりつ》はありませんが、ただ、捉《とら》われるなかれ、こだわるなかれと戒《いまし》めています。

敗戦《はいせん》の結果《けっか》、或《あるい》は社会《しゃかい》の変動《へんどう》から世《よ》の中《なか》には気《き》の毒《どく》な人達《ひとたち》が沢山《たくさん》出来《でき》ましたが、その中《なか》には既《すで》に雄々《おお》しく立《た》ち上《あ》がっている人《ひと》もあり、未《いま》だに立《た》ち上《あが》り得《え》ないで、日々《ひび》を悔《く》やみ概《おもむ》いて過《すご》している人《ひと》もあります。人間《にんげん》は現在《げんざい》が暗《くら》ければ、将来《しょうらい》も暗《くら》く感《かん》じ、また何《なに》か心《こころ》が勇《いさ》めば、たちまち明日《あす》が明《あか》るくなるものです。いたずらに暗《くら》い過去《かこ》にこだわり、とらわれていてはなりません。それよりも、今《いま》なすべきことに最善《さいぜん》を尽《つく》すことです。

○くよくよと物事《ものごと》くやむ暇《ひま》あれば　大小《だいせう》となく行《おこな》ひてみよ

と申《もう》されています。手足《てあし》を一生懸命《いっしょうけんめい》働《はたら》かせながら、憎《にく》み言《ごと》を云《い》ってる人《ひと》は見受《みう》けられません。憎《にく》み言《ごと》ばかり云《い》っているような人《ひと》は、とかく手足《てあし》がおるすになっています。明《あ》日《す》の運命《うんめい》をよりよく展開《てんかい》するためには、取《と》り越《こ》し苦労《くろう》や過越《すぎこ》し苦労《くろう》をすることなく、何《なん》なりとなすべきを行《おこな》って、今日《きょう》をよくすることです。最善《さいぜん》を尽《つく》したところに悔《く》いはありません。聖師《せいし》は次《つぎ》のごとく詠《よ》まれています。

○取《と》り越《こ》しの苦労《くらう》もなさず過越《すぎこ》しの　苦労《くらう》も思《おも》はず刹那《せつな》を進《すす》む

○今《いま》という今善《いまよ》き心《こころよ》善き言葉《ことば》　善《よ》き行《おこな》ひを励《はげ》むこそ善《よ》き

反省《はんせい》は大切《たいせつ》です。しかし反省《はんせい》が過《す》ぎると委縮《いしゅく》します。将来《しょうらい》の企画《きかく》は必要《ひつよう》ですが、いたずらなる取《と》り越《こ》し苦労《くろう》は、かえって今日尽《こんにちつく》すべき最善《さいぜん》の努力《どりょく》に妨《さまた》げを生《しょう》じます。今《いま》という今《いま》、刹那《せつな》の最善《さいぜん》を尽《つく》すところに楽天的生活《らくてんてきせいかつ》が生《うま》れるのです。

(七)、愛善主義

宗教《しゅうきょう》は単《たん》なるあきらめ主義《しゅぎ》ではありません。物《もの》の道理《どうり》を明《あき》らかにし、改《あらた》めるべきは改《あらた》め、進《すす》むべきは進《すす》むあきらめです。

○人生《じんせい》は日々《ひび》に新《あら》たに光明《くわうみやう》に　向《むか》って改《あらた》め進《すす》むべきなり

○天地《あめつち》の一切万事《いっさいばんじ》は完全《かんぜん》に　向《むか》ふ道程《どうてい》にあるものと知《し》れ

○進《すす》むのみただ一心《いっしん》に進《すす》むのみ　積極主義《せっきょくしゅぎ》の愛善《あいぜん》の道《みち》

○進《すす》みゆく月日《つきひ》の駒《こま》に神習《かむなら》ひ　われは進展主義《しんてんしゅぎ》をとるなり

人生《じんせい》における様々《さまざま》の出来事《できごと》も、総《すべ》てを良《よ》き方《ほう》に受《う》け取《と》って更《さら》に積極《せっきょく》に転《てん》じ、日々《ひび》に新《あらた》に、進展主義《しんてんしゅぎ》に則《そ》って行《ゆ》くべきものです。

愛善《あいぜん》とは神《かみ》の心《こころ》そのものであり、神《かみ》の心《こころ》を心《こころ》とする生活《せいかつ》、そこには、まことに広《ひろ》らかな楽《たの》しい生活《せいかつ》があるのです。

○千早振《ちはやふ》る人《ひと》の心《こころ》は愛善《あいぜん》の　誠《まこと》をおきて何《なに》ものもなし

○私《わたくし》の心《こころ》しなくばおのづから　愛善《あいぜん》の徳《とく》そなわるものなり

○人間《にんげん》に私欲《しよく》の念《ねん》のなかりせば　障壁《しやうへき》もなく境界《きやうかい》もなし

私的《してき》な心《こころ》にとらわれることがなければ、自《おの》ずと愛善《あいぜん》の徳《とく》そなわり、何《なん》の障壁《しょうへき》もない広々《ひろびろ》とした明《あか》るい世界《せかい》が開《ひら》けて来《く》るのです。

○自我《じが》を捨《す》て自慾《じよく》を捨《す》つれば天地《あめつち》の　間《あいだ》は一人我物《ひとりわがもの》なりけり

○大宇宙《だいうちう》おのが所有《しょいう》となす時《とき》は　心《こころ》にさやる何物《なにもの》もなし

○天地《あめつち》をわがものとして楽《たの》しめば　心《こころ》の園《その》に永久《とは》の花咲《はなさ》く

私《わたくし》どもは完全《かんぜん》に利慾《りよく》の念《ねん》を捨《す》てることは出来《でき》ないとしましても、宇宙《うちゅう》と一体化《いったいか》する境地《きょうち》、即《すなわ》ち真《まこと》の信仰《しんこう》に徹《てっ》すれば、人生《じんせい》はまことに尊《とうと》く楽《たの》しいものです。

昨今《さっこん》は様々《さまざま》な問題《もんだい》を闘争《とうそう》によって処理《しょり》しようとしていますが、私《わたくし》どもはこれを「愛《あい》善主義《ぜんしゅぎ》」で解決《かいけつ》して行《ゆ》きたいと願《ねが》っております。「愛善主義《あいぜんしゅぎ》」とは、自分《じぶん》とか自分《じぶん》らとかのみにこだわることなく、お互《たが》いの立場《たちば》を正《ただ》しく理解《りかい》し合《あ》い、両者互《りょうしゃたが》いに愛《あい》と信頼《しんらい》の誠《まこと》をもって物事《ものごと》を解決《かいけつ》して行《ゆ》くことです。然《しか》し如何《いか》にこちらがそうした心《こころ》を持《も》っていましても、先方《せんぽう》がこれに理解《りかい》なき場合《ばあい》は、争《あらそ》いもまた止《や》むを得《え》ざることゝ思《おも》うのです。

○公《おほやけ》のために争《あらそ》ふ人々《ひとびと》は　神《かみ》のみ目《め》より罪《つみ》とはならじ

以上各面《いじょうかくめん》から「愛善生活《あいぜんせいかつ》」について申《もう》し述《の》べましたが、私《わたくし》どもは、かかる生活態度《せいかつたいど》をもって、「新日本建設《しんにほんけんせつ》」のために活動《かつどう》いたしたいと念願《ねんがん》しております。

（八）、生産増強運動

さて、「新日本《しんにほん》の建設《けんせつ》」のためには精神的《せいしんてき》、物質的両面《ぶっしつてきりょうめん》から、これが立《た》て直《なお》されなければなりません。宗教《しゅうきょう》は魂《たましい》の救《すく》いが根本《こんぽん》であることは申《もう》すまでもありませんが、合《あ》わせて民生《みんせい》を厚《あつ》うし、民生《みんせい》を豊《ゆた》かにするのが、神《かみ》の愛《あい》であり理想《りそう》であるべきです。故《ゆえ》に「愛善苑《あいぜんえん》」では、「愛善生活運動《あいぜんせいかつうんどう》」とゝもに「生産増強運動《せいさんぞうきょううんどう》」を提唱《ていしょう》し、この運動《うんどう》を力強《ちからつよ》く推《お》し進《すす》めております。

日本《にほん》の経済界《けいざいかい》は、国民《こくみん》が宗教的《しゅうきょうてき》な情熱《じょうねつ》をもって、生産増強《せいさんぞうきょう》のうちでも、とりわけ食《しょく》糧《りょう》の増産《ぞうさん》を最《もっと》も急務《きゅうむ》と考《かんが》え、「愛善《あいぜん》みずほ会《かい》」として、特《とく》に黒澤浄先生《くろさわきよしせんせい》の、四十年来《ねんらい》の体験《たいけん》と科学的根拠《かがくてきこんきょ》にもとずく「改良稲作法《かいりょういなさくほう》」を、「酵素農法《こうそのうほう》」と合《あ》わせて全国的《ぜんこくてき》に普《ふ》及《きゅう》しておるのです。

この「黒澤式稲作法《くろさわしきいなさくほう》」は「六石取稲作法《こくとりいなさくほう》」とも呼《よ》ばれていますが、初年度《しょねんど》から六石《こく》（＝九〇〇キロ。）は難《むずか》しいとしましても、昨年全国《さくねんぜんこく》の農家《のうか》の会員《かいいん》に試作《しさく》してもらった結果《けっか》は、普通反当《ふつうたんあたり》四石《こく》（＝六〇〇キロ。）、良《よ》いところは五石《こく》、中《なか》には初年度《しょねんど》において、六石台《こくだい》を超《こ》えたという輝《かがや》かしい実績《じっせき》を挙《あ》げておるのもあります。

麦《むぎ》は反当《たんあたり》十石《こく》（＝一五〇〇キロ。）以上《いじょう》の実績《じっせき》をもつ伊藤式《いとうしき》、甘藷《かんしょ》（＝さつま芋。）は反当《たんあたり》六千貫《せんかん》以上《いじょう》を目標《もくひょう》とする「伊藤式栽培法《いとうしきさいばいほう》」を普及《ふきゅう》し、生産増強《せいさんぞうきょう》の方面《ほうめん》からも、新日本建設《しんにほんけんせつ》のお役《やく》に立《た》ちたいと活動《かつどう》いたしておる次第《しだい》です。本年《ほんねん》は全国的《ぜんこくてき》に普及《ふきゅう》し、各地《かくち》ともすばらしい成績《せいせき》をあげているようです。

（九）、結語

以上《いじょう》、新日本《しんにほん》の建設《けんせつ》と「愛善苑《あいぜんえん》」について述《の》べてまいりましたが、「愛善苑《あいぜんえん》」は聖《せい》師《し》の提唱《ていしょう》によって発足《はっそく》し、その運動《うんどう》もまた聖師《せいし》の指導《しどう》に基《もと》づいて行《おこな》われたのであります。昭和《しょうわ》二十一年《ねん》二月《がつ》「新発足《しんはっそく》」してから約《やく》一年間《ねんかん》は準備《じゅんび》のために過《す》ごし、その翌年《よくねん》一月《がつ》、宗教法人《しゅうきょうほうじん》としての手続《てつづ》きをおわり、全国《ぜんこく》に分苑《ぶんえん》を五ケ所設《しょもう》け、各都道府県《かくとどうふけん》には支部《しぶ》、または連絡事務所《れんらくじむしょ》をおき、各地《かくち》に会員《かいいん》三十名以上《めいいじょう》をもって会合所《かいごうしょ》を設《もう》けることにしましたが、今日《こんにち》では、すでに四百数《すう》十ケ所《しょ》の会合所《かいごうしょ》がつくられました。

出口王仁三郎聖師《でぐちおにさぶろうせいし》が「愛善苑《あいぜんえん》」の初代苑主《しょだいえんしゅ》でありましたが、本年《ほんねん》（昭和《しょうわ》23年《ねん》）一月《がつ》十九日《にち》、七十八才《さい》をもって安《やす》らかに昇天《しょうてん》されたのです。その後《のち》は第《だい》二代《だい》の苑主《えんしゅ》として、聖《せい》師《し》の夫人《ふじん》すみ子刀自《ことじ》が立《た》たれました。初代苑主昇天後全国《しょだいえんしゅしょうてんごぜんこく》の会員《かいいん》は、聖師《せいし》の心《こころ》をつぎ、二代苑主《だいえんしゅ》のもと、更《さら》に活発《かっぱつ》な運動《うんどう》を展開《てんかい》しております。

本年《ほんねん》一月《がつ》、二代苑主《だいえんしゅ》の詠《よ》まれたものでありますが、

○すきくは（＝鋤・鍬。）に魂《たましひ》こめて働《はたら》ける　人《ひと》はこの世《よ》の宝《たから》なりけり

○気《き》を強《つよ》く広《ひろ》く大《おほ》きくこまやかに　あたたかみある人《ひと》になりたき

というお歌《うた》があります。二代苑主《だいえんしゅ》は信仰《しんこう》を生活化《せいかつか》している方《かた》でありまして、その常住《じょうじゅう》坐臥《ざが》ことごとく信仰《しんこう》の実践化《じっせんか》と申《もう》すべきであります。実《じつ》に驚《おどろ》くべき強《つよ》い信仰《しんこう》をもたれ、常《つね》に神《かみ》とゝもにある境地《きょうち》と伺《うかが》えます。特《とく》に現実的《げんじつてき》な日々《ひび》のお仕事《しごと》の面《めん》におきましても、忙《いそが》しい神務《しんむ》の傍《かたわ》ら、寸時《すんじ》をおしんで糸《いと》つむぎ等《など》の仕事《しごと》にいそしみ、実行《じっこう》をもって私《わたし》どもを導《みちび》いておられます。

「愛善苑《あいぜんえん》」は、「愛善世界《あいぜんせかい》」の実現《じつげん》をもって理想《りそう》とし、運動《うんどう》いたしておりますが、これは夙《つと》（＝早くから。以前から。）に大本時代《おほもとじだい》において、大正《たいしょう》十四年《ねん》六月《がつ》、「人類愛善会《じんるいあいぜんかい》」を創立《そうりつ》し、京都府亀岡町《きょうとふかめおかちょう》に総本部《そうほんぶ》をおき、同《おな》じ理想《りそう》による「人類愛善運動《じんるいあいぜんうんどう》」を、世界的《せかいてき》に推《お》し進《すす》めておったのであります。内地《ないち》には当時約《とうじやく》二千《せん》の支部《しぶ》を有《ゆう》し、やがて外人《がいじん》の共鳴《きょうめい》を得《え》て海外《かいがい》にまで発展《はってん》しました。フランスのパリーに欧州本部《おうしゅうほんぶ》をおき、国際補助語《こくさいほじょご》エスペラントによる機関誌《きかんし》を発行《はっこう》し、愛善思想《あいぜんしそう》の普及《ふきゅう》をいたした結果《けっか》、諸外国《しょがいこく》に外人《がいじん》による支部数《しぶすう》十ケ所《しょ》を見《み》るに至《いた》りましたが、例《れい》の「大本事件《おほもとじけん》」により、この「人類愛善会《じんるいあいぜんかい》」も解散《かいさん》せしめられました。しかし「大本事件《おほもとじけん》」は欧米《おうべい》にまで報道《ほうどう》せられたと見《み》えまして、事件《じけん》中《ちゅう》にも海外《かいがい》から、事件《じけん》の真相《しんそう》をたずねる手紙《てがみ》が頻々《ひんぴん》として参《まい》っていましたが、太平洋《たいへいよう》戦争後《せんそうご》は国際的連絡《こくさいてきれんらく》も絶《た》えてしまったのです。

終戦《しゅうせん》の翌年《よくねん》二月《がつ》、シカゴ○○サンの特派員《とくはいん》が、十年前《ねんまえ》アメリカに報道《ほうどう》せられた記憶《きおく》からたずねて参《まい》り、さらにアメリカの雑誌《ざっし》ライルからも、聖師《せいし》と二代苑主《だいえんしゅ》の写真《しゃしん》を求《もと》めて来《き》ました。

なお中華民国《ちゅうかみんこく》における「道院《どういん》」及《およ》び「世界紅卍字会《せかいこうまんじかい》」と、「大本《おほもと》」及《およ》び「人類愛善《じんるいあいぜん》会《かい》」とは密接《みっせつ》な関係《かんけい》にありまして、大本事件中《おほもとじけんちゅう》にも常《つね》に魂《たましい》のつながりを保《たも》ちつづけて来《き》ました。最近国際的文通《さいきんこくさいてきぶんつう》が許《ゆる》されましたので、やがてまた世界的《せかいてき》に「愛善運動《あいぜんうんどう》」を展《てん》開《かい》すべく、目下《もっか》その準備中《じゅんびちゅう》であります。

もし青年層《せいねんそう》に魅力《みりょく》をもたれないような宗教《しゅうきょう》であるならば、既《すで》に時代《じだい》から離《はな》れ、世《よ》を導《みちび》く力《ちから》が欠《か》けている証左《しょうさ》だと申《もう》さなければなりません。「愛善苑《あいぜんえん》」は大本事件《おほもとじけん》のため、十年間《ねんかん》を空白《くうはく》にしたのでありますが、新発足《しんはっそく》と同時《どうじ》に、最《もっと》も早《はや》く青年《せいねん》たちが動《うご》き、今日《こんにち》では特《とく》に多《おお》くの青年層《せいねんそう》を有《ゆう》する宗教《しゅうきょう》として注目《ちゅうもく》せられるに至《いた》りました。「新日本《しんにほん》の建設《けんせつ》」は若人《わこうど》の若《わか》き盛《も》り上《あが》る力《ちから》に期待《きたい》いたさなければなりません。聖師《せいし》は日本《にほん》の青年《せいねん》に対《たい》し、次《つぎ》の如《ごと》き歌《うた》を詠《よ》まれています。

○新《あたら》しきわが日《ひ》の本《もと》の運命《うんめい》を　開拓《かいたく》するは若人《わかうど》の腕《うで》

○若人《わかうど》の奮《ふる》い立《た》つべき秋《とき》は来《き》ぬ　若《わか》き日本《にほん》の春《はる》は近《ちか》めり

さて、日本《にほん》は武装《ぶそう》を放棄《ほうき》しましたが、まだ国民《こくみん》の魂《たましい》の内《うち》に武装《ぶそう》は残《のこ》っていないでしょうか。魂《たましい》の武装《ぶそう》とは、とらわれの心《こころ》であります。この心《こころ》の武装《ぶそう》を除《のぞ》き、神《かみ》に目《め》ざめて美《うつく》しき人間性《にんげんせい》を取《と》りもどし、まず家庭《かてい》を、さらに社会《しゃかい》を愛善化《あいぜんか》し、平和《へいわ》の楽土《らくど》をわが国土《こくど》に実現《じつげん》しなければなりません。私《わたくし》どもは「日本《にほん》の立直《たてなお》しは大丈夫《だいじょうぶ》だ」との聖師《せいし》の信念《しんねん》を信念《しんねん》とし、日本《にほん》の前途《ぜんと》は洋々《ようよう》たりとの、輝《かがや》かしい希望《きぼう》に満《み》ちているものであります。

わが国民《こくみん》は、特《とく》に愛国心《あいこくしん》の強《つよ》いことをもって誇《ほこ》りとしていましたが、「民主主義日《みんしゅしゅぎに》本《ほん》」となって以来《いらい》、国《くに》を愛《あい》する心《こころ》、国を思《おも》う心が、うすらいだのではないでしょうか。偏狭《へんきょう》な利己的《りこてき》愛国心《あいこくしん》であってはなりませんが、民主主義《みんしゅしゅぎ》をはき違《ちが》えて、国家《こっか》を忘《わす》れることの許《ゆる》さるべき筈《はず》はありません。日本《にほん》に生《せい》を享《う》けた吾々《われわれ》は、一日《いちにち》もすみやかに日本《にほん》を立直《たてなお》し、美《うつく》しい平和日本《へいわにほん》、高度《こうど》の文化国家《ぶんかこっか》としての日本《にほん》を建設《けんせつ》し、世界《せかい》の平和《へいわ》と人類《じんるい》の幸福《こうふく》に貢献《こうけん》しなければなりません。

最後《さいご》に聖師《せいし》の和歌《わか》二首《しゅ》を朗詠《ろうえい》いたしまして、この講演《こうえん》を終《おわ》らせていただきます。

○幾百万《いくひゃくまん》ひとの心《こころ》を生《い》かするも　まことの愛《あい》の力《ちから》なりけり

○吾《われ》という心《こころ》を天地《てんち》に拡大《かくだい》し　神《かみ》の御国《みくに》のために働《はたら》け

（昭和二十三年十二月二十五日・瑞光社発行）　（終り）

番外編

一、愛と信

大本開祖《おほもとかいそ》の聖言《せいげん》には、愛《あい》の善《ぜん》と信《しん》の真《しん》とを骨子《こっし》として説《と》かれてあることは、『神諭《しんゆ》』を拝読《はいどく》した人《ひと》のよく知《し》るところなれば、いまさら口述者《こうじゅつしゃ》が改《あらた》めて述《の》べるまでもないから、その「聖言《せいげん》」は略《りゃく》することとする。

○

善《ぜん》とは、すなわち此《こ》の世《よ》の造《つく》り主《ぬし》なる大神《おほかみ》の御神格《ごしんかく》より流入《りゅうにゅう》し来《き》たる神善《しんぜん》である。この神善《しんぜん》は、すなわち愛《あい》そのものである。真《しん》とは、同《おな》じく大神《おほかみ》の御神格《ごしんかく》より流入《りゅうにゅう》し来《き》たるところの神真《しんしん》である。

この神真《しんしん》は、すなわち信《しん》である。そうしてその愛《あい》にも善《ぜん》があり悪《あく》がある。愛《あい》の善《ぜん》とは、すなわち「霊主体従《れいしゅたいじゅう》」、神《かみ》より出《い》でたる愛《あい》であり、愛悪《あいあく》とは、「体主霊従《たいしゅれいじゅう》」といって、自然界《しぜんかい》における自愛《じあい》または世間愛《せけんあい》をいうのである。いま口述者《こうじゅつしゃ》が述《の》べる世間愛《せけんあい》とは、決《けっ》して世《よ》の中《なか》の、いわゆる博愛《はくあい》や慈善的救済《じぜんてききゅうさい》をいうのではない。おのが種族《しゅぞく》を愛《あい》し、あるいは郷里《きょうり》を愛《あい》し、国土《こくど》を愛《あい》するために他《た》を虐《しいた》げ、あるいは亡《ほろ》ぼして、自己団体《じこだんたい》の安全《あんぜん》を守《まも》る、偏狭的愛《へんきょうてきあい》を指《さ》したのである。

○

それから信仰《しんこう》には「真《しん》と偽《ぎ》」がある。「真《まこと》の信仰《しんこう》」とは、心《こころ》の底《そこ》から神《かみ》を理解《りかい》し、神《かみ》を愛《あい》し、神《かみ》を信《しん》じ、かつ死後《しご》の生涯《しょうがい》を固《かた》く信《しん》じて、神《かみ》の御子《みこ》たる本分《ほんぶん》を尽《つく》し、何事《なにごと》も神《かみ》第一《だいいち》とするところの信仰《しんこう》である。

また「偽《いつわ》りの信仰《しんこう》」とは、いわゆる偽善者《ぎぜんしゃ》どものその善行《ぜんこう》を飾《かざ》る武器《ぶき》として、内心《ないしん》に悪《あく》を包蔵《ほうぞう》しながら、表面宗教《ひょうめんしゅうきょう》を信《しん》じ神《かみ》を礼拝《らいはい》し、あるいは宮寺《ぐうじ》などに寄付金《きふきん》をなし、その金額《きんがく》を石《いし》または立札《たてふだ》に記《しる》さして、自分《じぶん》の器量《きりょう》を誇《ほこ》るところの信仰《しんこう》である。あるいは商業上《しょうぎょうじょう》の便利《べんり》のために、あるいはわが処世上《しょせいじょう》の都合《つごう》のために、表面信仰《ひょうめんしんこう》を装《よそお》う横着《おうちゃく》者《もの》の所為《しょい》を称《しょう》して、「偽《いつわ》りの信仰《しんこう》」というのである。

要《よう》するに、神仏《しんぶつ》を松魚節《かつおぶし》として、「自愛《じあい》の道《みち》」を遂行《すいこう》せんとする悪魔《あくま》の所為《しょい》をいうのである。かくのごとき信仰《しんこう》は、神《かみ》に罪《つみ》を重《かさ》ね、自《みずか》ら地獄《じごく》の門扉《もんぴ》を開《ひら》く醜行《しゅうこう》である。

「真《まこと》の神《かみ》」は、愛善《あいぜん》と信真《しんしん》の中《なか》にこそましませ、自愛《じあい》や偽信《ぎしん》の中《なか》にましますはずはない、かかる自愛《じあい》や偽信《ぎしん》の中《なか》に潜入《せんにゅう》する神《かみ》は、いわゆる八岐大蛇《やまたおろち》、悪狐《あっこ》、悪鬼《あっき》、餓鬼《がき》、畜生《ちくしょう》の部類《ぶるい》である。

高天原《たかあまはら》の天国《てんごく》および霊国《れいごく》にあっては、人《ひと》の言葉《ことば》みなその心《こころ》より出《い》づるものであるから、その言《い》うところは思《おも》うところであり、思《おも》うところは、すなわち言《い》うところである。心《こころ》の中《うち》に三《さん》を念《ねん》じて、口《くち》に一《い》つをいうことは出来《でき》ない。これが高天原《たかあまはら》の規則《きそく》である、いま天《てん》国《ごく》といったのは、「日《ひ》の国《くに》」のことであり、霊国《れいごく》といったのは、「月《つき》の国《くに》」のことである。

○

「真《まこと》の神《かみ》」は、月《つき》の国《くに》においては、「瑞《みづ》の御霊大神《みたまのおほかみ》」と現《あら》われ給《たま》い、日《ひ》の国《くに》においては、「厳《いづ》の御霊大神《みたまのおほかみ》」と現《あら》われ給《たも》う。そうして、「厳《いづ》の御霊大神《みたまのおほかみ》」のみを認《みと》めて、「瑞《みづ》の御霊《みたまの》大神《おほかみ》」を否《いな》むがごとき信条《しんじょう》の上《うえ》に、安心立命《あんしんりつめい》を得《え》んとするものは、残《のこ》らず高天原《たかあまはら》の圏外《けんがい》に放《ほう》り出《だ》されるものである。

かくのごとき人間《にんげん》は、高天原《たかあまはら》より嘗《かつ》て何等《なんら》の内流《ないりゅう》なきゆえに、次第《しだい》に思索力《しさくりょく》を失《うしな》い、何事《なにごと》につけても、正当《せいとう》なる思念《しねん》を有《ゆう》し得《え》ざるに立《た》ちいたり、ついには精神衰弱《せいしんすいじゃく》して唖《おし》のごとくなり、あるいはその言《い》うところは、痴呆《ちほう》のごとくになって歩々進《ほほすす》まず、その手《て》は垂《た》れてしきりに慄《ふる》い戦《おのの》き、四肢関節《ししかんせつ》は全《まった》く力《ちから》を失《うしな》い、餓鬼《がき》、幽霊《ゆうれい》のごとくなってしまうものである。

また「瑞《みづ》の御霊《みたま》」の神格《しんかく》を無視《むし》し、その人格《じんかく》のみを認《みと》めるものも同様《どうよう》である。天地《てんち》の統御神《とうぎょしん》たる、日《ひ》の国《くに》にまします「厳《いづ》の御霊《みたま》」に属《ぞく》する一切《いっさい》の事物《じぶつ》は、のこらず「瑞《みづ》の御霊大神《みたまのおほかみ》」の支配権《しはいけん》に属《ぞく》しているのである。故《ゆえ》に「瑞《みづ》の御霊大神《みたまのおほかみ》」は、大国常立大神《おほくにとこたちのおほかみ》を初《はじ》め、日《ひ》の大神《おほかみ》、月《つき》の大神《おほかみ》そのほか一切《いっさい》の神権《しんけん》を一身《いっしん》にあつめて、宇宙《うちゅう》に神臨《しんりん》したもうのである。この大神《おほかみ》は、天上《てんじょう》を統御《とうぎょ》したもうと共《とも》に、中有界《ちゅううかい》、現界《げんかい》、地獄《じごく》をも統御《とうぎょ》したもうは、当然《とうぜん》の理《り》であることを思《おも》わねばならぬ。そうして「厳《いづ》の御霊大神《みたまのおほかみ》」は、万物《ばんぶつ》の父《ちち》であり、「瑞《みづ》の御霊大神《みたまのおほかみ》」は、万物《ばんぶつ》の母《はは》である。すべて高天原《たかあまはら》は、この神々《かみがみ》の神格《しんかく》によって形成《けいせい》せられているものである。

故《ゆえ》に「瑞《みづ》の御霊《みたま》」の聖言《せいげん》にも「我《われ》を信《しん》ずるものは無窮《むきゅう》の生命《いのち》を得《え》、信《しん》ぜざるものはその生命《いのち》を見《み》ず」と示《しめ》されている。また「我《われ》は復活《ふっかつ》なり、生命《いのち》なり、愛《あい》なり、信《しん》なり、道《みち》なり」と示《しめ》されてある。しかるに不信仰《ふしんこう》の輩《ともがら》は、高天原《たかあまはら》における幸福《こうふく》とは、ただ自己《じこ》の幸福《こうふく》と威力《いりょく》にありとのみ思《おも》うものである。

「瑞《みづ》の御霊大神《みたまのおほかみ》」は、総《すべ》ての神々《かみがみ》の御神格《ごしんかく》を、一身《いっしん》に集注《しゅうちゅう》したもうがゆえに、その神《かみ》より起《お》こり来《き》たるところの御神格《ごしんかく》によって、高天原《たかあまはら》の全体《ぜんたい》は成就《じょうじゅ》し、また個々《ここ》の分体《ぶんたい》が成就《じょうじゅ》しているのである。

人間《にんげん》の霊体《れいたい》、肉体《にくたい》も、この神《かみ》の神格《しんかく》によって成就《じょうじゅ》しているのは無論《むろん》のことである。そうして「瑞《みづ》の御霊大神《みたまのおほかみ》」より起《お》こり来《き》たるところの神格《しんかく》とは、すなわち愛《あい》の善《ぜん》と信《しん》の真《しん》とである。高天原《たかあまはら》に住《す》める天人《てんにん》は、総《すべ》てこの神《かみ》の善《ぜん》と真《しん》とを完全《かんぜん》に摂受《せつじゅ》して、生命《せいめい》を永《えい》遠《えん》に保存《ほぞん》しているのである。そうして高天原《たかあまはら》は、この神々《かみがみ》によって完全《かんぜん》に円満《えんまん》に構成《こうせい》せられるのである。

○

現界《げんかい》の人間自身《にんげんじしん》の志《こころざ》すところ、為《な》すところの善《ぜん》なるもの、また思《おも》うところ、信《しん》ずるところの真《しん》なるものは、神《かみ》の御目《おんめ》より御覧《みそなわ》したもう時《とき》は、その善《ぜん》も決《けっ》して善《ぜん》でなく、その真《しん》も決《けっ》して真《しん》でない、「瑞《みづ》の御霊大神《みたまのおほかみ》」の御神格《ごしんかく》によりてのみ、善《ぜん》たり真《しん》たるを得《う》るものである。人間自身《にんげんじしん》より生《しょう》ずる善《ぜん》、または真《しん》は、御神格《ごしんかく》より来《き》たるところの活力《かつりょく》を欠《か》いでおるからである。御神格《ごしんかく》の内流《ないりゅう》を見得《けんとく》し、感得《かんとく》し、摂受《せつじゅ》して、ここに立派《りっぱ》なる高天《たかあま》原《はら》の天人《てんにん》となることを得《う》るのである。

そうして人間《にんげん》には、一霊四魂《いちれいしこん》というものがある。「一霊《いちれい》」とは、すなわち「真霊《しんれい》」であり、「神直日《かむなおひ》」、「大直日《おほなおひ》」と称《しょう》するのである。そうして「神直日《かむなおひ》」とは神《かみ》さま特有《とくゆう》の

「直霊《ちょくれい》」であり、「大直日《おほなおひ》」とは、人間《にんげん》が神格《しんかく》の流入《りゅうにゅう》を摂受《せつじゅ》したる直霊《ちょくれい》をいうのである。そうして、四魂《しこん》とは和魂《にぎみたま》、幸魂《さちみたま》、奇魂《くしみたま》、荒魂《あらみたま》をいうのである。この四魂《しこん》は、人間《にんげん》はいうに及《およ》ばず、高天原《たかあまはら》にも現実《げんじつ》の地球《ちきゅう》の上《うえ》にも、それぞれの守護神《しゅごじん》として厳存《げんぞん》しあるのである。そして、荒魂《あらみたま》は勇《ゆう》を司《つかさど》り、和魂《にぎみたま》は親《しん》を司《つかさど》り、奇魂《くしみたま》は智《ち》を司《つかさど》り、幸魂《さちみたま》は愛《あい》を司《つかさど》る。そうして、信《しん》の真《しん》は四魂《しこん》の本体《ほんたい》となり、愛《あい》の善《ぜん》は四魂《しこん》の「用《よう》」となっている。

そうして直霊《ちょくれい》は「瑞の御霊大神《みづのみたまのおほかみ》」の御神格《ごしんかく》の御内流《ごないりゅう》、すなわち直流入《ちょくりゅうにゅう》された神力《しんりき》である。ゆえに、「瑞《みづ》の御霊《みたま》」の御神格《ごしんかく》は、「総《すべ》ての生命《いのち》の原頭《げんとう》」とならせたもうものである。

この大神《おほかみ》より人間《にんげん》に起来《きらい》するものは、神善《しんぜん》と神真《しんしん》である。故《ゆえ》に「われわれ人間《にんげん》の運命《うんめい》は、この神《かみ》より来《き》たる神善《しんぜん》と神真《しんしん》を、いかに摂受《せつじゅ》するかによって定《さだ》まる」ものである。そこで信仰《しんこう》と生命《せいめい》とにあってこれを受《う》けるものは、その中《なか》に高天原《たかあまはら》を顕現《けんげん》し、またこれを否《いな》むるのは、やむを得《え》ずして地獄界《じごくかい》を現出《げんしゅつ》するのである。神善《しんぜん》を悪《あく》となし、神真《しんしん》を偽《いつわ》りとなし、生《せい》を死《し》となすものは、また地獄《じごく》を現出《げんしゅつ》しなくては已《や》まない。

現代《げんだい》の学者《がくしゃ》は、いずれも自然界《しぜんかい》の法則《ほうそく》や統計的《とうけいてき》の頭脳《ずのう》をもって、不可測《ふかそく》、不可説《ふかせつ》なる霊界《れいかい》の事象《じしょう》を、おおけなくも測量《そくりょう》せんとなし、「瑞《みづ》の御霊《みたま》」の神示《しんじ》を否《いな》むものは、暗愚《あんぐ》迷妄《めいもう》の徒《と》にして、いわゆる盲目学者《めくらがくしゃ》というべき厄介者《やっかいもの》である。

とうてい霊界《れいかい》の事《こと》は、現実界《げんじつかい》の規則《きそく》をもって窺知《きち》し得《う》べからざることを悟《さと》らないためである。神《かみ》はかくのごとき人間《にんげん》を見《み》て、癲狂者《てんきょうしゃ》となし、あるいは痴呆《ちほう》となして、救済《きゅうさい》の道《みち》なきを悲《かな》しみ給《たも》うのである。かかる人間《にんげん》は、総《すべ》てその精霊《せいれい》を地獄《じごく》の団体《だんたい》に所属《しょぞく》せしめているのである。かかる盲学者《もうがくしゃ》は、神《かみ》の内流《ないりゅう》を受《う》けて伝達《でんたつ》したる『霊界物語《れいかいものがたり》』のある個所《かしょ》を摘発《てきはつ》して、わが知識《ちしき》の足《た》らざるを顧《かえり》みず、種々雑多《しゅじゅざった》と批評《ひひょう》を加《くわ》え、甚《はなは》だしきは、不徹底《ふてってい》なる自己《じこ》の考察力《こうさつりょく》をもって、これを葬《ほうむ》り去《さ》らんとする罪悪者《ざいあくしゃ》である。

高天原《たかあまはら》の団体《だんたい》にその籍《せき》を置《お》き、現代《げんだい》において既《すで》に天人《てんにん》の列《れつ》に列《れつ》したる人間《にんげん》の精霊《せいれい》は、吾人《ごじん》の生命《いのち》および一切《いっさい》の生命《いのち》は、「瑞《みづ》の御霊《みたま》」の御神格《ごしんかく》より起来《きらい》せる道理《どうり》を証覚《しょうかく》し、世《よ》にある一切《いっさい》のものは、善《ぜん》と真《しん》とに相関《あいかん》する事《こと》を知覚《ちかく》しているものである、かかる人格者《じんかくしゃ》の精霊《せいれい》を称《しょう》して、地上《ちじょう》の天人《てんにん》というのである。

○

人間《にんげん》の意志的生涯《いしてきしょうがい》は、愛《あい》の生涯《しょうがい》であって、善《ぜん》と相関《あいかん》し、智性的生涯《ちせいてきしょうがい》は、信仰《しんこう》の生涯《しょうがい》にして、真《しん》と相関《あいかん》するものである、そうして一切《いっさい》の善《ぜん》と真《しん》とは、みな高天原《たかあまはら》より来《き》たるものであり、生命一切《せいめいいっさい》の事《こと》また高天原《たかあまはら》より来《き》たることを悟《さと》り得《う》るのが天人《てんにん》である。

故《ゆえ》に霊界《れいかい》の天人《てんにん》も、地上《ちじょう》の天人《てんにん》も、右《みぎ》の道理《どうり》を堅《かた》く信《しん》ずるがゆえに、その善行《ぜんこう》に対《たい》して、他人《たにん》の感謝《かんしゃ》を受《う》けることを悦《よろこ》ばないものである。もし人《ひと》あって、これらの諸善行《しょぜんこう》を、彼《か》の天人《てんにん》らの所有《しょゆう》に帰《き》せんとする時《とき》は、天人《てんにん》は大《おお》いに怒《いか》って引退《いんたい》するものである。

人《ひと》の知識《ちしき》や人《ひと》の善行《ぜんこう》は、みなその人自《ひとみずか》らしてしかるものと信《しん》ずるごときは、悪霊《あくれい》の考《かんが》えにして、とうてい天人《てんにん》どもの解《かい》し得《え》ざるところである。故《ゆえ》に自己《じこ》のためになすところの善《ぜん》は決《けっ》して善《ぜん》ではない、何《なん》となれば、それは自己《じこ》の所為《しょい》なるが故《ゆえ》である。されど善《ぜん》のためにせず、善《ぜん》のためになせる善《ぜん》は、いわゆる神格《しんかく》の内流《ないりゅう》より来《き》たるところの善《ぜん》である。高天原《たかあまはら》はかくのごとき善《ぜん》、すなわち神格《しんかく》によって成立《せいりつ》しているものである。

○

人間在世《にんげんざいせ》の時《とき》において、自《みずか》らなせる善《ぜん》、自《みずか》ら信《しん》ずる真《しん》をもって、実《じつ》に自《みずか》らの胸中《きょうちゅう》より来《き》たるものとなし、また当然自分《とうぜんじぶん》の所属《しょぞく》と信《しん》じているものは、どうしても高天原《たかあまはら》に上《のぼ》ることは出来《でき》ない。彼《か》の善行《ぜんこう》の功徳《くどく》を求《もと》めたり、また自《みずか》ら「義《ぎ》」とするものは、かくのごとき信仰《しんこう》を有《ゆう》しているものである。高天原《たかあまはら》および地上《ちじょう》の天人《てんにん》は、かくのごときものをもって痴呆《ちほう》となし、俗人《ぞくじん》となして、大《おお》いに忌避的態度《きひてきたいど》をとるものである。

かくのごとき人間《にんげん》は、不断《ふだん》に自分《じぶん》にのみ求《もと》めて、大神《おほかみ》の神格《しんかく》を観《み》ないがゆえに、真理《しんり》に暗《くら》き痴呆者《ちほうしゃ》というのである。また彼《かれ》らは、元《もと》より大神《おほかみ》の所属《しょぞく》となすべきものを、おのれに奪《うば》わんとするがゆえに、神《かみ》より天《てん》の賊《ぞく》と称《とな》えられるのである。いわゆる人間《にんげん》は、大神《おほかみ》の御神格《ごしんかく》を天人《てんにん》が摂受《せつじゅ》するとの信仰《しんこう》に、逆《さか》らうているものである。

「瑞《みづ》の御霊大神《みたまのおほかみ》」は、高天原《たかあまはら》の天人《てんにん》と共《とも》に自家存在《じかそんざい》の中《なか》に住《す》みたもう、ゆえに、大神《おほかみ》は高天原《たかあまはら》における一切中《いっさいちゅう》の一切《いっさい》であることはいうまでもない事《こと》である。

（『霊界物語』第四十七巻　第九章「愛と信」）

二、収穫報告

中矢田農園の秋

E記者

アイオーン台風《たいふう》、リビイ台風《たいふう》の後《あと》を受《う》けていま中矢田農園《なかやだのうえん》は久《ひさ》しぶりに見《み》せた秋空《あきぞら》にふさくへと豊《ゆたか》な黄金《おうごん》の波《なみ》がゆらぎ、青空《あおぞら》とはえてそれが見事《みごと》なコントラストを見《み》せている。

稲刈《いねか》りをあと三、四日《か》にひかえた十月八日《がつか》、記者《きしゃ》は今年度《こんねんど》の収穫予想《しゅうかくよそう》とその努力《どりょく》のあとをふり返《かえ》ってみるべく、克明《こくめい》に付《つ》けられた農園日誌《のうえんにっし》をくってみた。

今年度《こんねんど》は政府《せいふ》の主食《しゅしょく》一割増産《わりぞうさん》の要請《ようせい》にこたえて、畑作《はたさく》をほんのわずか自給程度《じきゅうていど》にとゞめ、二町《ちょう》三反《たん》という広範囲《こうはんい》にわたる稲《いね》の作付《さくつけ》を行《おこな》った。

四月《がつ》九日《か》より早生種《わせしゅ》「旭《あさひ》四号《ごう》」を約《やく》八割《わり》として「農林《のうりん》二十二号《ごう》」、「暁《あかつき》〇州《しゅう》」などの試験的《しけんてき》なうるち米《まい》を次々《つぎつぎ》に水《みず》にひたし、四月《がつ》十九日《にち》の「愛善《あいぜん》みずほ会全国苗代実地講《かいぜんこくなわしろじっちこう》習会《しゅうかい》」の折《おり》にまきはじめた。五月《がつ》二日《か》に全部《ぜんぶ》まきおわり、遅《おそ》くまいたものは成績《せいせき》がわるく後々《のちのち》までもひゞき、このため田植《たう》え頃《ごろ》は平均《へいきん》三本位《ほんい》の分《ぶん》ケツ数《すう》でした。

奉仕青年達《ほうしせいねんたち》は朝《あさ》六時《じ》、昼《ひる》十二時《じゅうじ》夕方《ゆうがた》六時《じ》には水温《すいおん》、地温《ちおん》をはかって記入《きにゅう》し、苗代《なわしろ》の中耕《ちゅうこう》、除草《じょそう》、追肥《ついひ》などに万全《ばんぜん》を期《き》しましたが、五月《がつ》および六月《がつ》の分《ぶん》ケツ期《き》にあたり晴《は》れ間《ま》が続《つづ》き、苗代《なわしろ》の水《みず》は干《ほ》し上《あ》がってカチカチに固《かた》まり、水温《すいおん》、地温《ちおん》の測定《そくてい》も中止《しゅうし》のやむなきに至《いた》った。あまつさえ昨年秋末経験《さくねんあきみけいけん》のために入《い》れた乾燥《かんそう》イモヅルが発酵《はっこう》し、苗代《なわしろ》の各所《かくしょ》にメタンガスの発生《はっせい》を見《み》、ひどい所《ところ》では苗《なえ》が消《き》えたり、成育《せいいく》を停止《ていし》したり、ころんだりしたために密生《みっせい》している所《ところ》から間引《まび》きして何日間《なんにちかん》も炎天下《えんてんか》に移植《いしょく》を行《おこな》った。

六月上旬《がつじょうじゅん》ごろになると苗床《なえどこ》に地割《じわ》れを生《しょう》じ、分《ぶん》ケツも思《おも》うようにゆかず、中耕《ちゅうこう》、除《じょ》草《そう》も困難《こんなん》を生《しょう》じたが、それでも根気《こんき》よく朝早《あさはや》くから苗《なえ》の世話《せわ》をしたり、その成育《せいいく》に驚異《きょうい》の眼《め》をもって黒澤翁《くろさわおう》の教《おしえ》を体験《たいけん》した。毎朝分《まいあさぶん》ケツ本数《ほんすう》を数《かぞ》えては喜《よろこ》んだり、乏《とぼ》しい水《みず》の配給《はいきゅう》を受《う》けに水源地《すいげんち》まで懇願《こんがん》に出《で》かけたり、まれに雨《あめ》の降《ふ》るときでも苗代中《なわしろじゅう》をはいまわって手入《てい》れをするなど、赤子《あかご》の成長《せいちょう》を見《み》るように、はえば起《お》き、起《お》きてば歩《あゆ》めといった具合《ぐあい》で、楽《たの》しみつゝ、また心配《しんぱい》しながらの毎日《まいにち》でした。

実際《じっさい》には決《けっ》してよい成績《せいせき》といえない農園《のうえん》の苗代《なわしろ》も、近《ちか》くのお百姓《ひゃくしょう》さんに云《い》わせれば羨望《せんぼう》の的《まと》であり、決《き》まって言《い》う言葉《ことば》が「大本《おほもと》さんは人手《ひとで》があるから、肥料《ひりょう》を沢山《たくさん》入《い》れるから」ということでした。農園《のうえん》の奉仕青年《ほうしせいねん》は六、七名《めい》おりますが、毎日《まいにち》のお客《きゃく》さんで二人《り》は手《て》をとられ、亀岡近辺《かめおかきんぺん》の部落《ぶらく》に時々指導《ときどきしどう》にゆき、行事《ぎょうじ》の多《おお》い本部《ほんぶ》の関係上《かんけいじょう》なにかと手伝《てつだ》いに参《まい》り、そして百姓《ひゃくしょう》に経験《けいけん》の浅《あさ》い青年達《せいねんたち》です。仕事《しごと》によってはなれた人《ひと》の何分《なんぶん》の一という能率《のうりつ》のわるい仕事振《しごとぶ》りで田植《たう》えの後《のち》など多数《たすう》の浮苗《うきなえ》やヒエ等《など》が発見《はっけん》されました。ですから決《けっ》して満足《まんぞく》な人手《ひとで》とはいわれません。

○

六月《がつ》二十日《か》の田植《たう》えのときにはうち続《つづ》く日照《ひで》りで、水《みず》はどこからも来《こ》なくなり、苗代《なわしろ》にいつまでもおいておくことも出来《でき》ないので、井戸《いど》から水《みず》を十五分《ふん》ごとに吸《す》い上《あ》げて田《た》植《うえ》にかかる。苗床《なえどこ》はかたくて指《ゆび》が入《はい》らず、シャベルで掘《ほ》り起《お》こしては苗《なえ》をとる有様《ありさま》で、黒澤翁《くろさわおう》のいわれる「田植前《たうえまえ》十日《か》の手入《てい》れ」もできず、日照《ひで》りのために手《て》ひどい打撃《だげき》を受《う》けました。

また冷《つめ》たい井戸水《いどみず》は手足《てあし》もしびれるばかりで、苗《なえ》の発育《はついく》の為《ため》には大変《たいへん》でした。井戸水《いどみず》もいよいよ少《すく》なくなり、二ケ所《しょ》に据《す》え付《つ》けたモーターに昼夜《ちゅうや》の別無《べつな》く人《ひと》がついていたが、それでも一部《いちぶ》はイモ畑《ばたけ》に変更《へんこう》した。

結局《けっきょく》一町《ちょう》五反歩《たんぶ》ほどは井戸水《いどみず》で植付《うえつ》け、中頃《なかごろ》に降《ふ》った雨《あめ》により十九日目《にちめ》の七月《がつ》八日《か》に全部《ぜんぶ》の植付《うえつ》けを終《お》わりました。

その後《ご》八月下旬《がつげじゅん》ごろまでは旱《かん》ばつに悩《なや》まされ、モーターも休《やす》みなしに動《うご》いたが、田《た》によっては割《わ》れ目《め》を生《しょう》じ、八月下旬《がつげじゅん》ごろの出穂《しゅっすい》、開花期《かいかき》ごろの心配《しんぱい》は一通《ひととお》りでなく「雨乞《あまご》いをしようか」といわせるほど一同《いちどう》の気《き》のやみ方《かた》です。

幸《さいわ》いそのころになり、しげ〳〵と雨《あめ》に見舞《みま》われ、「暁《あかつき》」などは八月下旬《がつげじゅん》に二百五十粒《つぶ》もある長大《ちょうだい》な穂《ほ》を出《だ》したが、早《はや》いだけに雀《すずめ》の害《がい》はひどいものでした。

○

九月下旬《がつげじゅん》のアイオーン台風《たいふう》のために、馬鹿《ばか》に暖《あたた》かい日《ひ》と適当《てきとう》な雨《あめ》のために、亀岡近郊《かめおかきんこう》の南桑田郡《みなみくわだぐん》や船井郡《ふないぐん》あたりでもウンカが大発生《だいはっせい》した。これはトビイロウンカという稲《いね》の害虫《がいちゅう》で、農園《のうえん》のとなりのタンボでも、二三日前《にちまえ》は何《なん》ともなかったものが一夜《や》にして稲《いね》が枯《か》れたように倒《たお》れ、原因《げんいん》を調《しら》べるとウンカの害《がい》でした。

こういうことは亀岡近郊《かめおかきんこう》であちこちにあり、いまになって石油散布《せきゆさんぷ》とか、ＤＤＴだとか騒《さわ》いでおります。

「旭四号《あさひごう》」の粒数《つぶすう》は普通百粒内外《ふつうつぶないがい》ですが、今《いま》の農園《のうえん》ではシナイを除《のぞ》き百十粒《つぶ》ぐらいです。

〇

平均《へいきん》十本分《ほんぶん》ケツ。一尺《しゃく》二寸《すん》に四寸《すん》の並木《なみき》植《う》えで一坪約《つぼやく》七十五株《かぶ》として計算《けいさん》すると八万《まん》二千《せん》五百粒《つぶ》になる。一升《しょう》は約玄米《やくげんまい》六万五千粒《つぶ》ですから一坪《つぼ》で約《やく》一升《しょう》二合強《ごうきょう》になる。それを反当《たんあたり》に計算《けいさん》すれば三石《こく》六斗《と》平均《へいきん》ということになります。まあ少《すく》なく見積《みつ》もっても二町《ちょう》三反歩《たんぶ》の平均《へいきん》が「三石五斗《こくごと》」はあるだろうとの紙上見積収穫高《しじょうみつもりしゅうかくだか》が出《で》てくる。勿論中《もちろんなか》には五石《こく》（七五〇キロ）以上予想《いじょうよそう》されているところもあり、三石《くこ》（四五〇キロ）を欠《か》けると見《み》られている田《た》もあるが、私《わたし》が数《かぞ》えたところでは少《すく》なくて百二十粒《つぶ》、多《おお》くて二百粒《つぶ》をこえるほどでした。しかし「本当《ほんとう》の収穫《しゅうかく》は俵《たわら》につめてみねばわからない」というようにこゝではたゞ見《み》たゞけで、今後《こんご》殖《ふ》えるか減《へ》るかは予測《よそく》を許《ゆる》しません。

○

いま毎日《まいにち》のように視察者《しさつしゃ》で農園《のうえん》も多忙《たぼう》をきわめておりますが、私達《わたしたち》がとぼしい努力《どりょく》と少《すく》ない肥料《ひりょう》でしかも旱《かん》ばつで悩《なや》まされながらも、いまかくのごとき豊《ゆた》な実《みの》りを見《み》せて頂《いただ》くことの出来《でき》ましたのも、農園《のうえん》の皆《みな》さまおよび関係者御一同《かんけいしゃごいちどう》の懇切《こんせつ》なご協力《きょうりょく》のたまものであることはもちろんですが、意外《いがい》なほどよくなったということは、ひとえに大神《おほかみ》様《さま》の御慈悲《ごじひ》と感謝申上《かんしゃもうしあ》げる次第《しだい》であります。

昭和二十三年十月八日記

（『愛善苑』第三十五号　昭和二十三年十一月一日）

あとがき

更生主・出口王仁三郎聖師（幼名・上田喜三郎）は、明治4（1871）年旧7月12日、丹波穴太の貧農の子として生まれ、世の辛酸をなめた明治31（1898）年、高熊山での修業の後、綾部に行き開祖・出口なおに面会し、出口家の養子となり三千世界を救う救世の活動を開始する。

明治25（1892）年に産声を上げた「大本」は、開祖の筆先（『大本神諭』）による世の「立替立直」を叫び大きな波紋を起し、大正10（1921）年に「第一次大本弾圧事件」が勃発する。出口聖師はこの事件から出所するや綾部神苑の破壊の音を聞きながら「最後の審判書」、「善悪の標準書」と称する救世の教典『霊界物語』（81巻83冊。）を口述し、平和建設、理想のみろくの世（慈悲慈愛の世。）を目標に「スサノオ経綸」を開始する。

出口聖師は事件の未決の身でありながら、大正13（1924）年には日本を脱出して蒙古に向かい、パインタラで捉われの身となり日本に護送される。この事件から解決の曙光を見ると、中国北京で「万教同根」を提唱する「世界宗教連合会」を設立し、続いて「人類愛善会」を創立するなど、「愛善主義」（無抵抗主義）の教を大々的に宣伝し瞬くうちに賛同者は増え運動は燎原の火の如く国内から世界に燃え広がり、昭和10年12月8日の「第二次大本弾圧事件」までに台湾から樺太、そして海外の現地人自身による支部の設立など、賛同者支持者８００万に達すると云われる。

欧州ではキリスト教を信仰する国々が、第一次世界大戦（大正３（１９１４）年）の大惨禍を被り多くの人々が宗教への不信感、教団離脱者が現れ昏迷のルツボに陥っていた。そのような時代に出口聖師の提唱する「人類愛善会」、「愛善主義」は、西欧はじめ世界の人々に干天に慈雨の恵みとして喜び感動を与え、救いを求めて来る。

しかし、日本は「国際連盟」（大正９～昭和21年）からの脱退（昭和８（１９３３）年）により、海外宣教が困難となり、宣教の主軸を日本国内に向け、政治経済教育宗教芸術軍事武術農業を指導する宣伝を、大規模に展開し驚異的大反響を与えてゆく。

しかし「第一次弾圧事件」（不敬罪・新聞紙法違反）より内偵を続けた当局は、此の世から大本を根柢から抹殺すると宣言し、「第二次弾圧事件」（治安維持法違反・不敬罪）が起き綾部亀岡の神苑はじめ全国各地の教団施設を悉く破壊され活動は中止となる。

この事件から10年後の昭和20年、無罪になるや古い「大本」の殻を離脱して、「世界が愛善の苑になりますように」との平和の祈りを込めた「愛善苑」の設立を宣言し、21年2月に「新発足」する。

その頃中外日報の社主・真渓涙骨氏、同志社大学総長・牧野虎次氏そして浄土宗西本願寺の大谷光照氏などが、破壊された亀岡を訪れ、出口聖師のとてつもない人間性、宗教的精神の雄大さ、そして「愛善苑」構想に賛同され敗戦国日本から海外に向けて「愛善運動」「友愛運動」「弥勒運動」が企画される。

晩年の出口聖師の周囲には、このような内外から平和の使者が参集し、愛善運動は時勢を得てたちまち大きなウネリとなって行く。

終戦という時代、敗戦というどん底の日本にあって天皇の人間宣言が行われ、国民主権、戦争放棄、自由平等、男女同権、宗教の自由、基本的人権等を骨子とする「日本国憲法」

が発布される。そして「新日本建設」のためには、まず「日本国憲法」の「主旨」を国民に徹底するためには、どうしても各宗教教団の協力が必要であった。

愛善苑苑主・瑞霊真如出口王仁三郎聖師は、昭和23年1月19日78歳（数）をもって人間的神業を完成され天界での神業に移られる。

出口すみ子夫人は、瑞霊大神の救世の神業を二代苑主として継承され、「人類愛善会再発会」（声明書略。）を挙行し、軍備廃絶・世界平和活動を活発に推進し、「世界連邦運動」に貢献する。

この発会後の世界は、五大国が人類を破滅に陥《おちい》らしむる核実験を地上、地下で繰り返し東西冷戦は激化する。昭和29（１９５４）年にはアメリカがビキニ環礁で水爆実験を行い、第五福竜丸はじめ日本のマグロ船１０００隻近くが被曝マグロを獲るなど大問題となる。実験から一ヶ月後の4月5日、人類愛善会・婦人会・青年会は宗教上、人道上より「核実験禁止」の署名運動に立ち上がり、続いて東京杉並区の婦人会へと全国的に運動は拡大する。

出口聖師の昇天後、我々に遺された「遺言書」とも云うべきものの一つに「神仏無量寿経」(本書カバー裏面、物語67巻・第5章「波の鼓」、原本「浄土三部経」の真解。)がある。ここには「瑞霊世を去りて後、聖道漸く滅せば蒼生諂偽《そうせいてんぎ》にして、また衆悪を為し、五痛五焼還りて前の法の如く久しきを経て、後転《のちうた》た激烈なる可《べ》し。悉《ことごと》く説く可《べ》からず。……」(大正13年12月口述)と示される。

要約すると、瑞霊とは出口聖師のことで聖師が昇天になると、聖なる教、聖なる道が滅して西も東も判らなくなる。蒼生は嘘いつわりを云い、悪事を為すようになる。そして五痛とは、仏教用語で殺生《せっしょう》などの五悪(殺生、偸盗《ちゅうとう》、邪婬《じゃいん》、妄語《もうご》、両舌、悪口・綺語《れいご》等。)を犯すことにより受ける現界での罪、報いのことで、五焼とは五悪の罪によって死後、三途(地獄)に堕ちて苦痛を受けることになる。つまり旧い法律や教典、戒律に逆戻りする社会になると、世の中の政治経済宗教一切は乱れて混乱は激烈となり、とても詳細に説くことは出来ない、と警告する。

これを現代的に解釈すると、「日本国憲法」の真の精神が滅し、廃棄された戦前の法律にプレイバックするようになると日本も世界も大混乱を期するようになる。戦後の複雑な情勢、東西冷戦、朝鮮戦争を経てサンフランシスコ講和条約、安保問題、核の傘、警察予備隊、保安隊から自衛隊に、防衛庁を防衛省に、自衛隊の海外派遣、武器携帯、武器輸出解禁、秘密保護法、共謀罪など沢山の戒律、軍備の開発増強、ハイテク情報戦…………、そして「日本国憲法」を改変する事態となると、「平和憲法」の呼称は消滅し、周辺諸国はじめ世界的に争闘激化の恐れがある。それ故、軍備はじめ、国と国、民族、人種、言語等あらゆる障壁を撤廃し、治めなくても、治まる世の中になることを理想とする。

「人類愛善運動」は、湯川秀樹博士やアインシュタインが参加する「世界連邦運動」に賛同し、世界は一つ「世界政府」を呼び掛ける。

この「世界連邦」や「世界国家」の思想は早くから芽ばえており、国際的規模に運動が発展したのは、広島・長崎に原爆が投下された後とされる。世界は、「第三次世界大戦」が起ると人類は滅亡するかもしれないとの危機的情勢にあって、終戦の年（1940）シカゴで「世界憲法」の草案が起草され翌年にアインシュタイン博士たちの提唱で、連邦主義者がルクセンブルグに集まり「世界連邦主義者世界協会」（WAWF）の前身「世界連邦政府のための世界運動」を組織する。その第一回会議がスイスのモントルー開かれたのを創めとする。（原則略）

日本では昭和23（1949）年8月6日の「広島原爆三周年記念の日」に「世界連邦建設同盟」が結成され、「世界連邦主義者世界協会」に加盟する。さらに秋には「世界連邦」を支持する衆・参両院議員180余人が「世界連邦日本国会委員会」を組織し、ロンドンに本部をおく「世界連邦国会議員協会」（世界40カ国）に加盟する。その後、綾部市・亀岡市が「世界連邦都市宣言」を行い運動は全国に波及して行く。

しかし、単なる精神運動のみでは平和社会の建設は難しい、唯物的な形式では真の人類の幸福はあり得ない。そこに宇宙真神の魂、信仰心が入って平和は成就する。

戦後「国際連盟」のあとを引き継ぐ「国際連合」（１９４５）が設立される。この「国際連合」の構成国（現在１９３カ国加盟）には各国の利害が複雑に交錯し、軍事的には常任理事国の英米仏中ソの五ケ国による大国の垣根は高く、紛争解決には常に疑問を投げかけてきた。そして核兵器を保有（現在インド・パキスタン・イスラエルも保有。）し、削減の見通しはない。

物語10巻「総説歌」の中で、世界の終末にあたり、救世神が出現されて、新しい世界の指導原理である最後の光明、艮《とど》めの神教がのべられる。その中に「三五教《あなないきょう》の御諭しは、最後の光明艮《とど》めなり、ナザレの聖者キリストは、神を楯としパンを説き、マルクス　パンもて神を説く……」と示される。キリストは精神的な神（霊）を主にパンである物質（体）を説き、マルクスは物質から神を説かれるが、これは果して真実だろうか。神とパンとの調和「霊・力・体」に本来は帰結する。

出口聖師は世界の将来を憂慮し、国際的宗教の提携により人々の心の中に大きな「平和」の殿堂を築くことの大切さを力説してきた。そしてわだかまる垣根の撤去や、無抵抗主義を実践し、世界に平和の手本を残してこられた。

明治25年旧正月の『神諭』に「三千世界一度に開く梅の花、艮の金神の世に成りたぞよ。梅で開いて松で治める、神国の世になりたぞよ。この世は神が構《かま》はな行けぬ世であるぞよ。今日《いま》は獣類《けもの》の世、強いもの勝ちの、悪魔ばかりの世であるぞよ。世界は獣《けもの》の世になりてをるぞよ。邪神《あくがみ》にばかされて、尻の毛まで抜かれてをりても、まだ眼が覚めん暗がりの世になりてをるぞよ。これでは、世は立ちては行かんから、神が表に現われて、三千世界の天之岩戸開きを致すぞよ。用意をなされよ。この世は全然《さっぱり》、新つに致して了ふぞよ。三千世界の大洗濯、大掃除を致して、天下泰平に世を治めて万古末代つづく神国の世に致すぞよ。

神の申した事は、一分一厘違はんぞよ。毛筋の横幅ほども間違ひは無いぞよ。これが違ふたら、神は此の世に居らんぞよ。……。（中略）此事《このこと》判《わ》ける身魂は、東から出て来るぞよ。このお方がお出になりたら全然《さっぱり》日の出の守護と成るから、世界中に神徳が光り輝く神世になるぞよ。なかなか大事業《たいもう》であれども、昔からの生神の仕組であるから別条は無いぞよ。一旦たたかひ治《おさ》まりても、後の悶着はなかなか治まらんぞよ。神が表に現はれて、神と学との力競べを致すぞよ。学の世はモウ済みたぞよ。神には勝てんぞよ。（『霊界物語』第60巻・第20章「三五神諭」）」と教示され、東から出て来る、つまり出口聖師が出現され「弥勒の世」を説かれる。弥勒の世とは慈愛慈悲、平和の世に成るという。そのためには、人は天地経綸の主体としての活動がなくてはならない。

本書の編集が終わる7月7日、核兵器を非合法化する「核兵器禁止条約」がニューヨークの国連本部で採択された、とのニュースが流れた。条約交渉には加盟国193カ国のうち120カ国以上が参加、賛成122、反対1、棄権1で採択される。この条約は前文と20条からなり、前文に「核兵器の使用による被爆者ならびに核兵器の実験により影響をうけた人々に引き起こされる受入れ難い苦しみと危害に留意する」との文章が入っている。人道主義による被爆者の苦しみを汲み取り、核兵器の開発、実験、製造、保有、移譲、使用、威嚇を禁止する等、全ての核兵器に関する活動を網羅している」「核兵器禁止条約」は、垣根を除く「スサノオ尊の平和への道」に合致する。

しかし米国の「核の傘」の下にある日本は、唯一の被爆国でありながら参加していない。

本書は昭和23年発行の『愛善苑』誌に掲載された記事を主に収録し読みやすく編集しております。

平成29年7月18日

みいづ舎　山口勝人

出口王仁三郎　愛善主義と平和

発　行　平成29年8月7日　第1版

著　者　**出口王仁三郎・出口伊佐男・他**

編　集　山口勝人

発　行　みいづ舎
〒621-0855 京都府亀岡市中矢田町岸の上27-6
TEL 0771(21)2271　FAX 0771(21)2272
http://www.miidusha.jp/

ISBN978-4-908065-10-1 C0014